民国大师文库

（第五辑）

# 清儒得失论

刘师培◎著

北京联合出版公司
Beijing United Publishing Co.,Ltd.

# 目录

# 古书疑义举例补

幼读德清俞氏书，至《古书疑义举例》，叹为绝作。以为载籍之中，奥言隐词，解者纷歧，惟约举其例，以治群书，庶疑文冰释，盖发古今未有之奇也。近治小学，窃师其例，于俞书所未备者，得义数十条，以补俞书之缺。续貂之讥，讵能免乎！

## 两字并列系双声叠韵之字而后人分析解之之例

王氏怀祖曰："《大疋·民劳》篇：无纵诡随，以谨无良。诡，古读如果，随古读若诹。《毛传》云：诡随，诡人之善随人之恶者。按：诡随，叠韵字，不得分训。诡随，即无良者，盖谓谲诈欺谩之人也。"案：王说甚确。诡随，即《方言》之鬼诹。《毛传》分训为二义，失之。

《荀子·修身》篇云："倚魁之行，非不难也。"杨倞注云："倚，奇也；魁，大也。"案：倚魁，即诡随之倒文，乃叠韵字之表象者也。杨注分训，失之。

《左氏传》昭公二十九年云："郁湮不育。"贾逵注云："郁，滞也；湮，塞也。"案：郁湮，即郁伊之转音。《后汉书·崔寔传》云："志士郁伊于下。"章怀注云："不申之貌。"是"郁伊"即"郁湮"也。又，"郁伊"之音转为"郁邑"。《楚辞·离骚经》云："曾歔欷余郁邑兮。"王逸注云："郁邑，忧也。"均与《左传》之"郁湮"同意。"郁湮"二字为双声，且系表象之词，以滞塞之义训之，固亦可通，惟不当分训某字为滞，某字为塞耳。贾说失之。

《诗·关雎》篇云："窈窕淑女，君子好逑。"《毛传》云："善心曰窈，善容曰窕。"案：窈窕二字，乃叠韵字之表象者也。以善心善容分训之，未免迂拘。《毛传》解诗，类此者甚多，学者不必笃信也。

## 两字并列均为表象之词而后人望文生训之例

扬雄《方言》云："娥𡢃，好也。秦曰娥，宋、魏之间谓之𡢃，秦晋之间，凡好而轻者谓之娥，自关而东，河济之间谓之媌。"郭注云："今关西亦呼好为媌。"又，《说文》云："媌，目里好也。"《列子·周穆王》篇云："简郑、卫之处子，娥媌靡曼者。"张湛注云："娥媌，姣好也。"是娥媌二字，为形容貌美之词。《诗·卫风·硕人》云："螓首娥眉。"娥眉螓首，非并列之词也。娥眉二字，即系娥媌之异文，眉媌又一声之转，所以形容女首之美也。《楚辞·离骚经》云："众女嫉予之蛾眉兮。"蛾或作娥，王逸注，训为好貌，则亦以娥媌之义解蛾眉矣。又景差《大招》云"蛾眉曼兮"，扬雄赋云"虙妃曾不得施其蛾眉"，均与《离骚经》蛾眉之义同。至于魏晋之时，始以眉为眉目之眉。如晋陆士衡诗云："美目扬玉泽，蛾眉象翠翰。"以眉对目，而眉媌通转之义亡矣。若唐颜师古注《汉书》，谓眉形有若蚕蛾，故曰蛾眉，则并不知蛾眉之通假，可谓望文生训者矣。近人多从其义，失之。

《大戴礼·文王官人》篇云："畸鬼者不仁。"畸鬼者，即《荀子》之"倚魁"。亦即《诗·大雅》"诡随"之倒文也。畸鬼二字，系表象之词，而卢辩注云："恃祷祠而不自修。"则以鬼为鬼神之鬼，可谓望文生训矣。

《荀子·富国》篇云："虽为之逢蒙视。"杨倞注云："逢蒙，古之善射者，言如善射者之视物，微眇不敢正视也。”郝氏兰皋曰：“逢蒙，叠韵，古或无正字。”王氏怀祖曰：“逢蒙视，微视也，即《淮南》之笼蒙，《新书》之风虻。”案：王氏之说是也。据扬雄《方言》以小雀谓之篾雀，《荀子·劝学》篇作蒙鸠，《大戴礼》作蔑鸠。是蒙、蔑二字均有细义。逢蒙二字亦犹是也。善射之人名逢蒙，或系以察及细微得名，然决不可以善射之逢蒙解荀子之逢蒙视。杨注之说近于望文生训，宜郝、王之斥其非也。

## 二义相反而一字之中兼具其义之例

《方言》云：“苦，快也。”郭注云：“苦而曰快者，犹以臭为香、以乱为治、以徂为存。”此训义之反复用之是也。

《方言》云：“郁，悠思也。”郭注云：“犹郁陶也。”《孟子》云：“郁陶思君尔。”是郁陶为忧思之义。郁陶即郁悠，悠转为繇，又转为邑。王逸《楚辞注》云：“郁邑，忧也。”故《尔雅》训繇为忧，《广雅》亦训陶为忧，是郁、陶、繇三字俱有忧字之义。而《尔雅》又云：“郁、陶、繇，喜也。”《礼记·檀弓下》云：“人喜则斯陶。”郑注云：“陶，郁陶也。”《乐纬·稽耀嘉》云：《唐类函》引。“酌酒郁摇。”注云：“喜悦也，郁摇即郁繇。”是郁、陶、繇三字又俱有喜字之义。盖忧、喜皆生于思，故郁、陶、繇三字均兼有忧、喜二义也。

《礼记·乐记》篇云：“外貌斯须不庄不敬，则易慢之心入之矣。”易慢二字，倒文则曰慢易。《乐记》又云：“望其容貌而民不生慢易也。”慢易即怠忽，与畏惧相反。而《方言》云：“谩台，惧也。”谩台即慢怠，与慢易同，而又为畏惧之意，与慢易相反。盖怠忽谓之慢易，畏惧亦谓之谩台也。

《周书·谥法解》：“中情见貌曰穆。”是穆有诚信之义。《方言》：穆，信也，穆与睦同。《广雅》：睦，信也。穆与缪同。《尚书·金縢》篇“穆卜”，《史记·鲁世家》则作“缪”。《集解》引徐广曰：“古书穆多作缪。”而蔡邕《独断》曰：“名实过爽为缪。”是诚信谓之穆，而不诚亦谓之穆也。

《尔雅》：“介，大也。”《方言》、《说文》：“夰，大也。”故大圭谓之玠圭《说文》，大丘谓之介邱《左传》服注。是介训为大。而《易经·豫卦》：“介于石。”马本作“扴”，注云：“扴，触小石声。”虞注亦云：“介，纤也。”《周礼·司市》：“莅于介次。”郑注云：“介次，市亭之属别小者也。”而芥为小草，《庄子》释文。髂骱为小骨，磏矿为小石，《广韵》。则介字又有小义。是介字兼有大小二义也。字有异训，类此者甚多。

《左氏传》宣公十二年云：“取其鲸鲵而封之，以为大戮。”杜注云：“鲸鲵，大鱼名。”疏引《广州记》：“鲸鲵长百尺。”而《庄子·外物》篇曰：“守鲵鲋。”释文引李逵注云：“鲵鲋皆小鱼。”是鱼之大者谓之鲵，小者亦谓之鲵也。

《说文》云：“麠，大鹿也，牛尾一角，从鹿畺声，或从京。”盖京义多训为大。故加鹿则为麖，加鱼则为鲸。而《山海经·中山经》云：“尸山，其兽多麖。”郭注云：“似鹿而小。”《汉书·地理志》云：“地多麈麖。”颜注亦云：“麖似鹿而小者。”与郭注同。是兽之大者谓之麖，其小者亦谓之麖也。

《广雅》：“终，竟也。”故终有末义。如《易·杂卦》“女之终也”，《书·君奭》“其终出于不祥”是。然终又训为自，则有从、起之义。《汉书·南越传》云“终今以来”，犹云自今以来也。此一字兼含二义之证。

《左传》昭元年：“五降之后，不容弹矣。”《后汉书·李固传》：“而容不尽乎?”容，即可义。又《后汉书·杨秉传》“容可近乎”，《三国志·辛毗传》“容得已乎”，容与庸通，又训为岂。是“可”义为“容”，“岂可”之义亦为“容”也。

“一”为决定之词，《檀弓正义》说。而《论语》“一则以喜，一则以惧”

又为或词。

“颇”为略少之词，如《叔孙通传》“愿颇采古礼”，《王莽传》“略颇稍给”是。而《汉书·灌夫传》所言“灌夫颇不雠”又为多词。刘淇说。

“宜”为应合之词。如《诗·大雅》“宜民宜人”是也。而《孟子》“宜若可为也”，则“宜”为“计而未定”之词。盖应合为宜，计而未定亦或用宜。

“岂”为屏绝之词。而《汉书·丙吉传》“愿将军详大议，参以蓍龟，岂宜褒显，先使入侍”，则为或可之词。盖“不可”为岂，“或可”亦为岂。

“苟”为诚词。如《论语》“苟志于仁”，朱注曰：“诚也。”又为粗且之词。《诗》“苟亦无然”，郑笺云：“且也。”

“诚”为实词。如《孟子》“是诚何心哉”是也。又为未定之词，如《史记·秦本纪》“诚得立”是也。

“始”谓之“原”，如原来是。“再”亦谓之原，如原蚕、原筮、原庙是。《尔雅》“原，再也”，亦其证。

## 使用器物之词同于器物之名例

《书经·顾命》篇云：“一人冕执刘。”郑注云“刘，盖今镵斧”是也。又《尔雅·释诂》云：“刘，杀也。”《方言》、《广雅》均同。《左传》成十三年“虔刘”，杜注亦训为杀。盖杀人之器谓之刘，而杀亦训刘。

《说文》云：“剑，佩刀也。”而晋潘岳《马汧督诔序》云：“汉明帝时有司马叔持者，白日于都市，手剑父仇。”盖杀人之器谓之剑，而以剑杀人亦谓之剑。是犹刀谓之刃，以刃加人亦谓之刃也。

《说文》云：“镘，铁杇也，或从木作槾。”《尔雅·释宫》篇云：“镘谓之杇。”李巡注云：“镘，一名杇，涂工之作具也。”又《吕氏春秋·离俗》篇云："不漫于利。"高诱注云："漫，污也。"漫与镘同，污与圬同。盖涂物之具或谓之镘，亦谓之圬，而所涂之物亦或称为漫，或称为污也。

《方言》云："苏，芥草也。"郭璞注云："《汉书》曰'樵苏而爨'，苏犹芦。"案：《汉书》此语见于《淮阴侯韩信传》中，惟"而"字作"后"。《集解》引《汉书音义》云："苏，取草也。"又《庄子·天运》篇云："苏者取而爨之。"李颐注云："苏，草也，取草者得以炊也。"王逸《楚辞章句》云："苏，取也。"苏或去草作稣。《说文》云："稣，杷取禾若也。"稣即苏字，故均有"取"字之义。盖草谓之苏，取草亦谓之苏。是犹草谓之刍，如刍豢之刍是。而取草亦谓之刍，《孟子》"刍荛者往焉"是。薪谓之樵，而采薪亦谓之樵也。又，取草为刍，而取草之人亦曰刍荛；采薪为樵，而采薪之人亦曰樵夫。是又展转相称之名词也。

## 双声之字后人误读之例

《书经·虞书·益稷》篇云："克谐以孝，烝烝乂，不格奸。"格，《史记·五帝本纪》作至，此虽古训，然未得经文本旨。案：格奸二字为双声，即扞格二字之倒文也。《礼记·学记》云："则扞格而不胜。"注云："扞格，坚不可入之貌。"《释文》曰："扞格，不入也。"扞格二字，倒文则为格奸。捍从干声，干格亦一声之转。不格奸者，犹言不扞格，言舜处家庭之间，无所障塞。即《论语》所谓在家必达也。若解为"不至于奸"，则失古语形容之旨矣。《孟子·尽心》篇云："山径之蹊间介，然用之而成路。"赵注以介然为句，孙奭《音义》云"间，张如字"。案：间介亦双声字，然字当属下读。间介者即扞格之转音，亦即格奸之倒文也。间介二字，形容山径障塞之形，故下文云"然用之而成路"。汉马融《长笛赋》云："间介无蹊。"李善注引《孟子》此文解之。此盖汉儒相传之旧读。自赵氏不达古训，妄以介然为句，非也；朱子又以介然属下句，而间介之古训益泯。惟明于间介之义与扞格同，则格奸之义同于扞格益可知矣。古籍双声之字并用，均系表象之词，后儒不知而误解之，其失古人之意者多矣。

## 二语相联字同用别之例

《左传》隐公元年云："无使滋蔓。蔓，难图也；蔓草犹不可除，况君之宠弟乎？"服注云："滋，益也；蔓，延也；谓无使其益延长也。"案：《说文》云："滋，益也；曼，引也；蔓，葛属。"服注之说略与彼符。盖引延双声，均延长之义也。《毛诗》"野有蔓草"传云：蔓，延也。惟案以传文之义，则上蔓字为静词，下蔓字为名词，盖曼、蔓古通，"滋蔓"之字，应从《说文》作曼，滋蔓者即益长之义也。"蔓，难图也"之蔓，则为草名，应从《说文》作蔓，即葛属也。"难图"二字为形容蔓草难除之词，《说文》云："图，画计难也，从口从啚。啚，难意也。"是难图二字为互训之词，乃形容蔓草难除之状也。后人以不易图解之，其说非是。故下文又言"蔓草犹不可除"也。古人属词，多取字同用别之字互相联属，故上语言滋蔓，下文则取蔓草为喻。此古籍字同用别之例也。

《左传》隐公元年云："既而太叔命西鄙北鄙贰于己。公子吕曰：国不堪贰，君将若之何？"又云："太叔又收贰以为己邑。"汉儒无注。案：《说文》云："贰，副益也，从贝从弍，弍，古文二。"又云："二，地之数也，从耦一。"是贰之本义训为副益。惟按传文观之，则贰于己之贰，当作副益解，而"国不堪贰"之"贰"，即《周语》"百姓携贰"之"贰"。两义稍殊。副益者，犹言分其地以益己也。《说文》云："副，判也。"《曲礼》："为天子削瓜者副之。"郑注云："分也。"是副为分析之义。下文"收贰以为己邑"，犹言收副益之地为己有也。若"国不堪贰"之"贰"，则为分离之义。盖段以西鄙北鄙之地，分以益己，则一国呈分离之象。国不堪贰者，犹言国不堪分也。盖西鄙北鄙于段为增益，于郑为离畔。贰于己之“贰”。为形容增益之词；国不堪贰之“贰”，为形容离畔之词。是犹“离”有“分”义，离训为丽，又有附合之义也。若收贰之贰，又以贰字代西鄙北鄙，足证古籍属词往往数语相联，虽所用之字相同，而取义各别，不得以上语之诂移释下语之诂也。郑康成注《礼记·坊记》“示民不贰”，以“不贰”为“不自贰于尊”，又以“自贰”为“若郑共叔”。孔氏《正义》申之以《左传》“国不堪贰”，谓“除君身之外，不当更有副贰之君”，则误解《说文》之义。至杜注以贰为两属，尤为望文生训，均不可从。

## 虚数不可实指之例

汪中《述学·释三九》篇云：“生人之措辞，凡一二所不能尽者，则约之三以见其多；三之所不能尽者，则约之九以见其极多；此言语之虚数也。实数可指也，虚数不可执也，推之十百千万，莫不皆然。”自汪氏发明斯说，而古籍胶固罕通之义均涣然冰释矣。

古籍记数，多据成数而言。《礼记·明堂位》言：“有虞氏官五十，夏后氏官百，殷二百，周三百。”案：郑康成注《礼记·王制》《昏义》均以天子立三公九卿、二十七大夫、八十一元士为夏制。是夏代职官，百有二十，则“夏后氏百”者，举成数言之也。殷代，下士之数倍于上士，则为二百有一人，“殷二百”者，亦举成数言也。周人以下士参上士，即《春秋繁露》所谓“天子分左右五等三百六十三人”也，则周官三百，亦系约举之词。郑注以为舍冬官言，故曰官三百，非也。又《周礼·天官·小宰》，于天地春夏秋冬六官，均言“其属六十”，实则六官之属有不足六十者，有浮于六十之数者，则属官六十亦系约举之词，与《论语》“《诗》三百”、“诵《诗》三百”同例。盖古代书籍以便于记诵为主，故记数之词往往举成数以为言，若强为之解，徒见其截趾适履耳。孔子弟子七十二人，孟子言七十子，亦此例也。

古人于数之繁者，则约之以百，如百工、百物、百货、百谷是也。《虞书·尧典》篇“平章百姓”，不必得姓者仅百家也。《荀子·正论》篇“古者天子千官，诸侯百官”，不必泥于千百之数也。百之所不能尽者，则推而上之，至于千、万、亿、兆。《国语·楚语》云：“百姓，千品，万官，亿丑，兆民，经入，畡数以奉之。”《郑语》云：先王“合十数以训百体，出千品，具万方，计亿事，材兆物，收经人，行姟极”。此皆虚拟之词，不必实有其数也。伊尹五就汤，五就桀，亦然。

古籍以“三”字为形容众多之词。其数之最繁者，则拟以三百之数，以见其多。其数之尤繁者，则拟以三千之数，以见其尤多。《左传》僖公二十八年：“而乘轩者三百人焉。”不过极言其冗官之众耳，非必限于三百人也。《史记》言：“孔子弟子三千”、“古诗三千”，“孟尝、平原、春申之客三千”，“东方朔用三千奏牍”，褚先生补。亦系形容众多之词，非必限于三千之数，亦未必足于三千之数也。举斯以推，则《礼记·礼器》篇“经礼三百，曲礼三千”，《中庸》篇“礼仪三百，威仪三千”，犹言数百数千耳，不必以三为限，亦不必定以《周礼》、《仪礼》诂之也。又《诗·曹风》“三百赤芾”，亦系约举之词，与《左传》“乘轩者三百人，同例。又唐白居易《长恨歌》云“后宫佳丽三千人”，三千之数亦属约举，后世用兵，有所谓十万百万者，与此同例。非确数也。

古人于浩繁之数，有不能确指其目者，则所举之数，或曰三十六或曰七十二，如三十六天、三十六宫是也。三十六天之例，与九天同；三十六宫之例，与千门万户同。不必泥定数以求也。又《史记·封禅书》载管子对桓公语，谓“古之封禅者七十有二家，夷吾所记者十有二”，夫其详既不可得闻，则七十二家之数，亦系以虚拟之词表其众多。《庄子》载孔子语，谓“以六艺干七十二君”，夫孔子所经之国不过十余，则七十二君亦系虚拟之词。由斯而推，则佛经言八万四千，言三十六，言七十，言百一，多寡不同，均系表象之词，不必确求其数也。《诗·召旻》：“日辟国百里”，

"日蹙国百里"，亦系形容之词，不可指实事求之。

古人记数，有出以悬揣之词者，所举之数不必与实相符，亦不致大与实违。如《书序》、《孟子》皆言"武王伐殷，车三百两"，而《逸周书·伐殷解》则言"周车三百五十乘"，盖一为实数，一为悬揣之词。又如《孟子》言"由周而来，七百有余岁"，此不足七百之数者也。故赵注上溯太王、王季之开基，以求合孟子之言，近儒江永、焦循强以辟刘歆《三统历》之误，非也。《史记》言"孔子卒后至于今五百年"，此不足五百之数者也。又《史记·滑稽传》言"优孟后二百余年，秦有优旃"，此不止二百余年者也。若言"淳于髡后百余年，楚有优孟"，其语尤误。又《刺客传》言"专诸刺吴王后七十余年，晋有豫让之事"，实六十二年。"豫让刺赵襄后四十余年，而轵有聂政之事"，实五十七年。"聂政刺侠累后二百二十年，而秦有荆轲之事"，徐广曰，仅百七十年。所记之数均与实违，此则古人属文多出以想象之词，不必尽合于实数。由是以推，则凡古史纪年互歧者，均可缘此例以解之矣。又《孟子》"君子小人之泽，五世而斩"，亦系悬拟之词。

古人属词记事，恒视其言之旨为转移，形容其大，则诬少为多，形容其小，则省多为少，不必确如其数。如《孟子·滕文公》篇云："汤以七十里，文王以百里。"又《史记·平原君传》云："毛遂曰，遂闻汤以七十里之地王天下，文王以百里之地臣诸侯。"《荀子·仲尼》篇曰："文王载百里地而天下一。"《韩诗外传》卷四云："客有说春申君者曰，汤以七十里，文王以百里，皆兼天下，一海内。"顾炎武《日知录》曰："孟子为此言，以证王之不待大耳。其实文王之国不止百里。周自王季伐诸戎，疆土日大，文王自岐迁丰，其国已跨三四百里之地，伐崇，伐密，自河以西，举属之周。至于武王，而西及梁益，东临上党，无非周地。"夫汤、文疆土广延，逾于孟子所言者数倍。另有考详之。而孟子言文王之囿，已云方七十里，则所谓百里七十里者，不过援古代封国之制，以形容其小，犹后世所谓弹丸黑子耳。《史记》、《荀子》诸书亦然。言与实违，不可谓之非虚数也。焦循《孟子正义》不达此例，援文王由方百里起之文，遂谓文王初兴其地不过百里，殆古人所谓刻舟求剑者欤？又《晏子春秋·内篇·

杂下》云“炙三弋，五卯，当作卵，苔菜耳矣”，此不过形容其俭耳，非必弋限以三，卵限于五也。此例既明，而后儒昧于词例强附古制者，可以息其喙矣。

古籍记事，恒记其后先之次。若饰词附会，律以一定之时期，则拘泥鲜通。如《史记》言“舜所居，一年成聚，二年成邑，三年成都”，此不过叙成聚成邑成都之先后耳，不必胶执其年也。又孙真人《千金方》述徐之才《养胎法》云：“妇人受孕，一月足厥阴脉养，阴阳新合，名始胚。《原病论》作始形。二月足少阳脉养，阴阳居经，名始膏。三月手心主脉养，初有定形，名曰始胞。《原病论》作胎。四月手少阳脉养，始受水精，以成血脉。五月足太阴脉养，始受火精，以成其气。六月足阳明脉养，始受金精，以成其筋。七月手太阴脉养，始受木精，以成其骨。八月手阳明脉养，始受土精，以成肤革。九月足少阴脉养，始受石精，以成皮毛，而谷气入胃。石禀五气之余，藏府［脏腑，下同。——编注］百骸俱实，故谓之石。十月五藏俱备，六府齐通，纳天地之气于丹田。”夫徐氏之说，不过叙血气、筋骨、肤革、皮毛、藏府生成之次第耳，惟泥以一定之期，又附会阴阳五行之说，则为支词。夫世人固有七月生子者，若如徐氏之说，则肤革、皮毛、藏府均未备矣。则徐氏所言，亦虚拟之数，不必拘滞其词也。

古籍属词，多沿故语，所举之数或与实违，互相因袭，罔察其诬。如殷代以下之官，不必以百为限，而《论语》言：“君薨，百官总己以听于冢宰三年。”又言：“不见宗庙之美，百官之富。”百官犹言众官，其不言众官者，不过沿用古代百官之语耳。又古代舍高原而外，洪水萦环，故称四方为四海，而后世遂有四海之称。实则中土四周非临海水。古代邦国狭小，虞夏之交，计有万国，而后世遂有万邦之语。实则夏代以降，国仅数千。此皆沿古代之数以致误者也。后世百姓、万民之称与此略同。汪氏之说亦有言之未尽者。《论语·宪问》篇云：“桓公九合诸侯，不以兵车。”

而《管子》、《小匡》篇又《戒》篇作三匡。《晏子春秋》、《问下》篇。《荀子》、《王霸》篇。《韩非子》、《十过》篇及《奸劫》篇、《外储说》。《吕氏春秋》、《审分览》、《韩诗外传》、卷六卷八卷十。《大戴礼》、《保傅》篇。《史记》、《齐世家》及《蔡泽传》。《战国策》、鲁连《遗燕将书》。《越绝书》、《外传、吴内传》。《淮南子》、《泛论训》。《说苑》、《尊贤》篇。《新序》、《杂事》篇。《论衡》、《书虚》篇及《感类》篇。《中论》《智行》篇。均以“九合诸侯”与“一匡天下”对言。《离骚》《天问》篇。亦言九会诸侯。范宁《穀梁注》谓“郑玄以两鄄、两幽、柽、贯、首戴、宁母、葵邱为九合”，不取北杏及阳谷。《后汉书注》《延笃传》。以两鄄、两幽、柽、首止（戴）、宁母、洮、葵邱为九合，则又去贯而数洮。刘炫同。近人卢文弨谓“郑以柯及两鄄、两幽、柽、阳谷、首戴、宁母为九合”。宋翔风驳之，又谓“郑以柯、两鄄、两幽、柽、阳谷、首戴、宁母为九合”。说各不同。不知九合犹言屡合，不必以九为限，即其数而强解之，非也。朱子易“九”为“纠”亦非也。又《左传》襄公十一年：晋侯谓魏绛曰：“八年之中，九合诸侯。”服虔以会戚，一合。会城棣救陈，二合。会邬，三合。会邢丘，四合。会戏，五合。会柤，六合。戍虎牢，七合。盟亳为八合，盖合会萧鱼为九。《国语·晋语》则作“七合诸侯”。孔晁注及韦注均以会戚、会邬、会邢邱、盟戏、会柤、会亳、会萧鱼为七合，不数救陈与戍郑。案：《左传》所言盟戚即所以戍陈，会祖即所以戍虎牢，不得析之为二，当从《国语》“七合”为确。《左传》作“九合”者与《论语》“九合诸侯”同例，亦虚数也。又《左传》宣公十二年：郑伯逆楚子曰“使改事君，夷于九县”，杜注云：“楚灭九国以为县，愿得比之。”《释文》谓：“息、邓、弦、黄、夔、江、六、蓼、庸、权、申息凡十一国，不知何以言九？”沈重谓：“权是小国，庸先楚属，自外为九也。”案：沈语附会九县之名，既难确指，则九县即言众县，犹《后汉书》所谓“九县飙回”也，奚得一一指其名乎？抑又考之《楚辞》，《九歌》本十一篇而以九数标目，则数之不止于九者亦可以九为数。盖九训为究，又为极数，凡数之指其极者，皆得称之为九，不必泥于实数也。举斯而推，则古籍所谓九攻、九守、九变者，亦可以此例求之矣。三数亦然。《礼记·曲礼》篇“医不三世”，犹言不数世也。《孟子·万章》篇“汤三使往聘之”，犹言数聘之也。《后汉书·袁绍传》“结恨三众”，注云：“三者，数之小终”，则三亦为虚数。此皆汪氏未及言者也。故即其说推广之。

## 倒文以成句之例

古人属词，往往置实词于语端，列语词于语末。如《书·禹贡》“祇台德先”是，余杭章氏已言之。是为倒文之例。周代之文亦然，如《诗·崧高》篇云“谢于诚归”，谢为申伯之邑，即上文所谓邑于谢也，则“谢于诚归”犹言“诚归于谢”，不过倒词以叶韵也。王氏《经传释词》略同。又《十月之交》曰“以居徂向”，郑笺云“择民之富有车马者，以往居于向”，则“以居徂向”犹言“以徂居向”，此非叶韵而亦倒文者也。王氏《经传释词》云：“居，语助，言择有车马以徂向也。”非是。又《左传》僖公九年云：“入而能民，土于何有。”“土于何有”者犹言“何有于土”也。王氏《经传释词》略同。昭公十三年云：“我之不共，鲁故是以。”“以”训为“因”，刘氏《助字辨略》。犹言“因鲁之故”也。此皆古籍倒文之例，先实词而后语词，与今日本之文法略同。《书·酒诰》曰：“人无于水监，当于民监。”犹言“无监于水，当监于民”。《左传》僖公二十三年云：“其人能靖者与有几?”顾炎武补注引邵氏曰：“此倒语也，若曰：其有几能靖者与?”予案，此当云：“其能靖者几人与?”

《礼记·中庸》“声色于化民末也”，犹言“声色化民也”。

《汉书·终军传》“此言与实反者非”，犹言“此非言与实反”也，与《周亚夫传》“此非不足君所乎”同例。

《孟子》“晋国，天下莫强焉”，当作“天下莫强于晋国”，与《汉高纪》“王者莫高于周文”一例。

《史记·越世家》“独以德为可以除之”，犹言“独为德可以除之”也。

《诗·小雅》“无不尔或承”，此言“无或不尔承”也。

《汉书·郑吉传》颜师古注曰：“中西域者，言最处诸国之中”，犹言“处诸国之最中”也。

《汉书·路温舒传》“偷为一切”，如淳以“一切”为“权时”，不知此系“一切皆偷”之倒文，与《诸侯王表序》“一切取胜”同例。

《左传》襄公三十年“无不祥大焉”，“无”义为“莫”，犹言“不祥莫大焉”。

《庄子·大宗师》篇“浸假而化予之右臂以为弹，浸假而化予之尻以为轮”，“浸假而化”者，郭象：“浸”训为“渐”，盖犹言“假如渐化”也，此为倒文。

## 举偏以该全之例

《周礼·考工记·匠人职》云：“内有九室九嫔居之，外有九室九卿朝焉，九分其国，以为九分，九卿治之。”郑注以三孤六卿为九卿，其说本于班固。《汉书·百官公卿表》。而三少又见于《大戴》，《保傅》篇。盖九卿兼该孤、卿而言，言九卿则孤该其中。王氏《经义述闻》以孤为六卿之首，乃三人而非一人，并谓三孤非周制，自王莽误以孤为三公之佐，班氏作表始以三孤与六卿为九，乃沿新莽之误。其说非是。是犹侯为封爵之一，言诸侯则公伯子男均该于其中，夷为东方之人，言四夷则羌狄蛮貉均该于其中也。以此之故，故专名屡易为公名。

《春秋经》屡言“某国杀其大夫”，大夫者，均卿官也。盖大夫可以该卿，而卿不可该大夫也。《书·禹贡》言“二百里蛮”，《周礼·夏官司马》言“蛮服夷服”，蛮夷之名该四境以为言，非仅限于南蛮、东夷也。

亦专名易为公名之例。又古代，禽该鸟兽言，如《易》“失前禽”，《孟子》“终日不获一禽”是也。盖禽可该兽，兽不可该禽。

古代书名，于书中所含之意，亦往往举偏以该全。如《仪礼》十七篇非尽“士礼”也，因篇首《冠》、《昏》诸篇均以“士礼”标名，而汉儒遂有“士礼”之目。又《春秋》为编年之史，四时具，然后为年。而古史均名“春秋”，则举二时以该四时也。明于此例，则乘为兵车，《晋乘》所言不必皆兵车之事；《管子·乘马》篇亦然。雅为夏声，《尔雅》所载不必无方土之言。若泥书名而求之，则其意狭矣。

## 同义之字并用而义分深浅之例

《公羊》隐公元年“公及邾娄仪父盟于眛”，《传》“及者何，与也。会及暨，皆与也。曷为或言会，或言及，或言暨？会犹最也。及犹汲汲也；暨犹暨暨也。及我欲之，暨不得已也。”《尔雅》：暨，不及也。郭注云《公羊传》曰“暨，不得已”，不得已是不得及。

《公羊》宣公八年“日中而克葬”，《传》云：而者何？难也。乃者何？难也。曷为或言而或言乃？乃难乎而也。”

《公羊》僖公二十八年“晋人执卫侯，归之于京师”，《传》云：“归之于者，罪已定矣；归于者，罪未定也。”

《论语·公冶长》篇“吾与女弗如也”，《正义》云：“弗者，不之深也。”

刘淇《助字辨略》曰：“矧、况义同，其词缓急有别，如《诗》‘矧可射思’，其词急。《孟子》‘况于为之强战’，其词缓也。”

刘淇又曰：“毕，尽也，皆也。言皆，则尽不尽未可知；言尽，则皆不皆未可知。兼二义，谓之毕。”

## 同字同词异用之例

刘氏《助字辨略》曰：《论语》“有是哉，子之迂也”，“有是哉”，不足之词。《后汉书·列女传》“霸起而笑曰，有是哉”，此深言之词，与上义别。刘氏又曰：《诗·国风》“嘒彼小星”，“彼茁者葭”，此“彼”字犹言“那个”也。《孟子》“管仲得君如彼其专”，此“彼”字犹云“那样”也。义微有别。

刘氏又曰：《左传》“属当戎行”，《晋语》“属见不穀而下”，“属”均训“适”，为正当之词。《汉书·张良传》“天下属安定”，《霍光传》“属耳”，颜训为“近”，此亦适辞。但上“属”字是“正适”之义，此“属”字系“适才”之义。故云近也。

刘氏又曰：《孟子》“然后敢入”，“予然后浩然有归志”，“然后”，乃也，继事之词。《汉书·万石君传》“然后诸子相责”，此“然后”亦是乃词。然上云因其如此方敢入，方有归志，其词缓。此云见其如此遂相责谢罪，其词急。“乃”字原有两训，故“然后”亦兼二义也。

《汉书·刑法志》引孙卿语曰：“世俗之为说者，以为治古者无肉刑，有象刑、墨黥之属，菲履赭衣而不纯，是不然矣。以为治古则人莫触罪耶？岂独无肉刑哉？亦不待象刑矣。以为人或触罪矣，而直轻其刑，是杀人者不死，而伤人者不刑也。”刘氏《助字辨略》曰：前“以为”，谓词也，后两“以为”将为之词也。

《易经·系辞》：“是故夫象，圣人有以见天下之赜，而拟诸其形容，象其物宜，是故谓之象。”刘氏曰：下“是故”是缘上事之词，上“是故”则发语之词也。

# 古历管窥

## 卷 上

《周书》七十一篇记文武周公成王之事，恒有月日可稽。推以三统术，如《酆保解》维二十三祀庚子朔，乃周正八月一日，于殷正为七月。《小开解》惟三十五祀正月丙子拜望，乃周正二月十四日，于殷正为正月。此与《三统》差一日。《宝典解》惟王三祀二月丙辰朔，以是年正月丁酉朔推之，辰当作寅，丙寅恰为二月朔。《文儆解》庚辰诏太子发，以此篇作于文王崩年季春，前推之，乃二月二十八日也。《武儆解》惟十有二祀四月丙辰，以此篇作于武王崩年。勘之二当作一，丙辰乃八日也。《皇门解》惟正月庚午，以此篇列于《作雒》后，推之盖成王即政元年，庚午乃二日也。又《世俘》一篇，时日后先悉符武成周初兵事，资是可征，惜旧说多讹，予著《周书补正》于全书所载月日所释较详。兹不赘录。

《诗·小雅·十月之交》云：十月之交，朔日辛卯，日有食之，亦孔之丑。自虞门、一行、郭守敬以降，均以为幽王六年，阮文达以今历推之尤为符合。今征以古历，是年殷历距入甲午蔀三十一年，积月三百八十三，闰余八，积日一万一千三百一十，小余二百九十七，大余三十，得甲子为天正朔，庚辰为十月朔，辛卯二日。六月八月朔日皆为辛卯。周历距入癸酉蔀十二年，积月一百四十八，闰余八，积日四千三百七十，小余五百三十二，大余五十，得癸酉为天正朔，己丑为十月朔，辛卯三日。《三统历》距入甲申统八百六十七年，积月一万七百二十三，闰余八，积日三十一万六千六百五十九，小余三十七，大余三十九，得癸亥为天正朔，己丑为十月朔，辛卯三日。较之诗人所咏均后二日或一日。又以《三统》推月食之法求之，置距入统岁盈会岁除之得，会余三百五十四，积月四千三百七十八，闰余八，以二十三乘之，盈百三十五，除之得一百一十九，加二十三者，一盈百三十五而余七。再加二十三者，六盈百三十五而余十，则此年日食当在七月后。岂是年时历再失闰欤？

刘子骏治《左氏》，以《三统历》说《春秋》，经云某月，而子骏所云或非某月。盖子骏以《三统》正时历之失也。今考《汉书·五行志下》之下载子骏说云，周衰，天子不班朔，鲁历不正置，闰不得其月，月大小不得其度，史记日宋本作曰误。食或言朔而实非朔，或不言朔而实朔，或脱不书朔与日，皆官失之也。又《律历志》载子骏说云，至昭二年十二月己丑，日南至失闰，至在非其月，梓慎望氛气而弗正，不履端于始也。《世经》又云，昭二十年春王正月，距辛亥百二十三岁，是辛亥后八章首也，正月己丑朔旦冬至失闰，故传曰：二月己丑，日南至。又《世经》云，文公元年距辛亥朔旦，冬至二十几岁，是岁闰余十三，正［月］小雪，闰当在十一月后，而在三月，故传曰非礼也。后五年闰余十，是岁亡闰，而置闰，闰所以正中朔也。亡闰而置闰，又不告朔，故经曰：闰月不告朔，言亡此月也。传曰：不告朔，非礼也。又云：襄公二十七年距辛亥百九岁，九月乙亥朔是建申之月也。鲁史书：十二月乙亥朔，日有食之。传曰：冬十一月乙亥朔，日有食之，于是辰在申，司历过也。再失闰矣，言时实行以为十一月也。又云：哀公十二年冬十一月流火，非建戌之月也。是月也，螽。故传曰：火伏而后蛰者，毕。今火犹西流司历过也。《诗》曰：七月流火，《五行志下》之下载子骏说亦云，是岁再失闰，十一月实八月也。月在鹑火，周分野也。据子骏之说审之，盖以春秋之时置闰后，先失其准则，或当置不置，抑或不当置而置，致所失小仅一闰。然增置之闰，亦与所失之闰相当，故有数载以前，闰已冉失，数载以后，仅失一闰者。亦有月日悉符《三统》者。如庄四年经：夏四月辛卯夜，恒星不见。《五行志下》之下载子骏说亦曰：周四月，夏二月也。日在降娄，鲁分野也。经云：四月，子骏亦以为四月。僖五年传：王正月辛亥朔日南至。《世经》亦云：釐公五年正月辛亥朔日冬至。传云：正月，子骏亦以为正月。此均时历偶符《三统》者也。其他所推，日食或与经符，或差一日，或先一月，或逾二月，盖失闰始于鲁隐前。隐元年正月，当得庚戌朔，时以惠公末年十二月移为隐元年正月，故三年二月，日食。子骏以为正月。故自隐公元年以后证以《三统》，或始差而继合，或甫合而旋差，此皆时历不正之故也。

或谓春秋之际，时历朔闰，既靡定准，置闰年月，奚克寻绎？不知时历虽舛，然杜预长历，迁就求合，间得时历之真。惟以《三统》为纲，就杜历所推勘，其与《三统》相差奚若，后先相证，则时历置闰之年月悉可得之于旁稽。即杜说背于时历者，亦可考订其讹。如庄二十五年六月辛未朔，日食。《五行志下》之下引子骏说，以为五月二日，则时历失一闰。二十六年十二月癸亥，日食。子骏以为十月二日，则时历又失一闰。盖二十五年五月后，《三统》置闰，时历则否。又三十年九月庚午朔，日食。子骏以为八月，则时历已增一闰。盖自庄二十五年六月后，迄于三十年八月，《三统》置一闰，二十八年二月后。时历转置二闰也。一在二十八年三月前，故二十八年经：三月甲寅于《三统》为二月朔，四月丁未于《三统》为闰二月二十四日，仅差二月，不差三月也。一在三十年四月前，故三十年传：四月丙辰于《三统》为四月十五日，仅差一月也。约陈斯例，馀可例求。其有疑莫能谙者，亦有数事，如隐九年经：三月癸酉，大雨震电，庚辰，大雨雪。后先互勘，是年时历，仍先《三统》一月，则癸酉、庚辰于《三统》均为二月。乃《五行志中》之上引子骏说云：三月癸酉，于历春分后一日始，震电之时也。考是年《三统》，春分在四月十一日。如子骏说，则是《三统》转先时历一月也。此可疑者一。庄十八年，王三月，日食。《五行志下》之下引子骏说，以为晦，鲁卫分。如彼说，则是年时历与《三统》符。乃十九年本传，又有六月庚申之语，于《三统》为五月十六日，是时历已先一月。然庄公十八、十九二年，《三统》均无闰月，不得以时历为失闰。此可疑者二。僖五年传：正月辛亥朔日，南至。时历与《三统》同。又十二月丙子，晋灭虢。传言日在尾，月在策，鹑火中，于《三统》亦为十二月。乃经云：九月戊申朔，日食。《五行志下》之下引子骏说，以为七月秦晋分，不以为九月二日。此可疑者三。僖十五年经：夏五月，日食。子骏以为二月朔，则时历较《三统》差三月。然十六年经：正月陨石。《五行志下》之下引子骏说云：正月，日在星纪，厌在玄枵。则次年时历又符《三统》。然数月之中，奚能增闰至三？此可疑者四。若斯之说，其由子骏考证之疏，抑子骏之意，以为经文传写互讹，今不克考。然汉儒治《左氏》，均宗《三统》，服君《解谊》，遵守尤笃。如《周礼·春官》疏引服注，龙度天门，即用《三统》超乘说。又昭二十年，日南至。孔疏引服说云：梓慎知失闰，二月冬至，杜台卿《玉烛宝典》十二引文元年闰三月，非礼。又引服注云：周三月、夏正月，是岁距僖公五年辛亥岁三十年，当作二十九年。盖杜所据为误本。闰余十三，正月小雪，闰当在十一月后。均用子骏说，是服君亦以时历置闰，恒舛误也。其以《三统》为至疏，盖自杜预长历始也。

《汉书·律历志》载三统术云：推月食置，会余岁积月以二十三乘之，盈，百三十五除之，不盈者，加二十三得一月，盈。百三十五数所得，起其正算外，则食月也。加时在望日冲辰，钱氏大昕《三统术衍》谓：推日食亦用此法。其说是也。《左传》襄二十四年，孔疏云：《汉书·律历志》载刘歆三统之术，以为五月。二十三分月之二十，乃为一交，交在望前朔，则日食。望，则月食。交在望后望，则月食。后月朔，则日食。案加至十一有奇，已盈百三十五，为交在望前。加至十二以上，始百三十五为交在望后。交正在朔，则日食。既前后望，不食，交正在望，则月食。既前后望，不食。李氏锐《三统术注》谓三统本术无此法，其说非也。

孔疏所云，乃子骏《春秋》逸说，试即《五行志下》之下所载子骏语勘之，如隐公三年，日月相交，在正月望前，经书二月己巳，日食。子骏以为正月二日燕越或本作赵，钱大昕《三史拾遗》已辨之。分。桓公三年，交在六月望前，经书七月朔，日食。子骏以为六月赵与晋分。庄公二十五年，交在五月望前，经书六月辛未朔，日食。子骏以为五月二日鲁赵分。僖公五年交在七月望前，经书九月戊申朔，日食。子骏以为七月秦晋分。僖公十二年交在三月望前，经书三月。《汉志》引有朔字，王引之以为衍。见《读书杂志》。庚午，日食。子骏以为二月，《汉志》汪本作三月，误。齐卫分。文公元年交在正月望前，经书二月癸亥，日食。子骏以为正月朔燕赵分。成公十六年交在四月望前，经书六月丙寅朔，日食。子骏以为四月二日鲁卫分。襄公十四年交在前年十二月望前，经书二月乙未朔，日食。子骏以为前年十二月二日宋燕分。襄公二十年交在八月望前，经书十月丙辰朔，日食。子骏以为八月秦周分。襄公二十七年交在九月望前，经书十二月乙亥朔，日食。子骏以为九月周楚分。昭公十五年交在三月望前，经书六月丁巳朔，日食。子骏以为三月齐旧作鲁，从钱大昕、王引之说改。卫分。昭公二十一年交在五月望前，经书七月壬午朔，日食。子骏以为十月二日鲁赵分。昭公二十二年交在十月望前，经书十二月癸酉，日食。子骏以为十月楚郑分。定公五年交在正月望前，经书三月辛亥朔，日食。子骏以为正月二日燕越旧作赵，从钱说改。分。经文三月，《公羊》作正月，《汉志》亦引作三月。王先谦补注引苏舆说，谓《汉志》“三”当作“正”。刘歆以为正月二日当作三月二日，其说误甚。是年正月二日为辛巳，若作三月则辛巳为三日矣。此均交在望前，食在本月者也。庄公二十六年交在九月望后，经书十二月癸亥朔，日食。子骏以为十月二日楚郑分。庄公三十年交在七月望后，经书九月庚午朔，日食。子骏以为八月秦周分。成公十七年交在八月晦，经书十二月丁巳朔，日食。子骏以为九月周楚分。昭公七年交在三月望后，经书四月甲辰朔，日食。子骏以为二日旧作月，从钱说改。鲁卫分。此皆交在望后，食在后月者也。自是以外，有交在望后而食在本月者，亦有交在望前而日食在晦，或在后月者。如僖公十五年交在二月终，经书五月，日食。子骏以为二月朔齐越分。文公十五年交在四月望后，经书六月辛丑朔，日食。子骏以为四月二日鲁卫分。襄公十五年交在五月望后，经书八月丁巳，日食。子骏以为五月二日鲁赵分。襄公二十三年交在前年十二月望后，经书十二月辛酉朔，日食。子骏以为前年十二月二日宋燕分。定公十二年交在十月终，经书十一月丙寅朔，日食。子骏以为十月旧作十二月，从钱氏说改。二日楚郑分。此均交在望后，而日食不在后月者也。桓公十七年交在九月望前，经书十月朔，日食。子骏以为楚郑分。庄公十七年交在三月望前，经书三月，日食。子骏以为晦鲁卫分。宣公十八年交在三月望前，经书六月癸卯，日食。子骏以为三月晦朓鲁卫分。此均交在望前，而日食转在月终及后月者也。

盖子骏说《春秋》日食，先推食月，若有食之月距入限不仅十五日，自系当时推验之疏。如襄公二十一年九月庚戌朔，日食。子骏以为七月秦晋分。冬十月庚辰朔，又食。子骏以八月秦周分。实则是年交在六月终，当有食者，仅七月。又襄公二十四年七月甲子朔，日食。子骏以为五月鲁赵分。八月癸巳朔，又食。子骏以为六月晋赵分。实则是年交在五月初，当有食者仅五月。由是而言，则东周之世，日官、日御推步失方，《春秋》因其文而著之，子骏即以经文所著者，以《三统》推其月日，其有不书朔与日者，则援据是年所著日名，后先互证，不以距入限远近相绳，是亦缺疑之达例。然统观终始，孔疏所述，验者究占其多，斯固古历成法，而为《三统》所遵者也。惟今本《汉志》恒出后儒之臆改，或由刊本之讹。如宣公八年交在八月望前，经书七月甲子，日食。子骏以为十月二日楚郑分。宣公十年交在二月初，经书七月丙辰，日食。子骏以为二日汪本作“日”，他本均作“月”。然用“月”与下分野不合，钱亦以作月为误。鲁卫分。昭公十七年，交在七月望前，经书六月甲戌朔，日食。子骏以为五月旧作六月二日，今以《三统》推之，六月无甲戌，且与下分野不合。王引之改“六”为“五”，然五月二日又为乙亥。臧寿恭并删，“二月”二字，与历及分野合，姑从之。鲁赵分。昭公二十四年交在三月望后，经书五月乙未朔，日食。子骏以为二月鲁赵分。昭公三十一年交在十月望后，经书十二月辛亥朔，日食。子骏以为二日或作月。宋燕分。定公十五年交在九月望前，经书八月庚辰朔，日食。子骏以为六月晋赵分。此均讹舛莫可究诘者也。惟哀公十四年交在五月望后，经书五月庚辰朔，日食。子骏以为三月二日齐卫分。夫庚申虽为三月朔，然五月二日亦为庚申，是

“三月”二字为衍文，齐卫当作“鲁赵”，此亦交在望后而食在望前者，臧以“二日”为衍文，似非。此则刊本之确讹者矣。

考《汉志》又言，左氏以为朔十六，桓三年，一也。十七年，二也。庄三十年，三也。僖五年，四也。文元年，五也。成十七年，六也。襄二十年，七也。二十一年，比食，八也，九也。二十四年，比食，十也，十一也。二十七年，十二也。昭十五年，十三也。十七年，十四也。二十二年，十五也。定十五年，十六也。钱氏谓，十六当作十七，此未知下有不书“日者”二之文耳。二日十八，隐三年，一也。庄二十五年，二也。二十六年，三也。僖十二年，四也。文十五年，五也。宣八年，六也。十年，七也。成十六年，八也。襄十四年，九也。十五年，十也。二十三年，十一也。昭七年，十二也。二十一年，十三也。二十四年，十四也。三十一年，十五也。定五年，十六也。十二年，十七也。哀十四年，十八也。王氏不数哀十四年，非。晦一，此指宣十七年之食言，若庄十八年之食，则归入不书日之条，非讹也。不书日者二，案此当作不书“朔”与“日”者二。盖桓十七年十月朔，日食，子骏亦归入书朔之条，此仅指不书日并不书朔者言。庄十八年，一也。僖十五年，二也。旧说并非。以今本《汉志》较之，数或不合，虽屡经近儒校定，然果合子骏之旧文与否，固未可知也。

子骏说《春秋》日食，谓日所躔而有变，则分野之国失政者受之。所著《三统历》于合晨所在之星，推法特详。近臧氏寿恭著《春秋左氏古义》复援据其法，以推合晨时所入星度。惟厥法纷繁，不得不更以捷术。窃以《三统》求星度法，均从牛初起算，而冬至之日，日在牛初，知合晨去冬至若干日，即知合晨时所入星度为距牛初若干度之星。如隐公二年冬至当正月二十一日。三年正月朔，上距冬至为日三百六十六，则是日合晨所在星其距牛初亦达三百六十四度。数起牛初算外，合晨在斗二十五度后。较之用三统本术所得正同。惟欲求度余仍当用本术耳。

贾侍中解《春秋》内外传亦宗《三统》。今即解外传者考之，《晋语》云，十月惠公卒。十二月，秦伯纳公子。韦注云，内传鲁僖二十三年九月，晋惠公卒，而此云十月。贾侍中以为闰余十八，闰在十二月后，鲁失闰为正月，晋以九月为十月，而置闰也。又元年春，公及夫人嬴氏至自王城。韦注云，文公元年，鲁僖二十四年。贾侍中云：是月闰，以三月为四月，故曰春，而不言其月，明四月为春分之月也。所引贾说，解者多歧。今考鲁僖二十三年于《三统》当闰十二月，次年正月至朔同日。贾云，闰余十八，闰在十二月后者，谓二十三年十二月闰余积至十八，故置闰当在次月，非谓二十三年岁首其闰余已达十八也。此即侍中宗《三统》之证，其曰：鲁失闰为正月者，谓《鲁历》失闰，误以二十三年闰月为二十四年正月也。其曰：晋以九月为十月而置闰者，谓是年《晋历》先鲁一月。内传书晋惠之卒，据《鲁历》言，外传则据《晋历》。故一书九月，一书十月也。《晋历》又于十月后置闰，故《晋历》十二月于《鲁历》亦为十二月。其曰：是月闰，以三月为四月者，虽语有讹挩，亦据《三统》为说，盖内传所云，三月己丑晦，公宫火。于《三统》当为三月朔。既以时历失闰，误先一月，而外传所云，至自王城更在己丑之后。于《三统》虽为三月，于时历应称四月，而外传仍书为春，贾君本之，因知时历置闰即在三月后，"以"字之上疑挩"不"字，谓是月置闰，不以《三统》之三月为四月，故仍称春也。由是而言，则侍中说内传，亦宗《三统》可以援是而推矣。韦注解《晋语》岁星所在，亦用三统超乘说，将以己丑焚公宫，注云：己丑，鲁僖二十四年三月朔，时以为三月晦，与《三统》亦合。惟甲午军于卢柳，注云：鲁僖二十四年二月六日，又岁在寿星，节注云：鲁僖二十七年，岁在鹑火，二十八年，岁复在寿星，晋文公伐卫。正月六日戊申，取五鹿所。《释名》与《三统》及六日均不合，不可考矣。

《晋书·律历志》谓：汉末宋仲子集七历以考《春秋》。近罗氏士琳师其意作《春秋朔闰异同》，寻绎其书，厥失有二。《颛顼历》及《夏历》均从夏正，故章蔀纪首咸在立春。黄帝《三统》、殷、周、鲁各历，均从周正，故章蔀经首成在冬至，二者不同。春秋时历亦用周正，起子月，则凡历术起寅月者，用以谱春秋月日，均当先二月起算。罗书弗然，其失一也。春秋时历，闰失厥准，与七历有定术不同，时历仅失一闰，固与七历参差，若失二闰，日名虽符，月乃迥异，罗书于时历失二闰者。不复比勘后先，证其先七历二月转据日名之偶合，以为七历与符，或以为仅差一二日，其失二也。自嗣以外，《鲁历》积年，罗据《开元占经》为说。然

《占经》有讹字，罗未克知。《占经》云：《鲁历》上元庚子至今开元三年二百七十六万一千三百三十四算外。顾观光谓少三千六十年，其说是也。据顾说，则《占经》旧文本作二百七十六万四千三百九十四算外，今以鲁隐元年距算减之，得积年二百七十六万二千九百五十几年，满元法之余四千一百五十九，以纪法除之，得二不尽一千一百一十九，依次命入第三纪十五蔀庚午第五十五年，命起甲子算外，得己未，积月六百八十闰，余五，积日二万零八十，小余九百二十，大余四十，得庚戌，为正月朔，不必如罗氏别立加减之法也。嗣有考《春秋》朔闰者，其勿为罗所囿乎！

包氏慎言《春秋公羊传历谱》，误减《殷历》日余之数，谓日余一百六十六，故所推之闰及分至，咸因是而讹。如鲁隐元年距入癸酉蔀九年，以二十一乘之，如四而一得气，大余四十七，小余一，以一百六十八乘之，如三十二而一亦得气，大余四十七，小余八，前法以小余满四从大余，后法以满三十二从大余，故得八与得一相当。李淳风《五经算术注》载推僖五年日至之法云，置前推月朔积年九百六十九算外，以余数二十一乘之，得二万三百四十九为实，以度分母四除之，得五千八十七，为积月不尽一为小余，以六十除积日，得八十四乘之，取不尽四十七为大余，命以甲子算外辛亥冬至。又《算术》正文记求次气法曰；加大余十五，小分二十一，小分满气法，二十四从小余一，小余满四，从大余一，大余满六十，去之，命甲子算外得次气日。如是一加得一气，其法虽据《周历》言，窃以黄帝、颛顼、夏、殷、鲁各历其推求二十四气术亦与司。盖置二十一为除数，乘入蔀年得数若干，如度分母四而得一，所得之数即为积日，不尽者，为气小余，积日满旬，周六十去之，不尽若干为气大余，命起所入蔀之名算外，即为冬至。若八倍其所余之数，得一百六十八，为日余以乘入蔀日，得数若干，如中法三十二而一，以所得之数为积日，不尽者，为气小余，积日满旬，周去之不尽若干为气大余，所求冬至之日与前法符。命大余起癸酉算外，均得庚申为冬至，乃正月十一日也。包氏误以为己未，后历一日。又如僖公五年日南至。《汉书·律历志》云：釐公五年正月辛亥朔旦冬至。《殷历》以为壬子，是《殷历》朔旦冬至，后《三统》一日，亦以至朔同日为在斯年也。《隋志》引《春秋命历序》云：鲁僖公五年，天正壬子朔旦冬至，即指《殷历》言。今以僖公四年《殷历》推之，以二十一乘入蔀年，距入癸酉蔀七十五年。如四而一得气，大余三百九十三，小余三，大余满六十去之，余三十三，又以一百六十八乘之，如三十二而一，所得亦同。所得小余计二十四，亦与前法得三相当。命大余起癸酉算外，均得丙午为冬至，为僖公四年正月十九日。递求次气得辛酉为小寒，二月五日。丁丑为大寒，二十一日。壬辰为立春，三月六日。丁未为雨水，二十一日。壬戌为惊蛰，四月七日。戊寅为春分，二十三日。癸巳为清明，五月八日。戊申为谷雨，二十三日。癸亥为立夏，六月九日。戊寅为小满，二十四日。甲午为芒种，七月十日。己酉为夏至，二十五日。甲午为小暑，八月十一日。己卯为大暑，二十六日。乙未为立秋，九月十二日。庚戌为处暑，二十七日。乙丑为白露，十月十三日。庚辰为秋分，二十八日。乙未为寒露，十一月十三日。辛亥为霜降，二十九日。丙寅为立冬，十二月十五日。辛巳为小雪，三十日。则闰月壬午朔确在十二月后，丙申大雪为十五日，壬子冬至为五年天正朔，乃至朔同日之岁，而《殷历》第十三蔀之首也。包氏置闰于五年正月后，以丙申大雪为正月十五日，辛亥冬至为正月十三日，壬子为闰月朔日。不知辛亥乃四年闰十二月之晦，非《殷历》冬至日，亦非五年正月晦也。是由误减日余之数致生此失，全书均然，不可弗正也。

《公羊经》襄二十一年十一月庚子孔子生。何休《解诂》云，时岁在己卯，或本作“乙卯”。齐氏召南《公羊传注疏考证》云，按是岁实在己酉，不知何氏何以言岁在己卯。疏谓何氏自有长历，不得以左氏难之，知何氏竟以是岁为己卯矣。钱氏大昕《养新录》云，今以三统岁术超乘之法计之，襄二十一年岁在实沈，太岁当是乙巳，则何注乙卯必乙巳之误。今案何氏注《公羊》当用《殷历》，是年《殷历》距入辛卯蔀二十七年，辛卯蔀首为壬午，命起壬午算外得己酉。又即黄帝、颛顼及夏、周诸历推之，黄帝术是年距入甲午蔀三十八年，甲午蔀首为辛未，命起辛未算外。颛顼蔀距入丁巳蔀四十二年，丁巳蔀首为丁卯，命起辛丑算外。夏术是年距入戊午蔀六十八年，戊午蔀首为辛丑，命起丁卯算外。周术是年距人庚午蔀八年，庚午蔀首为辛丑，命起辛丑算外。均得己酉。则《解诂》己卯确为己酉之讹。古文酉、卯多互讹，宋濂《学士集·孔子生卒年月辨》云：卯、酉之文相近，故误书。其说是也。盖杨疏所据《解诂》已误酉为卯，《册府元龟·总录部》云，孔子以鲁襄公二十一年十月二十一日庚子生，时岁在己卯。亦据《解诂》误本。疏谓何氏别有长历，然何氏治今文《春秋》所据必为《殷历》，钱以何用三统超乘术，是乱何氏家法也。

《礼记·祭统》载，孔悝鼎铭六月丁亥，公假于太庙。郑注云：公，卫庄公蒯聩也。孔疏云：案《左传》哀十五年冬，蒯聩得国，十六年六月卫侯饮悝酒而逐之。此谓六月命之者，盖命后即逐之，故俱在六月。王应麟《困学纪闻》云：《通鉴外纪目录》，是年六月丁未朔，则无丁亥，当阙。近成氏蓉镜《驷思堂答问》云：《周历》鲁哀公十六年六月戊寅朔，小十日丁亥。今以《周历》推之，是年距入己酉蔀五年积月六十一，闰余六十，积日一千八百，一大余，一小余。三百五十七天正朔日为庚戌。成说固确，然以日余乘积年，如日法而一得气，大余二十六，小余八，乙亥为天正，冬至，当正月二十六日，由是递推，则闰在五月后。丁丑谷雨为五月三十日，后一月无中气。成氏所云六月戊寅朔，十日丁亥，乃闰五月朔，及十日也。以三统术推之，是年距入甲申统一千一百六十四年，积月一万四千三百九十六，闰余十六，积日二十四万五千一百二十六，小余二十六，大余二十六，天正朔日亦为庚戌，又以策余乘积年，如中法而一得气，大余六千一百一十一，满六十去之得五十一，小余三百零九，亦得乙亥为冬至，正月二十六日。由是递推闰月，亦在五月后。丙子谷雨，为五月二十九日，后一月无中气。惟丁丑为闰月朔，丁亥为闰月十一，于《周历》较后一日耳。更以《鲁历》推之，是年距入人纪第十八丁卯蔀七十年，积月八百六十五，积日二万五千五百四十四，小余一百七十五，大余四十四，得辛亥为天正朔日。由是递推得庚辰为二月朔，庚戌为三月朔，己卯为四月朔，己酉为五月朔，戊寅为六月朔，又以日余乘积年，如中法而一得气，大余三百六十七，小余十六，得甲戌为冬至，当正月二十四日，则六月以前无闰，丁亥为六月十日，与鼎铭符。成氏舍《鲁历》而据《周历》，谓《周历》六月亦有丁亥，孔氏广牧《礼记天算释》据之，误矣。

# 卷　下

穆王西征之岁载于古《竹书纪年》、《穆传》，郭注引作十七年西征昆仑丘见西王母，其年来见宾于昭宫，殷敬顺《列子·周穆王》篇、《释文》、《艺文类聚》七、《太平御览》三十八所引略同。又《类聚》九十一引《纪年》云，穆王十三年西征，至于青鸟之所憩。所记之岁复殊。今以古历勘之，当以十三年为确。是年周历距入丙子蔀二十七年，积月三百三十三，闰余十八，积日九千八百三十四，小余七百八十七，大余五十四，得庚午为正月朔。由是递推，得闰月庚子朔，推得正月三十日己亥为冬至，后一月无中气，故知闰在正月后。二月己巳朔，三月己亥朔，四月戊辰朔，五月戊戌朔，六月戊辰朔，七月丁酉朔，稍与《穆传》不合。殷历距入丁酉蔀四十六年，积月五百六十八，闰余十八，积日一万六千七百七十三，小余四百九十二，大余二十三，得庚午为正月朔。由是递推得二月庚子朔，闰月己巳朔，推得正月二十九日戊戌为冬至，依次递推得二月二十九日为大寒，后一月无中气，故知闰在二月后。三月己亥朔，四月戊辰朔，五月戊戌朔，六月丁卯朔，七月丁酉朔，与《穆传》季夏丁卯，孟秋丁酉宛符。盖《穆传》以日记事，其有日系于月者，均朔日也。试即西征时所书日名释以《殷历》。传言戊寅天子北征，为闰月十日，癸亥雨雪为十五日，乙酉为十七日，甲午为二十六日，己亥至于焉，居禺之平为三月朔日，己亥上疑挩季春二字。辛丑为三日，癸酉系癸卯之讹，篆文“酉”象古文“丣”之形，故“卯”讹为“酉”为五日，甲辰为六日，丙午为八日，“戊寅”系“戊申”之讹，古文“申”或作“[illegible]”，“寅”或作“[illegible]”，二字形近，故“申”讹为“寅”。为十日，癸丑为十五日，吉日，戊午为二十日，己未为二十一日，乙丑为二十七日，丙寅为二十八日，由甲寅至丁巳历五十日，传均缺书，盖卷二封膜昼以下有挩文。据卷四言，由阳纡至于西夏氏，又至于珠余氏及河首，由河首襄山以西始达舂山，即此五十日中所行之地也。丁巳为五月二十日，吉日，辛酉为二十四日，癸亥为二十六日，甲午为二十七日。季夏，丁卯为六月朔日，壬申为六日，己卯为十三日，庚辰为十四日，辛巳为十五日，壬午为十六日，甲申为十八日，辛卯为二十五日，癸巳为二十七日。孟秋，丁酉为七月一日，戊戌为二日，壬寅为六日，丙午为十日，丁未为十一日，己酉为十三日，庚戌为十四日，癸丑为十七日，丁巳为二十一日，己未为二十三日，癸亥为二十七日，吉日，甲子为二十八日，乙丑为二十九日，自丁未、己酉以下所记，均东归事。惟孟秋癸巳五日丁酉确为来年三月朔及五日。此作孟秋，疑所记有讹，或穆曾两至西方。丁酉、己酉以下所记，非本年之事，故《纪年》于十三年记西征，于十七年又记见西王母。惟孟秋、癸巳、孟冬、壬戌与十七年历术亦弗合，不可考矣。

《离骚经》云，摄提贞于孟陬兮，惟庚寅吾以降。王逸注云，太岁在寅日摄提格。正月为陬，庚寅日也。近江宁陈氏玚作《屈子生卒年月考》以周历推之，谓楚宣王二十七年戊寅。其建寅之月，朔日己巳，二十二日为庚寅。今以《夏历》推之，楚宣王二十七年戊寅距人乙卯蔀四十九年，积月六百零六，闰余一，积日一万七千八百九十五，小余六百五十四，大余十五，得庚午为正月朔，庚寅为正月二十一日，屈子之生当在是年。顷襄王即位之岁，屈子之年四十六，自沈汨罗，其年盖五十余。

《史记·魏世家》系惠王迁梁于三十一年。《集解》引《汲冢纪年》云，梁惠成王九年四月甲寅徙都大梁。《索隐》疑《纪年》为误。《汉书·地理志》颜注载臣瓒说所引汲郡古文，又以为惠王六年。窃以旧本《纪年》以《魏史》志魏事年月，似信而有征。《史记》因魏失河西，追述迁都之事，非必迁梁在三十一年也。考《秦纪》及《六国表》均言孝公十年降魏安邑，孝公十年当惠王十九年，则魏迁大梁必在惠王三十一年前，疑迁梁之岁与失安邑之岁同。《纪年》原文盖作十九年，《集解》挩十字。《汉书》注作六年，六又九字之误。试以夏历推之，惠王十九年即周显王十七年，距人乙卯蔀四十年，积月四百九十四，闰余十四，积日一万四千八百八十八，小余二百三十二，大余八，得癸亥为正月朔。由是递推得，壬辰为二月朔，壬戌为三月朔，辛卯为四月朔，甲寅为二十四日，与《集解》所引宛合，乃今本《纪年》列此事于显王四年，其为后儒所改窜，夫何疑乎？

秦及汉初并用《颛顼历》。《颛顼历》以夏正为岁首。《晋书·律历志》引魏董巴议曰：颛帝以今之孟春正月为元，其时正月朔旦立春，五星会于天历营室也。冰冻始津，蛰虫始发，鸡始三号，天曰作时，地曰作昌，人曰作乐，鸟兽万物莫不应和，故颛帝圣人为历宗也。说本《大戴礼》又云：夏为得天，以承尧舜，从颛帝之故也。是其证。秦以十月为岁首，汉初因之。《史记·张苍传》云：以高祖十月始至霸上，因故《汉书》作故因秦时本正月为岁首，《续汉志·历志》载尚书令忠奏云，汉祖受命。因秦之纪，十月为年首，闰常在岁终。故书籍所纪，恒以岁首所在之岁为岁名。如《汉书·律历志》载《世经》云，汉高祖皇帝著纪伐秦继周，木生火为火德，天下号曰“汉”。距上元年十四万三千二十五岁。此用《三统》，与《颛顼历》靡涉。岁在大棣之东井二十二度，鹑首之六度也。故《汉志》曰，岁在大棣，名曰敦牂，太岁在午。考高祖三年，岁在乙未。其曰太岁在午者，据岁首所在之岁言也。《律历志》述公孙卿等议造汉历云，乃以前历上元泰初四千六百一十七岁此指大初初改之历言。至于元封七年，复得阏逢摄提格之岁中冬。此指岁阴言。十一月甲子朔旦冬至，日月在建星，太岁在子。王氏《杂志》改为寅，谬太甚。《世经》亦曰，汉历太初元年距上元十四万三千一百二十七岁。此指《三统》言。前十一月甲子朔旦冬至，岁在星纪，婺女六度。故《汉志》曰：岁名困敦。考太初元年岁在丁丑，其曰岁星在子者，据岁首所在之岁言也。许宗彦、张文虎说同。《淮南子·天文训》云，淮南元年冬，太一在丙子，冬至甲子，立春丙子，高注云，淮南作书之元年也，又引一说云，淮南王安即位之元年，以纪时也。前说误甚，后说是。考《汉书·诸侯王表》安以文帝十六年四月丙寅绍封，是年岁在丁丑。今日丙子，亦据岁首所在之岁言。考《颛项历》是年距人壬申蔀五十年，积月六百一十八，闰余八，积日一万八千二百五十。小余六十二，大余十，得壬午为正月朔。更以气余乘人蔀年，得一千零五十。如四而一得气，大余二百六十二，小余二。气大余满旬周去之，得二十二。命起壬申算外，得甲午为年前冬至，乃十一月十二日也。由是递推，则庚辰为立春，乃岁前十二月二十九日。淮南本文误午为子“立春”下脱二字。注文“丙子”因以衍入。钱塘补注以“丙子”为注文，是也。《汉书·贾谊传》云，谊为长沙傅。三年，有鹏飞入谊舍。又载谊赋云，单阏之岁，四月孟夏，庚子日斜，《史记》作施。服集余舍。凡汉人系岁字于岁名下者，均指岁阴言，与岁在某某指太岁者不同。岁阴在卯，则太岁在丑。考汉文帝四年岁在乙丑，五年岁在丙寅，是赋作于文帝五年，而曰单阏之岁，则必以斯年为乙丑，故并以岁阴为在卯。《文选》注引徐广曰：文帝六年岁在丁卯，则以单阏指太岁言。汪中《述学》云，《史记》历书太初元年焉，逢摄提格，上推孝文五年，是为昭阳单阏。贾生以孝文元年为博士，岁中超迁至大中大夫，旋出为长沙王傅。至是适得三年，其说是也。若此赋作于文帝四年，则至长沙未三岁，若作于六年，则已拜梁傅，自以五年为确。是年人壬申蔀三十九年，积月四百八十二，闰余七，积日一万四千二百三十三，小余二百一十八，大余十三，得乙酉为正月朔，四月无庚子，当系庚午之讹。庚午为四月十八日，子午形近而讹。此亦以岁首所在之岁为名之证也。既以岁首所在之岁为名，则与《颛顼历》所起乙卯元积年不合，故改从甲寅元。《续汉志·律历志》引蔡邕议，以为历数精微，去圣久远，得失更迭，术术无常，是以承秦历用颛顼，元用乙卯。注云，蔡邕《命论》即《月令论》之讹。曰：“颛顼历术”曰：天元正月己巳朔旦立春，俱以日月起于天庙，营室五度。《续志》又引刘洪上言云，己巳颛顼，秦所施用。汉兴草创，因而不革。又云，乙卯之元，人正己巳朔旦立春，三光聚天庙五度。《续志》又云，故黄帝造历，元起辛卯，而颛顼用乙卯。又云，汉兴，承秦初，用乙卯。是《颛顼历》起于乙卯年己巳日也。《开元占经》卷一百五云，《颛顼历》上元乙卯至今开元二年。二百七十六万一千一十九算外，是唐人所见《颛顼历》亦以乙卯为元，乃《淮南·天文训》云，镇星以甲寅元始建斗岁。又云，太白元始，以正月甲寅与荧惑王氏《杂志》改为室。晨出东方。又云，天一元始，钱塘补注云“天”当为太历家所谓太岁也。正月建寅，日月俱入营室五度。七十六岁，日月复以正月入营室五度，五度无余分，名曰“一纪”，凡二十纪一千五百二十岁大终，王氏《杂志》曰：下当有“三终”二字。日月星辰，复始。甲寅元，据淮南说，则以

《颛顼历》元起甲寅。《宋书·历志》载祖冲之议云，按五纪论《黄帝历》有四法，颛顼、夏、周并有二术。又云，《颛顼历》元岁在乙卯，而《命历序》云，此术设云岁在甲寅。《新唐书·历志》载一行《日度议》云，《颛顼历》上元甲寅岁正月甲寅。当作己巳。晨初合朔立春七曜皆直艮维之首。又云，夏时直月者，皆当十二月中，故因循夏令，其后吕不韦得之，以为秦法，更考中星，断取正距，以乙卯岁正月己巳合朔立春为上元。又引《洪范传》云，历纪始于颛顼上元太始，阏蒙摄提格之岁，毕陬之月，朔日己巳，立春七曜，俱在营室五度也。所引《洪范传》亦与《淮南》说合，是均《颛顼历》起元甲寅之说也。惟一行以乙卯元为不韦所改，其说似非。

盖斯历起元本在乙卯，秦汉改十月为岁初，因移前岁岁名于本岁，则上溯乙卯起元，亦复后移一岁，依《占经》所载，积年计之，汉高元年距入壬申蔀八年，壬申蔀首为丁亥。今汉高元年既蒙岁首所在之岁名称为甲午，则距壬申仅七年，与历术不合。然入蔀岁数必不可移，因于《颛顼历》所起之年亦以前岁之名为名，以甲寅代乙卯。盖起元之年既改，则蔀首所在之岁亦均上移，如乙卯元第二蔀首太岁在辛未，今改为甲寅元，则蔀首岁在庚午。馀可递推。而人蔀之年弗违旧历，则推算亦悉符。如《太初历》未改之前，其旧史所书晦朔依后人所命甲子，如汉高元年，太岁在乙未，文帝十六年，太岁在丁丑是。推以颛顼乙卯元之历，其日名大抵相符。具详《通鉴目录》及近人张文虎诸家之书，不悉举，其不合者，均字误。然按以当时所记载，其岁名悉后一年，则入蔀之年不符，安得合于乙卯元之历？以是知秦汉之历，均用甲寅元，盖岁名后移一岁，则元名不得不上移。至于起元之日，固靡所更，观蔡邕所言乙卯元，《洪范传》所言甲寅元，均言朔日己巳，则蔀名次第二元亦同。其所谓甲寅元、乙卯元者，特一就本术言，一就汉初所名言耳。太初元年之后，所命甲子不复蒙前岁为名。《汉书·乐志》载《天马歌》曰，天马徕执徐时。据《李广利传》、《西域传》，知汉得大宛千里马，在太初四年。是汉以太初四年岁在庚辰，则太初元年改历后，亦改岁名为丁丑。又《翼奉传》载奉封事云，今年太阴建于甲戌，考封事上于初元二年。所云太阴，即谓岁建。若太初元年为丙子，则是年当为癸未矣。又《王莽传》谓建国五年苍龙癸酉，由是上溯太初元年，亦非丙子。乃钱氏大昕则曰：太初元年，太岁当在丙子，而东汉人以为丁巳，由不用超辰。今观以上数证，则丁丑非后人所强名，盖斯年五月以前，仍蒙前岁名，丙子改历以后，则定名丙子。近张氏文虎以《三统》推星宿伏见法推之，知太初元年当名赤奋，若固不易之说矣。此东汉之儒所由均以乙卯元为说欤。

秦汉之历改岁首而不改月名，王氏引之论之详矣。《史记·秦始皇本纪》四年十月庚寅，蝗虫从东方蔽天。《六国表》作七月。考《史记》以秦事系年，均十月在前，《本纪》记是年事，既有三月军罢之文，此下不当有十月。盖古文“七”字作“七”，因讹为“十”。近金山顾氏观光以《颛顼历》推之，得七月丁亥朔，四日庚寅，所推是也。又谓此十月为夏之七月。盖沿秦史之旧，失于追改，则其说大非。张文虎《史记札记》曰，按《颛项历》十月戊辰朔，二十三日庚寅。《表》作“七月”误。其说不知何据。《本纪》又云，三十七年十月癸丑，始皇出游。《论衡·实知》篇同。七月丙寅，始皇崩于沙丘平台。今考三十七年十月，即三十六年之冬，距入壬申蔀三年，积月三十七，闰余二，积日一千零九十二，小余六百零五，大余十二，得甲申为正月朔，庚戌为十月朔，四日癸丑。然推至次年七月，日名无丙寅，则“丙寅”必系“丙申”之讹。与《穆传》“申”、“寅”互讹同例，为七月二十一日。乃顾氏则云，真诰注谓，秦之七月，夏之四月，是亦讹沿秦史旧文。不知《史记·李斯传》亦言始皇十月出行，七月至沙丘病甚，与《本纪》同，岂亦误沿秦史乎？盖秦汉实无改月名之事也。自是以外，则《秦纪》所书日名，顾氏所释，均与历合。盖秦历虽用甲寅元，其入蔀之年，亦与乙卯元靡异也。

《吕氏春秋·序意》篇云，维秦八年，岁在涒滩，秋甲子朔。高注云，秦始皇即位八年也。近儒解各不同，非据超辰为说，即云“八”系“六”讹，惟超辰之说既为《颛项历》所无，以汉高元年太岁在午逆推之，始皇六年亦当蒙前岁为岁名，称为己未，且三秋朔日，均非甲子，则二说均非。窃以始皇八年，当称辛酉。惟七年称庚申，考之《史记·秦本纪》庄襄之卒称四年五月。夫庄襄仅立三年，而史云四年，盖自即嗣子之位计，非自即改元之岁计也。兹云八年，例亦与符。又考《史记·吕不韦列传》，先记《吕览》成书事，乃及始皇七年夏后之薨，则不韦作序，不得迟至八年，盖即始皇即位之七年也。岁在涒滩，犹《淮南》所谓太一在丙子耳。惟“甲子”二字，当系“庚子”之讹。是年距入癸酉蔀五十年，积月六百一十八，闰余八，积日一万八千二百五十，小余六十一，大余十，得癸卯为正月朔。由是递推，得七月庚子朔。盖“庚甲”旧文形近，甲篆作“”，而钟鼎古文“庚”或作“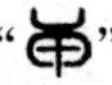”，见子父庚爵。故讹“庚”为“甲”，爰书之以备一说云。《春秋繁露·止雨》篇云，二十一年八月庚申朔丙午，此江都王建国之年也。卢氏文弨校本，改“庚申”为“甲申”。今考《汉书·诸侯王表》，江都易王非以景帝二年，立为汝南王二年，徙江都，二十八年薨。子王建以元朔二年嗣位。由景帝二年下迄武帝元朔二年，正合二十八年之数，则易王二十一年，当武帝建元六年。以《颛顼历》推之，是年距入辛亥蔀三年，积月三十七，闰余二，积日一千零九十二，小余六百零五，大余十二，得癸亥为正月朔。由是递推，则七月庚申朔，八月庚寅朔，十七日丙午，是“庚申”确为“庚寅”之讹。卢氏所改，盖据本传，非立廿七年为说，以二十一年当元光元年。然与初封之岁不合也。

《汉书·律历志》载三统术谓，鲁历不正，以闰余一之，岁为蔀首，此就《三统历》校之也。顾氏观光谓，《占经》所载《鲁历》，积年少三千六十年，则《鲁历》自庚子起元，下迄开元二年，当积二百七十六万四千三百九十四算外。《占经》旧文作二百七十六万一千三百三十四算外。今依是术推之，《三统历》庚戌起元之年，即《鲁历》入第五百七十五元第二纪二十蔀之第四十七年。是年《三统历》至朔同日，闰在岁前，《鲁历》则闰余十八，闰在正月后。故凡《鲁历》入蔀之年，《三统》置闰，均在岁前十一月后。如鲁桓公十一年，《鲁历》入己酉蔀，而桓公十年《三统》置闰在十一月后，文公二年《鲁历》入戊子薛，襄公二十四年入丁卯蔀，而文公元年、襄公二十三年，《三统》置闰均在十一月后，是其例。以《三统历》校之，则《鲁历》蔀首均为《三统》闰余一之岁。故子骏以是为讥，至于“鲁历”本术，固亦以至朔同日，无闰余之岁为蔀首也。又《唐书·历志》载，一行《中气议》云《鲁历》南至，又先《周历》四分日之三而朔，后九百四十分日之五十一，故僖公五年辛亥为十二月晦，壬子为正月朔。又推日蚀，密于殷术，其以闰余一为蔀首，亦取合于当时也。章首当作蔀首。又《日度议》云，祖冲之、张胄玄促上章，岁至太初元年，冲之以癸亥鸡鸣冬至，而胄玄以癸亥日出，欲令合于甲子，而适与《鲁历》相会。自此推僖公五年，《鲁历》以庚戌冬至，而二家皆以甲寅。今考僖公五年，《鲁历》距入己酉蔀九年，积月五百六十八，闰余十八，积日一万六千七百七十三，小余四百八十八，大余三十三，得壬午为天正朔，而《周历》是年则以辛亥为天正朔，至朔同日。具见《五经算术》。此即一行所谓后《周历》而朔也。又以月余二十一乘入蔀年，如四而一得气，大余二百四十一，小余二，气大余满旬，周去之得一。命起己酉算外，适得庚戌为冬至，《周历》得气，大余四十七，此指满旬周去后之数。小余一，冬至适为辛亥，此即一行所谓先《周历》四分日之三也。小余满四，从气大余，《鲁历》若加小余，三则至，与《周历》同日，今较《周历》减其三，故曰：《周历》四分日之三也。惟岁前《周历》朔，小余系二百三十五。见《五经算术注》。较之《鲁历》当减“二百五十三”。一行谓，朔后九百四十分日之五十一，“之”字以下三字确为讹文。一行《合朔议》又以《鲁历》校《春秋》晦朔。今以《鲁历》推之，大抵均符。惟僖五年九月己卯晦，于鲁历当为八月。一行以为与经合，盖偶误耳。乃汪氏日桢《古今推步诸术考》于一行所解《鲁历》未克诠明，亦其疏也。

《史记·天官书》历术甲子篇，王应麟以为非太初是也，以为古历则非。近王氏引之以为殷术，成氏蓉镜又以为即太初术，其说均非。此历界颛顼、太初之间，乃《颛顼历》既废，《太初历》未行之历也。盖公孙卿等所改历，仅改《颛顼历》积年以定统法，至于气、朔、大小余之数，仍承前历，故朔，大余二十九，小余四百九十九，气大余十五，小余七，悉与《颛顼历》相同。历书载武帝诏谓，十一月甲子朔旦冬至，已詹其更，以七年为太初元年，历书又云，封泰山，因诏御史。据《汉书·武纪》，帝幸泰山在岁首十月，则此诏班于冬至前，《武纪》又言，夏五月正历，以正月为岁首，则五月以前，均行此历，虽较《太初历》为疏，然岁阴纪岁之法，置闰密疏之次，惟此特详。又章蔀岁首，咸在冬至，亦与《颛顼历》不同，则此亦古历之一矣。惜《天官书》记其法未若《汉志》载《三统》之详，此后儒所由滋异说欤！

西汉器兼志月日者，舍王莽所造诸器外，丞相府漏壶铭有六年三月己亥之文，丙午钩铭有“六年五月丙午”之文。然造自何帝之时，今莫克考。其可考者，《薛氏款识》载有莲勺炉，其铭文云，五凤二年正月己丑，是年为汉宣帝十九年。据《通鉴目录》所推《太初历》，是年正月戊寅朔，则己丑确为十二日，其非赝器甚明。又阮氏《积古斋款识》载有阳泉使舍薰炉，其铭文云，五年六安十三年正月乙未，上捝四字，考《汉书·诸侯王表》，六安恭王庆以元狩二年封子夷王，以始元四年嗣位，传云，夷王立十年，是也。《表》作十四年，衍“四”字。孙缪王以本始元年嗣位。传云缪王立二十二年，非表作二十三年，是也。缪王十三年当宣帝神爵元年，据《宣帝本纪》，神爵改元在是年三月，则三月以前仍称元康五年，是即此炉造制之年也。是年正月癸未朔，十三日乙未，“五年”以上当有“元康”二字，昭然明矣。

## 后　序

古历多疏，今之通语也。夫蓂策筮朔，葭烬测寒，鸿蒙甫胎，象纬畴纪，若乃五气既建，三正递统，运星辰于璇玑，笔云物于观台，固已躔离弗淫，天纪无扰。然《唐典》第详平秩，《鲁策》衹述归邪，所以审朓朒、校昏明、察发敛者，密绵之术，顾鲜考征，明标以算，殆蔑闻焉。是盖古设日官，人存职举，课历密疏，随世昌否。是以祝融率职，地天曜焞，夏桀慆淫，春秋缩和。四子跻而昏中正，三苗乱而孟陬殄。覃迄东迁，邦自为正，失闰迄于再三，书蚀愆于朔晦，官失术废，不俟秦烬矣。炎刘之初，卮说歧出，虽或依世志年，以事缀日，然第次贷爽，传闻逖离。观于子长年表，权舆共和，览涉谍谱，谓乖古文，以彼紬事金匮，犹复年月靡征，加以经析今古，各赓家法，师习既别，持说亦殊，各创历元，配翕古事，是以三统独协于壁经，殷术恒通夫纬候。至于鸟火效瑞之年，雀书受命之祀，近距远截，说蔑准臬。又或先苍帝于牺农，伺伯益于虞夏，虽未底厥醇，率持各有故。是则历法滋纷，咸源经术。经有五而异义彬，历歧七而殊说盛。或归异而出同，或数符而元易，然均各有循依，罕见凌杂，以始揆终，固节符之宛叶，据彼絜此，乃盾矛之互陷。故裒鸠众家，学崇仳办，犟专一术，理尚因仍。本术所有，未容偭违，旧文所无，弗俟培传。自北海诠经，差择始糅，一行以下，颇事盖裂。近则嘉定二钱，号称明历，搴翳钩伏，雺霿为闿。然子骏《世经》，益以凿度之年，邵公《解诂》，通以“超辰”之说。谊侈穿贯，拟陵前哲，不知刻舟以俟，剑或克求；适履无术，趾乃先截。若乃比参于辰，间黑以白，则是周壁起度，可假虑俿之尺，齐量贷物，不异田桓之釜。前历晦沦，或自兹始。予稚秉庭诰，志怡推策，恒以旧典志事，干枝牾乖，卯酉淆体，庚申互书，溯厥原始，佥出古文。又篆籀易爰，隶草淆浑，数名之字，积画易讹，纠辨所先，尤资考历。虽历术殊轨，原寻匪易，然施不失宜，则数可坐致。故勘审所及，咸缀别简，近息尘轨，粗施比集，郁湮之义，咸与捋搴，类似之说，概从刊削，上起经传，旁及子史金石文字，次为上下卷，名曰《古历管窥》云尔。

# 《春秋左氏传》答问

民国元年，薄游蜀都，承乏国学院事，兼主国学学校讲习。诸生六十人，人习一经，习《春秋左氏传》者计十有一人。讲授之余，课以札记，有以疑义相质者，亦援据汉师遗说，随方晓答，壁山郑君刘生兰粗事纂录，辑为一编，计二十有七条，名曰《〈春秋左氏传〉答问》云。

**萧定国问：**昭八年，葬陈哀公，贾、服以葬哀公之文，在杀孔奂下，以为楚葬。然传称，袁克杀马毁玉以葬，楚人欲杀之，知非楚葬甚明。若果楚葬，经当书楚人葬陈哀公，如齐葬纪伯姬例，不得直云葬也。但杜以为，鲁往会，故书，理亦未安。如杜说，克以嬖人私葬，鲁何由知之，而往会之？孔疏曲为说曰，诸侯之卒，告卒不告葬，但葬有常期，知卒，即往会之。然按诸当日情事，亦又不合。是时，陈畏楚讨不一日，安知陈必不暇备葬礼，鲁亦必不往会葬？及楚灭陈，鲁又焉往会之？且陈侯四月卒，十月始葬，已过常期，又是私葬，谓鲁往会，大非情事。孔子书之，当别有意与？

答：庄经葬伯姬，上无齐侯灭纪文，故称齐葬，昭经既书楚灭陈，此蒙彼言自系楚葬。至楚欲杀克，直以杀马毁玉，服引，一说谓杀马毁玉，不欲使楚得。非以私葬哀公，不得据此谓非楚葬也，克于葬哀公时另以马玉殉。当从汉说。

**萧定国问：**贾氏曰，盟载详者日月备，易者日月略。杜驳之云，清丘之盟，恤病讨贰也，溴梁之盟，同讨不庭也，辞无详易。而溴梁书日，清丘不书日，详易之别，殊无其证。按葵丘、践土、亳城诸盟，传详，盟载经，皆书日，贾氏之说，奚得无证？而清丘、溴梁，又与贾谊乖，疑别有说。

**答：**春秋之例，会弗书日，盟则或书或否。然书日五十三，传志载词详者，仅四则，载书详易弗得，仅以见传为凭。且传录载词，亦匪全文，如葵丘载词，传仅三言，互详《穀梁》《孟子》是也。则溴梁载词，必匪“同讨不庭”一语，杜以见传之词为据，诋訾旧例，未足信也。观桓三年“齐卫胥命”传云不盟，经仅书时，则日月益密，盟载益详，贾氏之说援是以推。实则经善胥命，《荀子》春秋善胥命。传刺屡盟，载词缅增，陨诚渝质，此日冠盟，亦濒刺例也。

**萧定国问：**僖三十三年十二月，陨霜不杀草，李、梅实。贾氏云，月者为公薨，不忧陨霜，李、梅实也。杜驳之曰，然则假设不忧，即不得书月，则无缘知霜不杀草之月。所驳甚当。今按僖三年正义引《穀梁传》云云，言僖有忧民之志，故再时一书，文无忧民之志，是以历时总书。则贾氏不忧之说，亦非无据，当从何解？

**答：**不忧陨霜，不此释例刊本之讹。乃衍文，或系及讹。先师之例，以为忧灾则日月益详，弗忧，则略。贾以陨霜不杀草系月，则为忧灾甚明。故杜以假设不忧即不书月相诘也。惟杜氏所驳殊属未允，何则？经书雨雹，无冰及水、旱、虫、灾，恒不系月，杜云不得书月，无缘知霜不杀草之月然则无冰，书时奚缘知无冰之月乎？盖杜以霜不杀草系月，旨主标时，无关义例，不知忧灾之忧基于忧民，经文之旨，以忧民弗忧民宪臧否。僖以忧民昭美文，以弗忧民示讥。僖传详志臧孙语及饥而不害事。僖公既薨，仍以霜不杀草系月者，所以著僖公终始忧民，是犹桓十八年书王为终始治桓也。贾氏微旨，杜实未窥。

**萧定国问：**杜说《左氏》，以五十凡为解经通例。按五十凡中亦有专详典制，如临庙诸条，或弗隶经，复有与经文无涉者，如凡启塞从时是也。是左氏发凡不仅为解经甚明。又母弟二凡同在一条，遂附为大衍之数其用四十有九之说。考五十凡中，或有同说一事者，如隐元、僖二十三、文十四，三凡是。或有文义出入详略互见者，如书取言易也不用师徒曰取是。岂实有四十九之用耶？不知汉师所解，同异若何？

**答：**汉师之例，凡与不凡，弗区新旧。今以本传证之，天子无出，传不言凡，自周无出，传则言凡。如二君。故曰克传不言凡，得俊曰克传则言凡，二例实符，安得区属周孔？又同盟，赴名不与会，不书之属，亦同例再见，互有略详。是知凡与不凡同为经例。其先诠书法，继复阐论，或综括偶类之例者，大抵表凡为区，志礼亦然。舍斯则否，故杜以书凡属礼经。汉师概以书凡为传例，既为传例，则不凡之例与书凡同，不必拘五十凡四十九凡之数也。

**萧定国问：**公孙敖出奔。贾云，日者，以罪废命，大讨也。鄢陵战书晦，泓战书朔，贾以为讥。据贾说，则是日月愈详贬讥愈甚。援此以推，则经文书入日月益详者，疑亦主师之国厭恶益深。然宣经丁亥，楚子入陈，传云，书有礼。然则日月详者厭恶果深耶？贬讥果甚耶？

答：灭人之例，以日月详略寓褒贬，与战例同。其说是也。惟书日示贬，弗限主师之国。泓战书朔，贾云讥宋襄，据经书宋及，是宋为主师之国也。鄢陵书晦，贾云讥楚子，据经书晋及，是楚非主师之国也。援斯以推，则入陈书日，罪陈弗罪楚。知者，传有书有礼之文，又有讨有罪诸文，《史记》志孔子读史，以楚庄复陈为贤。经书楚子亦无贬词，则公、穀贬楚之说不可援以说本传。是知灭入书日，所贬弗同，或属受师之国。试就入例言之，隐经入郕书日，传有违王命之文。入许书日，传有许无刑之文。僖经入杞书日，传有责无礼之文。入曹书日，传有数曹罪之文。文经入蔡书日，传有蔡不与盟经例责蔡从楚。之文。是入者无罪，所入之国有罪者，亦以书日为恒。传均发例，如本传特云楚有礼，则书入非贬楚。又于入郕各传发例，则书日非贬郑、晋、鲁。是犹庚申莒溃，经惟罪莒，癸卯灭潞，经不罪晋也。

**向华国问：**杞为王后爵，例称公，初入《春秋》，经书曰侯，桓公以后子、伯无定。杜氏《集解》厥有二说，伯为时王所黜，子则圣人贬之。案北杏会同王命，郳子淳于国小，经称州公策命锡珪，典礼尚颁于列国，请隧献捷，名器不假于诸侯。以是观之，周德虽衰，黜陟未废，杞之黜爵，毋乃是乎？又案，孔子立素王之法，《春秋》严夷夏之防，诸侯不德，狄之，或以国举外邦，有善进之，得以爵书。杞虽姻娅大邦，神明世胄，徒以僻陋在夷，自外中国，是故《春秋》黜之，非其本封然也。传曰，杞，夷也。又曰，用夷礼，故曰子。盖明仲尼新意，不用国史旧文。然则进退之例，传有明征，杜之后说亦是也。或谓，杞本封侯，与陈侯等，史称东楼公，度与传胡公亦类，疑当然也。厥后用伯礼，则以伯书，用子、男礼，则以子书，以贡赋定名号，未知是否。所可疑者，杞于盟会，常以伯见，其有大夫，经仅书人，周礼典命，按之未合。又许为子、男，犹在曹上，杞为侯伯，常殿诸侯，以先代言，当次宋陈；以爵命言，不亚郑曹；即以异姓小国为言，杞为鲁国姻戚，晋平外家，亦不当下许、莒、郳、薛也。经旨安在，愿闻其详。

**答：**《五经异义》引古左氏说，周家封夏殷二王之后以为上公，《周书》，王会亦有夏公殷公文，是杞与宋同，虽左氏先师不废时王黜陟说。服虔以州公为春秋前进爵，贾以郳会北杏时已得王命。然二王之后，不贬黜似为今古文所同，郑氏《诗谱》亦有此说。则经殊杞爵，必为《春秋》新例。据桓二年，杞侯来朝，传云不敬，又云入杞讨不敬。僖二十三年，杞子卒，传释之云，书曰，子杞，夷也。二十七年，杞子来朝，传云，用夷礼，故曰子，又云公卑杞，杞不恭，又云入杞责无礼。二传词旨约符，弗敬，不恭，谊复靡二。盖杞本上公，书侯、书子，均因违礼。杞既违礼，故全经悉从卑杞之词。即于桓二年示例，会盟征伐，杞殿诸侯，亦由于斯。是犹崔杼华阅伐秦因惰不书，北宫括伐秦因摄特书也。率礼与否，视乎敬怠，《春秋》贵敬贱怠，故杞君绌爵，与因惰不书同。其以书伯为恒词者，伯介侯、子之间，亦非杞君本爵也。盖杞本二王后，非《春秋》莫能昭贬绌。孔子言，夏礼，杞不足征，即左氏绌杞之旨。杞君不敬，即背违礼典之征故。杞用夷礼，传言，杞即东夷。《春秋》因其用夷礼，故从蛮夷君称，两书杞子。何休《膏肓》驳左氏云，杞子卒，岂当用夷礼死乎？不知绌杞之谊，公左所同，惟彼传，用以明《三统》，左氏专即违礼立词，其以杞爵为上公，则固师说弗异。用夷礼者从夷爵，何说滞迂。杜以称伯为时王所绌，侯为本爵，谬之甚矣。

**向华国问：**公子庆父为庄公母弟，次庄公，字为仲。传称仲庆父，共仲以字为氏，故经书其后为仲或仲孙，是其明证也。传一称孟氏，刘炫以为，书仲从其自称之辞，称孟从其时人之语。《春秋》之例，皆传言实而经顺其意。楚公子弃疾弑君取国，改名为居，经书楚子居，是从其自称也。然弃疾因篡弑更名，经书二名示讥，与此例未合。杜以庆父为庄公庶兄，孔谓或得称孟。其证未确，宣孟、赵孟，非庶子，孟不得为庶明矣。仲、孟并称，经传异词，其别有义例乎？

**答：**郑注《论语》云，庆父犅经《礼记》疏误称。死，时人为之讳，故云孟氏。其说似确。盖杜预以前，无庆父为兄之说，庆父为庄公母弟，应称仲氏，讳仲称孟，因以为氏。《春秋》据实改，书不从讳词，故他籍佥云孟氏。《春秋》独著仲孙，其经传异词者，所以明孟为时称，仲则《春秋》所改也。未修《春秋》，亦书孟孙。哀二年传云，志父无罪，服虔以赵鞅既叛复归，改名志父，《春秋》仍旧，犹名赵鞅，见释文。与仲孙之例正同，经弗书赵志父，犹之弗书孟孙也。

**向华国问：**僖传，卿不会公侯。《春秋》叙公及大夫会盟，以此为例，弗用旧史，或没公不书，如及齐高傒、及晋处父诸盟，不称公，不使卿得敌公也。或贬卿称人，如狄泉、邢丘，以及襄廿六年澶渊诸会，没卿名称人，贬卿所以尊公也。此皆仲尼新意，所以辨等列，明贵贱也。然僖二十五年，公会卫子莒庆，盟于洮，例以赵武会公，莒庆亦应书人。澶渊之会，良霄以不失所进之不贬，兹莒庆以再命见经，尤为殊例，岂以其释怨修好进而殊之与？求之同例，未得其证。又成二年，公会楚公子婴齐于蜀，例以处父之盟，亦应没公不书。杜以蔡许君为说，不知蔡许失位贬爵称人，且会未尝叙蔡许，与公奚涉？私揣嘉楚来会，亦进而殊之，但无例可证，敢并质之。

**答：**卿不会公侯，可会伯、子、男，斯例惟严于齐晋。故高傒、处父之盟，没公弗书。传发赵武不书专例，盖霸国之卿，齐霸衰于桓公后。当时制拟诸侯，故《春秋》别嫌明微，特以齐、晋示例，不使彼卿得会公、侯，齐、晋而外，卿亦不得会公、侯。然齐、晋既然，他国可知。故《春秋》不复示例，此莒庆、宁速所由见经也。楚虽侯、伯，然与齐、晋有殊，故特于婴齐之会示进楚。

**向华国问：**襄经，吴子使札来聘。传曰，其出聘也，通嗣君也，与三十年楚子使薳罢来聘传文正同。故贾、服皆以为夷末新即位使来通聘，盖以传有同例也。然馀祭之死与使札同时，无论吴不书葬不得援，既葬，书爵命，使为例，即在丧观乐，反讥人听乐，亦非贤者所能出也。故杜以札为馀祭，所使札以六月到鲁，未闻丧。其说不为无见，然说经者弗以为然，岂以杜氏说与传违，论事或是，说例则非耶。

**答：**传有通嗣君明文，即文传所云，凡君即位，卿出并聘也。则季札自系夷末所使，盖夷末嗣立，匪继父位，且承弑君之后，准以左氏例，则朝庙以后即可书爵，与君居父丧既葬称爵者弗同。且馀祭之弑，传系六月以前，季札来聘，经系六月城杞后，尤为夷末使札之征。杜创曲说，殊未足从，且杜以札聘齐、卫在夷末即位后，则嗣君属夷末，杜亦无词立异也。

**向华国问：**定经，公会诸侯于夹谷。贾逵云，不书盟，讳以三百乘从齐师。杜氏《释例》孔氏《正义》力驳之，当从何说？

**答：**《国语·鲁语》云，诸侯有卿无军帅，教卫以赞元侯，自伯、子、男，有大夫无卿，帅赋以从诸侯。此定制也。成、襄以后，晋、楚狭主齐盟，均为霸主，齐虽列伯，实仅退长一州，故襄公以降鲁不朝齐。昭公两书如齐事在出奔后，齐亦弗以诸侯待之，与常朝不同。今以三百乘从齐师，是即伯、子、男帅赋从诸侯之制也。《国语》“诸侯”即本传“侯牧”。盖齐为大国，鲁则退从子、男之贡，故《春秋》讳其盟。杜、孔以为未足讳，斯直未明当时之制耳。哀十年，邾赋吴六百乘。哀十三年传，若为子、男，则将半邾。盖伯、子、男之于州牧，例以三百乘从。

**皮应熊问：**刘、贾诸儒以为三命书经，杜征南则云再命。案昭十二年传曰，季悼子之卒也，叔孙昭子以再命为卿，杜注曰，传言叔孙见命，在平子前。平子伐莒更受三命，杜注曰，平子伐莒功受三命，昭子未伐莒，亦例受三命。且下有三命，逾父兄，非礼之文，故释例据此为说曰，鲁之叔孙父兄再命，俱书于经，以驳三命书经之非。孔疏亦知文王世子朝于公内之法，未必昭子先人无有受三命者，特杜谓平子伐莒后以功受三命，则伐莒时未受三命，已名见于经，是杜据此为再命书经之铁案。若谓再命不见经，则此传当舍杜而别有说解，不然，断断争辩，何以正之？

**答：**三命，书经三命，系据周制。《周官·典命》，侯、伯、卿三命。鲁为侯国，叔孙为鲁卿，衡以《周官》爵命，本与三命相当，不必以实受三命为据也。杜诘旧例，说多缘附，今以《周官》爵命准之，厥疑自释。

**皮应熊问：**定十年经，宋公之弟辰暨仲佗、石弧出奔陈。杜注曰，宋公宠向魋，辰虚请自忿，将大臣出奔，称弟示首恶。孔疏曰，如辰非首恶，当如昭二十二年书宋华亥、向宁、华定出奔楚，不须暨字以间之。十一年书宋公之弟辰及仲佗、石弧、公子地自陈入于萧以叛，杜注曰，称弟，例在前年。前年者，盖谓十年称弟为首恶也。案，推寻十年、十一年传意，则辰于十年未奔前，处骨肉之地，实有委曲求全之心，及请而弗纳，不迫而出奔，非初意也。暨仲佗云云者，亲暨疏也，及仲佗云云，以尊及卑也。本传直叙其实，非必以辰为首恶。且隐元年，郑伯克段于鄢，传例曰段不弟，故不言弟，又曰称郑伯，讥失教也。则此书宋公，又书其弟恶之，所在必有攸归，其书入于萧以叛，非责辰也。传曰宠向魋，故甚宋公也。杜子释例既曰弟兄各有曲直，称弟以兄罪，独于此称弟者谓弟为首恶，非徒自相矛盾，且于经旨传例不合，似不可从。

**答：**杜注此条，间与古谊相符。文九年，晋人杀其大夫士縠及箕郑父。疏引贾逵云，箕郑称及，非首谋，援是以推，则经书及暨明属，以辰为首谋。据传文，辰速地行，又言吾以国人出，则出奔之谋明与佗、弨靡涉。惟推绎此条，古注当以书及书暨示辰罪，不以书弟示辰罪。盖经书宋公弟某，所以罪宋公，与秦鍼出奔罪秦伯同例。复书辰暨辰及，所以咎辰。杜云称弟示首恶，语亦未当。

**皮应熊问：**文九年二月，叔孙得臣如京师，辛丑葬襄王，杜与古说俱以天子之丧，君不亲行，上卿往，为得礼。郑驳之，谓郑游吉云，灵王之丧，我先大夫印段实往，敝邑之少卿王吏不讨，恤所无也。以为诸侯亲行之证。说左氏者自违其例，二者不同，当从何说?

**答：**《荀子·礼论》云，天子之丧，动四海属诸侯，此文释同轨毕至。似同轨毕至，本兼诸侯奔丧言，故《尚书·顾命》亦有诸侯奔丧礼。左氏家以为君弗亲行者，则以四海诸侯不当同时并弃封守，故以使上卿为得礼。按之情势，自以不亲行为允。郑君《驳异义》肤引游吉之言，不知传云敝邑少卿，则非上卿甚明。盖君行师从，仁守义行，上卿守国，故以少卿会葬，此据上卿莅事言，非谓简公在国，必当亲往也。郑谓左氏自违其例，似未足从。

**皮应熊问：**昭八年经，秋蒐于红。刘、贾、许、颍云，不言大者，公大失权在三家也。十一年，经书大蒐于比蒲，又书大者，谓大众尽在三家。杜谓此直关史文之阙略，仲尼从而略之。刘、贾、许、颍随文造意，非例而以为例，不复知其自违。案八年传，称革车千乘而经不书大，自有深旨，以为仲尼直从时史阙略，自是杜氏注经误解。圣人修经，必不若是苟也。第汉师所云，亦当有解说，方足以塞多口耳。

**答：**经文书蒐，不于舍中军之前，必于舍中军之后。昭五年传言，四分公室，皆尽征之，则众在三家甚明。众在三家，经始书蒐，始于蒐红，继以比蒲、昌闲，比蒲定十四年三役，蒐红为书蒐之始，独不书大，大为表示人众之词，则鲁君失众甚明。经不书大，而比蒲三役书大，则大蒐弗属鲁君甚明。十一年传云，君有大丧，国不废蒐。又曰，国不恤丧，不忌君也。此即蒐弗属君之确证。又《周官经》蒐狩同礼，《春秋》书狩系公，书蒐不系公，亦其征也。先儒之说，按传立词，与情势符。杜云其例自违，殊无实证，要之，经详传省，先儒均以示例，如新作延厩，经仅书蒐是也。今蒐及大蒐，经传异文，奚得谓非经例？

**皮应熊问：**襄十六年戊寅，大夫盟。贾、服以为诸侯失权。杜注以为间无异事，与鸡泽之会不同，故不必重序。其说孰确？

**答：**贾、服之说讨原二传，以经证之，鸡泽而外，救徐盟宋亦冠诸侯，溴梁独否，此为臣弗系君之例。庄九年传曰，公及齐大夫盟于蔇，齐无君也。春秋之例，臣必系君，故如会来盟必书君使，惟屈完来盟不书君使，服虔取自来为说，谓若屈完足以自专，无假君命，不为楚子所使，与此互昭。贾、服之说与彼默符。经书大夫盟，如系贱者，当书齐人。盖从自盟为文，谓大夫无假君命。证以本传，则溴梁之盟明属荀偃所使，大夫擅权，传有确征，是则仅书大夫，所以示大夫之擅，不系诸侯，所以示诸侯之弱。凡本传旨同二传者，二传仅明书法本传，兼诠实事此传是也。推之他事，其例多符，杜云间无异事，然僖十五年，次匡救徐，文亦相属，何大夫亦系诸侯乎？孔疏谓盟由君使，显背传文，与杜同讹。

**皮应熊问：**定五年夏，归粟于蔡。杜曰，鲁归之。贾氏取公、穀为说，谓诸侯归之。本传云，以周亟，矜无资故。孔疏谓，与诸侯靡涉也。贾君取二传为说，未审何意？

**答：**贾以弗书所会为后会例，由城楚丘传文推绎，僖二年经，城楚丘，传言，诸侯城楚丘封卫，不书所会，后也。盖彼以鲁人后期，经从独城之文，此以鲁人后期，经从独归之文，二例正符。《公羊》谓虽至不可得而序。

亦谓至不同时，惟弗以后至婞属鲁。传云以周亟矜无资，综论恤邻之谊，弗必婞属鲁邦，亦犹戍陈，戍虎牢弗系诸侯，亦非鲁所独戍也。孔云不及诸侯，殊无明证。

**皮应熊问：**隐八年传，郑公子忽如齐逆女，先配后祖，陈鍼子讥其非礼。贾逵以礼三月庙见然后配为说。孔谓昏礼亲迎之夜，衽席相连。又引禹娶涂山四日即去而生启，力辟其谬。至郑众以配为同牢而食，先配后祖，无敬神之心。郑玄以祖为钹道之祭，孔斥二家均云说滞。杜注谓逆妇必先祖庙而行，故楚公子围称，告庄共之庙。孔亦谓公子围告庙者，专权自由非正，且告庙或系郑忽，或系郑伯为忽告之，孔游移其说，皆不能定，何以正之？

**答：**贾、服谓三月庙见乃始成昏，谓大夫以上昏礼。《礼经》于亲迎之夕即言，御衽于奥者则为士礼。据《曾子问》及《公羊》何注，均有三月庙见之词，惟成昏必待庙见，未著明文，左氏先师则以大夫以上其成昏必待庙见，故何氏仅云三月致女，服氏直以致女为成昏。今考《列女传·宋伯姬传》，云三月庙见，当行夫妇之道。此即服氏以致女为成昏所本。又考《齐孟姬传》云，三月庙见，而后行夫妇之道。即指成昏，是成昏后于庙见，古有明文。郑忽先配后祖，谓先成昏而后庙见也。贾、服之说至为昭确。孔疏本后郑《驳异义》说，以士礼赅大夫。以《考工记》证之，则天子聘女与诸侯不同，天子诸侯均与士礼纳征仅用皮币者有别，则昏礼所行之制，缘位而区。经言下达，郑谓媒氏通言，非谓天子迄庶人无异制也。所引禹娶涂山，与史迁师说弗合。史言辛壬娶涂山，癸甲生启，弗作四日即去解。二郑之说均逊服、贾。杜以告庙为说，在孔疏已疑其非，特例不破注，强为之词，此固无足辨也。

**皮应熊问：**隐元年传，吊生不及哀。杜注曰，既葬，则衰麻除，无哭位，谅阴终丧。孔疏云，既葬除丧，唯有此说。杜预传，太始十年，元皇后崩，既葬，疑皇太子应除服否，诏卢钦、杜预论之，预以为既葬除丧。孔复引此以证之。预之言曰，昭十二年传，齐侯、卫侯、郑伯如晋，晋侯享之。子产相郑伯，请免丧而后听命，晋侯许之，礼也。下传曰，葬郑简公，此即终免丧之言也。昭十五年传称，穆后崩，王既葬除丧，叔向曰，三年之丧，虽贵遂服，礼也。王虽不终宴乐以早讥景王，不讥其除服，仅讥其宴乐，此皆古制既葬除服之证。窃以为，子产请免丧，传未明言免丧在何时，春秋之例，诸侯卒，葬以书策为恒，安能以葬简公为免丧期耶？且叔向讥曰，三年之丧，虽贵遂服，礼也。则不遂服为非礼，岂待过问？杜以为不讥除服，抑又何说？又凶庐为之梁闇，见《尚书·大传》，杜曰：谅阴，信默也。郑以为凶庐。郑玄之言杜所不取，凡礼所言皆不与杜合，杜皆以礼为后人所作，均不可用，证以古谊，实所未安。然不如此，又与吊生不及哀传文不合，宜以何解为得？

**答：**传云及哀似以卒哭为限。卒哭、除丧，本系二事，传谓卒哭以后弗当行吊生之礼，非谓卒哭即除丧也。《左传》先师若贾、服之属，均无既葬除丧说。解谅阴为默信，始于马融，书传具详，《通典》所引，近人谓本伪孔传亦非。杜说之非，近人辨之详矣。焦循、丁晏攻杜尤力。

**皮应熊问：**《春秋》诸侯书卒者，除鲁外，见于经者十八国，曰晋、齐、宋、卫、郑、陈、蔡、楚、秦、吴、曹、莒、邾、滕、薛、杞、许、宿。传例曰，诸侯同盟，死则赴以名，礼也。赴以名，则亦书之。然庄十六年经，书幽之盟，有滑伯，成三年，蜀之盟，则有鄫人，至若燕纪、顿胡、小邾盟，亦见经，然经文皆不书卒，如谓国小，则宿男与滑伯例固不能驾而上之，而宿男书卒，此数国不一见，岂皆未赴耶？抑别有义例耶？

**答：**远国非侯牧不书卒葬，以本传之说考之，昭十三年传，岁聘以志业，间朝以讲礼，再朝而会以示威，再会而盟，《异义》引左氏说，十二年之间，八聘、四朝、再会、一盟。许君以为周礼。以《大行人》准之，盖三年一朝，为男服制度，传举男服示例。贾逵、服虔皆云朝天子之法。隐元年，孔疏引左氏旧说云，十二年三考黜陟，幽明既分，天子展义巡守，柴望既毕，诸侯既朝，退相与盟，同好恶、奖王室。以上均旧说。以《大行人》说准之，天子十二年一巡狩，盖巡狩东岳，则东方诸侯毕会，朝罢相盟。西、北、南三方亦然。此即本传再会而盟说也。春秋约周礼，故所宗盟礼，一为伯率侯牧见王之盟，此即《周礼》殷见曰同，谓六服诸侯朝王，既毕，王复为坛，合诸侯。《周礼》旧说均谓四方诸侯毕集，然诸侯至众，必无同时弃封守之理，据左氏说，则王合诸侯，至者为牧伯，故各牧伯得同盟，足补《周官》说之缺。一为方岳之盟。杜注同盟毕至云，同在方岳之盟，袭用古说。故同盟书卒，惟以二者为限。晋、楚、齐、秦、吴、宋、陈、蔡、郑、卫十国书卒，均侯伯、侯牧也。曹、莒、邾、滕、薛、杞、许、宿书卒，均为近国。纪亦近国，因灭不书。今以四岳统九州，则青、兖及豫州东境，同属一方，曹、莒诸邦既为东方诸侯，其于鲁国则均方岳同盟，故《春秋》备书其卒。燕南燕滑、顿胡非鲁方岳同盟，故鲁虽与盟，经以弗符礼制削卒不书。小邾及鄫，其国尤小，班列薛、杞二国，下与附庸同。鲁请属鄫，传有明文。附庸之制，弗能自达于天子，则方岳之盟亦弗预列。方岳之盟由于朝王。故鄫及小邾，卒亦弗书。宿卒不名，传弗发例，则为未同盟甚明。隐元年，盟宿，据《左传》说，谓鲁、宋盟宿都，与《公羊》地主与盟说异。盖旧史之例，无论同盟与否，君卒必书，经则惟以同盟为限，凡同盟而卒不名者，均不以同盟之礼与之者也。以滑拟宿，于例弗符。

**唐棣秾问：**桓公十一年九月，宋人执郑祭仲。《公羊》贤其知权，以为祭氏仲字，嘉之故不名。《穀梁》以为仲名。据例，名不若字，名贬之。又例，执大夫有罪，例时。如庄十七年，书春齐人执郑詹是。无罪例月，如成十六年，书九月晋人执季孙行父，舍之于苕丘是。今以无罪例月推之，意若未安。又左氏以宋人诱而执之，杜注，非会，非聘，而以行应命。经不书行人罪之也。例如襄十七年秋七月，楚人执郑行人良霄，十八年夏，晋人执卫行人石买，定六年秋，晋人执卫行人乐祁犁。经书行人，均讥执人者，非示贬于被执者也。然则祭仲实名可知，书九月变例可知，不书行人罪之可知。盖背君行权，闭君臣之道，启篡弑之路。以视鲁叔孙婼始终不渝，经书晋人执我行人叔孙婼，褒贬自有在耳。惟《公羊》之说是否不足信，校之《左氏》，异同焉在？

**答：**经书伯、仲、叔、季，均非名也。桓五年，疏云，《公羊》以仲为字，《左氏》先儒亦以为字，又引释例云说左氏者更云，郑人嘉之以字，告先儒之说，盖由蔡季经、传递推，经书蔡季，传言蔡嘉，与此条经例实同。桓卒，季归同于无臣，经从蔡人之嘉，书蔡季，则祭仲行权反经，经转书字，字为郑人嘉仲之词，昭然甚明。《左氏》、《公羊》均以祭仲为字，行权之事，亦为左氏家所采，惟《公羊》以行权反经为贤，书字亦为经例，左氏家以行权为背道，并以书字为郑志耳。《春秋》褒贬，变例实蕃，经所诛赏或殊时论，贬褒寓传，书法从时，所以明祭仲、蔡季非经所嘉也。侂诡词以俟反隅，存时说以昭俗失，纪季华孙并符斯例。杜预以仲为名，又桓五年传，祭仲足，杜以仲名足，字不知。古籍名字兼书，俱引字冠名，如季友、叔肸、伯纠是也。引名冠字，未之或闻。至仲为行人与否，传无明文。杜据诱执之文，妄以不书行人标例，刘炫以仲非行人。亦未可从。至于书月、书时，以行父见执相衡，彼为刺晋宥鲁之词，约贾氏说。则执仲系月，亦从执非其罪之词，与嘉仲之谊互昭。经书执大夫系月，惟仲及行父仲几，几执于晋，因中薛谗，与晋人侨如之谗执行父，例亦略符。又良霄、石买、干徵、师均书行人，既书行人，则执非其罪，其谊已昭，故弗系月。

**唐棣秾问：**僖元年，夫人氏之丧至自齐。杜以不称姜为阙文，盖以书薨谥姜，今不氏姜，夫哀姜淫乱致杀二子，几亡鲁国。鲁以臣子义，不得讨，齐桓杀之，所以明桓以义灭亲，能除鲁患，故不绝齐氏姜也。然哀姜既适鲁，则鲁为政，父母不得擅生杀，今不书姜，外齐之杀女也。而曰阙文，其意何在？

**答：**鲁之小君，例书夫人某氏，有姑则系妇，例书夫人妇某氏。变例有三。一为夫人孙于齐，庄元年。传云，不称姜氏，绝不为亲；一为夫人氏之丧至自齐，贾逵以文姜杀夫罪重，故去姜氏，哀姜杀子罪轻，故但贬姜；一为宣元年遂以夫人妇姜至自齐。文经，逆妇姜同。服虔以不称氏为略贱。此三文者，均以变文示例，哀姜去姓，乃经文贬词，杜云文阙，谬莫甚焉。

**唐棣秾问：** 隐十一年，书滕侯、薛侯来朝。桓二年，则书滕子均之朝鲁，其爵异书。杜氏以书子为时王所黜，是以滕为侯爵也。后儒于此亦以滕为侯爵，惟黜滕为子，有疑衰周不能黜陟者，或云孔子所黜，或云自贬，然说均未确。是宜以杜氏为据欤？

**答：** 杞以用夷礼称子，邾以慕贤说让称字，贾、服说。则滕、薛称侯亦繇朝隐，乃《春秋》变例也。嗣后滕均称子，明系正爵。

**魏继仁问：**《左传》一书传世久矣，先儒司马迁《史记》及杜预《集解》均以为左丘明作是也。然窃有疑者。《春秋》三传，公羊、穀梁皆以复姓名之，惟左丘明一传则单以左命名，考司马迁《史记·十二诸侯年表序》有云，左丘明惧弟子各安其意失其真，而成《左氏春秋》，据此，则左其氏，丘明其名，以左名传，宜也，何以又云："左丘失明，厥有国语。"迁生西汉，世代离春秋时不远，乃一则曰左氏，再则曰左丘，并未明言其称左与左丘之故，或者以左命名相沿已久，不能更正耶？又或者以丘为夫子讳而避之耶？抑作《国语》者别有一姓左名丘者其人耶？

**答：**《左传》、《国语》确非两人所作，左丘亦非复姓，丘其姓，左其官，说详俞正燮《癸巳类稿》。又《礼·玉藻》云，动则左史书之，言则右史书之。《汉书·艺文志》、郑君《六艺论》左右互讹。动为《春秋》，言为《尚书》。据《大戴礼记·盛德》篇卢注，以为左史即太史，又据《汉志》自注及《论语》孔注，均云丘明，鲁太史。是丘明即左史，厥证甚昭，故所作之传标题左氏。此谊俞所未言，聊补于此。

**李燮问：** 齐侯葬纪伯姬，不书谥者，谥为臣子尊君父之称。纪既不祀，谁为加谥？礼，诸侯凡抚有人国，其山川土地在其地者，亦当与祀，则齐之葬伯姬，亦诸侯礼所应耳。杜驳贾、许诸侯礼说，贾、许之旨果安在耶？

**答：**《释例》驳贾、许云，不书谥者，亡国之妇，夫妻皆降，莫与之谥。而贾、许方以诸侯礼说，又失之也。贾、许之说，近儒咸未诠明，今细绎杜例之文，知贾、许所诠，仅以不书谥为说，盖经于小君均书谥，惟纪伯姬独否，贾、许之谊，盖以无谥为侯邦正礼，知者，继室以声子，服注云，声子之谥非礼也。声子为继室，当时夫人虽制谥，仍不当有谥，今既有谥，是以当小君之礼待之也，兼与左氏说娣弗升嫡其制背违。服注之说与贾、许同，盖传有妇人无刑之文，既已无刑，奚得有爵？无爵则无谥，《公羊》二说，一以夫人不当有谥，一云夫人有谥。故以蒙夫谥为得礼。共姬是也。今纪侯无谥，复无夫谥可蒙，自以无谥为得礼。杜云贾、许以诸侯礼说，谓以诸侯礼说小君无谥也。杜于妇人有谥亦云非礼，惟贾、许之谊，盖以经书伯姬兼明小君无谥之礼，杜直以为无义例，斯其所以异也。

**李茵问：**庄十二年经，书宋万弑其君捷，及其大夫仇牧。不书华督之死。杜云，宋不以告。文十六年，书宋人弑其君杵臼，不书荡意诸之殉，杜亦云，不告。窃谓本传之文，于荡意诸死之下即云，书目宋人弑其君杵臼，君无道也，可知经之笔削，裁自圣心，非悉从告也。意诸之不书，或夫子削之。杜云不告，不可通矣。矧宋捷之弑告，仇牧而不告，有若是歧乎？则督之不书，或亦夫子削之耳。然观僖五年传文，晋侯使以杀太子申生之故来告，经书之五年春以示从告，则夫子所书不可云不从告也。特例有万殊，不可执一，则宋督、意诸之不书，厥旨安在？

**答：**据赴者，孔经之例也，非必赴告悉书，如京师告饥，传详经媘，斯其明征。春秋之时，臣殉君弑者众矣，经以孔父三臣昭例，余均从略。如宁喜弑剽及子角，经仅书剽。服虔云，杀太子角不书，举重者。援是以推，知督及意诸不书，先儒亦即笔削立说，弗以宋不告鲁为文。盖督弑殇公，传发无君之说，若书杀督，则以殉君之美相归。弑君之贼不再见。又意诸奔鲁，经不书归，服以施而不德为说，则意诸之名，自无再见经文之理。故二臣之死，经均弗书，非复详其事于传者所以明。史有经无，均出宣尼所削也。杜说悉非。

**李茵问：**成十年传云，晋侯有疾，晋立太子州蒲以为君而会诸侯伐郑。经书晋侯。杜云，见其生代父位，失人子之礼。其说颇未安。僖二十八年，践土之盟，传云，卫侯使元咺奉叔武以受盟。经书卫子。杜云，从未成君之称。可知杜贬州蒲以叔武之例推也。不知叔武州蒲各自有别，晋立太子州蒲为君，实践君位，非同叔武之摄，称爵奚嫌？矧传于州蒲无贬文，杜注之说似失经旨。请质所疑。

**答：**桓四年，天王使宰渠伯纠来聘，传云，父在故名。桓五年，天王使仍叔之子来聘，传云，弱也。孔疏云，《膏肓》：何休以为左氏宰渠伯纠父在故名，仍叔之子何以不名？又仍叔之子，以为父在称子，伯纠父在，何以不称子？郑箴之曰，仍叔之子者，讥其幼弱，故略言子，不名之。至于伯纠，能堪聘事，私觌，又不失子道，故名且字也。又桓九年，曹伯使其世子射姑来朝。孔疏云何休《膏肓》以为，人子安处父位，尤非衰世救失之宜，于义左氏为短。郑箴（之）云，必如所言，父有老耄、罢病，孰当理其政、预王事也？据何、郑说，是公羊师说以生代父位为讥，左氏则否。晋立太子州蒲为君，经书晋侯，以伯纠不书子例之，彼非贬例，则此亦非贬例矣。迥与叔武弗同。杜云生代父位失人子之礼，乃潜袭《公羊》为说，施之左氏，实弗可通。《荀子·正论》篇，天子无老，诸侯有老，知父老子代与侯国之礼符。

**华翥问：**薨卒旧例，赠吊厚者日月详，薄则从略。公子益师卒，公不与小敛，故不书日。定十五年秋七月壬申，姒氏卒。传日，不称夫人，不赴也。此既不赴，何赠吊之云厚而详日月？又庄三十二年冬十月戊辰，公子牙卒，昭二十五年叔孙婼卒，二十九年叔诣卒，或公有疾，或公在外，皆详日月。《释例》曰其或公疾、在外，皆公不与小敛而书日者。君子不责人以不备。姒氏之卒亦同之欤？

**答：**经有从例之条。许男卒师，经不书地，谓若卒于国也。晋伐鲜虞，晋非夷狄，谓行与狄同也。大夫之丧，不与小敛不书日，不与大敛不书卒，此为正例。叔牙、叔孙婼、叔诣亦书卒者，推亲亲之谊，俾从预敛之例也。杜云不责人以不备，立说似浅。姒氏书日，亦从赠吊厚为例，所谓缘人子之义也。

**华翥问：**颍氏云，鲁十二公，国史尽书即位，孔子修之，乃有不书。杜说，隐实不即位，史无由得书即位，若实即位，则为无让，若实有让，史无缘虚书。案，传云不书即位，摄也。则隐所摄何也？杜又云，天子定之，诸侯正之，国人君之。则虽曰摄位，固不异即位，史乌乎虚？窃以孔子不书，所以恶桓之篡，示隐之让。至传之云摄，亦以明隐之心。未知当否？

**答：**传云隐公立而奉之，据先郑说，则立与位同，《春秋古经》位作立。谓隐摄位。盖诸侯即位，古为巨典，即位与否，以践阼为断。周公摄位，记有践阼之文，《荀子》作履籍。则摄政之君亦必践阼。是犹守令抵治，必升堂接印，实任之官固然，即署理之官亦然。隐既践阼，即为修即位之礼，既修即位之礼，史必直书。传云不书即位者，谓史书即位而《春秋》不书耳，非谓不修即位之礼，史弗书册也。如杜说，则周公践阼而治亦为无让。摄即摄位，既已摄位，焉得云实不即位乎？

**华翥问：**《春秋》会盟多有不书。黑壤之盟不书，传曰讳。夹谷之盟不书，贾亦曰讳。吴三盟不书，《释例》曰，行其夷礼。至于盟于邓、盟于荦、盟于戚，不书，杜则谓不告庙。夫前所不书，传文皆发其故，于此独否，其故安在？

**答：**殊会之例，惟施于吴《春秋》进吴后于楚、秦，故吴不书盟，亦与行夷礼靡涉。经例外吴，故三与吴盟，经仅书会盟。戚之役，吴人亦与，因亦削盟弗书。传举会吴为释，所以揭经弗书盟之故也。盟荦之役，主于救郑，而救郑之师弗书于经，则是谋而弗行也。经为中国讳，因亦削盟不书。传举谋救郑为释，亦主阐经。盟邓之役，传云为师期，下言羽父先会齐、郑，则出师之期不与盟符。经为内讳，因不书盟。以上三端，审绎传文，均各示例，且与讳例相表里。杜谓盟弗告庙，直臆说耳。

**杨斌问：**凡物不为灾不书，螟、螽、蜮、蜚，书者，灾也。唯蜮与蜚上冠有字，《公羊》说有者不宜有也。夫蜮、蜚不宜有，螟、螽其同科也，乃经文不书有无，亦文有详略欤？

**答：**左氏旧说，有为弗宜有之词，与公羊同，故《说文》据以诂有字。蜮、蜚、螽、螟，为灾虽同，然螽、螟之有为恒，故弗书有。蜚不食谷，顾或食谷为灾，蜚即负蠜。蜮非盛暑不生，顾或滋生北土，以螽、螟较之，则一为恒有一为仅有也。故从不宜有之例，书之曰有，有者，书所无也。

**鄢焕章问：**宣公四年传云，凡弑君，称君，君无道也，称臣，臣之罪也。然则弑逆之事，除内大恶应讳外，无论君罪、臣罪，凡有其事，经必历历书之，以著大变而惧贼臣。然考襄七年郑公子驷弑其君髡顽，而经云郑伯髡顽如会，未见诸侯，丙戌卒于鄵。昭元年楚公子围弑其君麇，而经云冬十有一月己酉楚子麇卒。哀十年齐人弑其君阳生，而经云戊戌齐侯阳生卒。又昭八年陈侯自缢，出于公子招之乱，而经云夏四月辛丑陈侯溺卒。是四事者，传言弑而经不言弑，岂诚如杜氏所云据赴告之文乎？抑亦别有深意矣？

**答：**传于四事，均有“赴”字。郑伯之弑，传云以疟疾赴诸侯，楚子之弑，传云使赴于郑；陈侯之缢，传云赴于楚；齐侯之弑，传云赴于师。此即经据赴告之征。惟据“赴”亦为经例，非出时史，何则？《春秋》修礼期于赴告，植恒型，赴弗以诚，则虚书惩过。传详天王崩，问崩日，以甲寅告是也。君弑书卒，援赴以书，亦为惩过。传记郑、楚、陈、齐四事，兼志赴邻，所以明经弗书弑为从赴也。杜以史官承赴书策，不以赴告为经例，误之甚矣。杜以从赴出史官，弗知从赴出孔子。

**鄢焕章问：**《春秋》书自迁者凡四国，邢一迁夷仪，卫一迁帝丘，蔡一迁州来，惟许竟四迁，皆见经。至于晋迁新田，楚迁都郢，迁绎，经皆不书。以为事小不足书耶？则经于许何其不惮烦也，以为未赴告耶？传固有行父如晋贺迁之明文也，经削弗书，其意何居？

**答：**《春秋》之例，自迁弗书，经所书迁，均逼于外势者也。许四书迁，三由楚命，容城弗见传。蔡迁，迫于吴，邢、卫之迁，皆迫于狄。《公羊传》云，迁者何？其意也。迁之者何？非其意也。左氏先师盖亦取斯为说。观许迁于夷，孔疏可见，左氏有去国之谊说，详《异义》。经书自迁，似从去国谊。虽其详蔑得闻，然《春秋》所书，均属非意之迁。春秋于非意之迁，概从自迁为文，传于僖迁夷仪，特著诸侯迁邢之文，于许蔡之迁，特著吴、楚强迁之文，经并不书。不与诸侯专迁国，且不与狄及吴、楚得志也。

**鄢焕章问：**《春秋》之例，诸侯遭丧，称爵与否，以葬为断，未葬称子。故僖九年经书公会齐侯宋子。传曰，未葬而襄公会诸侯，故曰子。又书晋里克杀其君之子奚齐，传曰，未葬也。既葬称爵。故成四年夏经书葬郑襄公，冬，经书郑伯伐许是也。然僖二十五年秋，葬卫文公，冬，经书公会卫子莒庆，是已葬而仍称子也。成三年春王正月，经书公会晋侯、宋公、卫侯、曹伯伐郑。后书葬卫穆公、宋文公，是未葬而亦书爵也。斯是二者，必有说以解之，然后前例始可通也。

**答：**后二条均为变例。成三年经书宋公、卫侯，与桓十三年经书卫侯，贾、服注，均讥不称子。僖二十五年经书卫子，服氏以为明弗失子道。本传师说所解甚昭。盖诸侯书子谊主系父以葬为断。正例则然。卫子盟洮，传云修文公之好，经善继志，故先君已葬仍从系父之称，若未葬，书爵即为不系父之词，子不系父，讥不子也。传虽无说，然审谛经文书法，必属贬词。故贾、服以为讥。杜云卫子降名，谬妄之甚。书子不书子均为经例，不以自称为据也。

**马玺滋问：**僖十九年冬经书会陈人、蔡人、楚人、郑人盟于齐。注，地于齐，齐亦与盟而未书齐，孔疏谓地于齐而齐不序，诸盟会以国都，而地主不列于序。案，本年六月，宋公、曹人、邾人盟于曹南。此曹南即曹都，而曹为地主，亦序于列，其他则齐为地主，不序于列，不足信矣。或以为不言齐者，不以齐与楚盟，尊伯也，夫因与楚盟不书，何二十一年又书宋人、齐人、楚人盟于鹿上？此亦与楚盟也，而又言齐，何故？窃疑此役齐未与盟，虽地为齐地，因宋襄暴虐，陈穆公请修好于诸侯，以无忘齐桓之德，盟于齐，借齐地以思齐桓也。未识当否。

**答：**经书盟于齐，齐为齐都，与鲁、宋盟宿，蔡、郑会邓同例，与地主预盟无涉。杜用《公羊》与古注不合。使如杜说，则僖二十七年、宣十五年楚两围宋，鲁、楚两会于宋，时宋、楚未平，宋国焉得预会盟？

**马玺滋问：**僖二十五年经书卫侯燬灭邢。传曰同姓也，故名。注：恶其亲亲相灭，故称名罪之。五年，书晋人执虞公。虞亦晋之同姓，不言晋侯名，或谓晋修虞祀，归其职贡于王，故不以灭同姓为讥。按《曲礼》曰，诸侯不生名，灭同姓名。据此则晋侯虽修虞祀，归职贡于王，亦末事耳，而于亲亲相灭，以卫侯燬灭邢比之，其罪同也。经于晋不书名，其旨安在？

**答：**传有罪虞明文，故晋侯不名。《国策·魏策》云，故《春秋》书之，以罪虞公。即此经古说。

**马玺滋问：**僖经三十三年冬十月，公如齐；十有二月，公至自齐；下文书乙巳公薨于小寝。是僖公由齐十二月归后薨也。杜以乙巳是十一月十二日，谓经十一月为误。其说安在？

**答：**据《三统历》推之，乙巳确为十二月十三日，惟文元年二月癸亥，刘歆以为正月朔，《五行志》。以《三统历》推之，其说良然。盖是年时历较《三统》差一月，《三统》正月于时历为二月，则《三统》十二月于时历为正月，《三统》十一月于时历为十二月，时历十二月确无乙巳，杜以十二为十一之误，似未尽非。

**马玺滋问：**文经二年冬，公子遂如齐纳币。《左传》曰，礼也。注谓，僖公丧终此年十一月。案，僖以三十三年十二月书薨，至此年十二月，甫及二年，何得云丧毕？丧既未毕而行昏礼，左氏云礼，其故安在？

**答：**三年之丧，二十五月而毕。左氏说丧期，兼以闰计，文元年闰三月，传有明文，由僖三十三年十二月下逮文二年十一月，适盈二十五月。故传以纳币为礼。

**马玺滋问：**昭七年暨齐平，燕与齐平也。定十年及齐平，十一月及郑平，鲁与平也。诸言平者，皆举国言平，并未书人。宣十五年夏五月，宋及楚平，而云宋人、楚人，何故？疏云，史异词。然史又何以于此独异？《穀梁传》曰，人者，众辞也。平称众，上下欲之也。然则彼不称人者，岂仅国君欲平而臣下不欲平乎？按，大夫及士，经皆称人，疑此称人，非国平，实大夫平。未识当否。

**答：**此条先师有说，本疏引贾氏云，称人，众词，善其与众同欲，说本《穀梁》，以卫人立晋、宋人杀大夫传例证之，其说是也。平区称国、称人二例，与杀君同，君恶及朝称国，恶及国人称人。援是以推，则二国结成，谋出于朝称国，谋出于众则称人。经嘉宋、楚之平，故从与众同欲之词，以昭衷例。今以称人属大夫，然子反、华元均系命卿，非再命大夫，必从《公羊》贬大夫从人说，谊始克通。然《公羊》之例，弗必援以说，本传先师既据《穀梁》立说，可遂遵也。

# 群经大义相通论

## 序

六经订于孔门。《易传》商瞿五传而至田何，何为齐人，是为齐人言易之始。《春秋》之学传于子夏，一由子夏授公羊高，公羊氏世传其学；一由子夏授穀梁赤，再传而至申公。高为齐民，赤为鲁产，由是春秋有齐、鲁之学。若夫《尚书》藏于孔鲋，而齐人伏生亦传《尚书》。鲁诗出于荀卿，而齐人辕固亦传齐诗。即《论语》之学亦分齐、鲁二家。是曰汉初经学初无今古文之争也，只有齐学、鲁学之别耳。凡数经之同属鲁学者，其师说必同，凡数经之同属齐学者，其大义亦必同。故西汉经师多数经并治，诚以非通群经即不能通一经也。盖齐学详于典章而鲁学则详于故训，故齐学多属于今文而鲁学多属于古文。观《白虎通》所采，以齐学为根基，《五经异义》所陈，则奉鲁学为圭臬，曷尝有仅治一经而不复参考他经之说哉！后世儒学式微，学者始拘执一经之言，昧于旁推交通之义，其于古人治经之初法去之远矣。今汇齐学鲁学之大义辑为一编，颜曰《群经大义相通论》，庶齐学鲁学之异同辨析昭然，亦未始非治经之一助也。

## 《公羊》《孟子》相通考

公羊得子夏之传，孟子得子思之传。近儒包孟开谓《中庸》多公羊之义，则子思亦通公羊学矣。子思之学传于孟子，故公羊之微言多散见于《孟子》之中。试略举之。

《梁惠王》下篇云，惟仁者为能以大事小，是故汤事葛，文王事昆夷。惟智者为能以小事大，故太王事獯鬻，勾践事吴，以小事大者乐天者也，以大事小者畏天者也。乐天者保天下，畏天者保其国。

案，《公羊》“纪季以酅入于齐”，传云，经云纪季者何，纪侯之弟也，何以不名？贤也，何贤乎纪季，服罪也。其服罪奈何，鲁子曰，请立五庙以存姑姊妹。即孟子以小事大之义。

《梁惠王》下篇云，凿斯池也，筑斯城也，与民守之，效死而民勿去，则是可为也。

案，《公羊》“齐侯灭莱”，传云，曷为不言莱君出奔？国灭君死者正也。即孟子效死勿去之义。又“梁亡”传云，其自亡奈何，鱼烂而亡也。言民去而国不守也，亦可与孟子之言互证。

《万章》下篇云，齐宣王问卿，孟子曰，王何卿之问也？曰，卿不同乎？曰，不同，有贵戚之卿，有异姓之卿。曰，请问贵戚之卿。曰，君有大过则谏，反复之而不听，则易位。又云，王色定，然后请问异姓之卿。曰，君有过则谏，反复之而不听，则去。

案，《公羊》“卫宁喜弑其君剽”，传云，曷为不言剽之立？不言剽之立者，以恶卫侯也。此即明贵戚卿有易位之权，又“曹羁出奔陈”，传云，曹羁者何？贤也。何贤乎曹羁？戎将侵曹，曹羁谏曰：戎众而不义，君请勿自敌也。曹伯曰不可。三谏不从，遂去之。故君子以为得君臣之义也。此即明异姓卿有去国之义。

《离娄》上篇云，天下之本在国，国之本在家。

案，《公羊传》云，春秋内其国而外诸夏，内诸夏而外四夷。又曰，王者欲一乎天下，必自近者始。即天下之本在国之义，此节可与《大学》首章参看。

《告子》下篇云，欲轻之于尧舜之道者，大貉小貉也，欲重之于尧舜之道者，大桀小桀也。

案，《公羊》“初税亩”，传云，古者什一而籍，古者曷为什一而籍，什一者，天下之中正也。多乎什一，大桀小桀。寡乎什一，大貉小貉。什一者天下之中正也，什一行而颂声作矣。与《孟子》同。

《离娄》下篇云，其事则齐桓晋文，其文则史，孔子曰，其义则丘窃取之矣。

案，《公羊》“齐高偃纳北燕伯于阳”，传云，春秋之信史也，其序则齐桓晋文，其会则主会者为之也，其词则丘有罪焉尔。与《孟子》同。

《尽心》上篇云，舜为天子，皋陶为士，瞽瞍杀人，则如之何？孟子曰，执之而已矣。然则舜不禁与？曰，夫舜恶得而禁之，夫有所受之也。

案，《公羊》“齐国夏、卫石曼姑，帅师围戚”，传云，此其为伯讨奈何，曼姑受命于灵公而立辄，以曼姑之义，则固可以拒之矣。又曰，然则辄之义可以立乎？曰，可。其立奈何，不以父命辞王父命。以王父命辞父命，是父之行乎子也。不以王事辞家事，是下之行乎上也。举此例以证《孟子》，则皋陶之当执瞽瞍，犹之石曼姑之当拒蒯聩也。辄之不得禁石曼姑，犹舜之不当禁皋陶也。

以上七条，皆《孟子》与《公羊》相通之义。盖战国诸子，荀子之义多近于穀梁，孟子之义多近于公羊。故荀子之学，鲁学也。孟子之学，齐学也。孟子游齐最久，故所得之学亦以齐学为最优，岂若后儒之空谈大同三世哉！

## 《公羊》、齐诗相通考

《春秋》三传，《公羊》为齐学，《穀梁》为鲁学，故公羊家言多近于齐诗，穀梁家言多近于鲁诗。今采齐诗中有公羊义者若干条，以为《公羊》、齐诗相通考。

四国是匡。

案，《公羊传》僖四年，古者周公，东征则西国怨，西征则东国怨。何注云，此道黜陟之时也，诗曰周公东征，四国是皇。盖齐诗诗意。

翼奉曰，窃学齐诗，闻五际之要《十月之交》篇，又《春秋纬·演孔图》曰，诗含五际六情。《汉书·翼奉传》孟康注云，五际，卯酉壬戌亥也。阴阳终始际会之岁，于此则有变改之岁也。《诗纬·泛历枢》云，午亥之际为革命，卯酉之际改正，辰在天门出入候听。卯，《天保》也，酉，《祈父》也，午，《采芑》也，亥，《大明》也。又云，《大明》在亥，水始也。《四牡》在寅，木始也。《嘉鱼》在巳，火始也。《鸿雁》在申，金始也。

案，《公羊》隐元年传云，元年者何？君之始年也。春者何？岁之始也。董仲舒亦曰，一者万物之所以始也。春秋之义即托新王于鲁之义也。与齐诗所言之四始同为革新之说。若五际之义尤与《繁露》改制之说同。革命改正即公羊拨乱反正之义也。

《匡衡传》"商邑翼翼，四方之极"，此成汤所以建至，治保子孙，怀异俗而柔鬼方也。

案，此即公羊大一统之义，所谓天下远近大小若一也，王者无外，此之谓欤。此殆公羊家所谓太平世欤。

汉《郊祀志》匡衡曰，毋曰高高在上，陟降厥士，日监在兹。言天之日监王者之处也。乃眷西顾，此维予宅，言天以文王之都为居也。

案，《公羊》隐元年传云，王者孰谓？谓文王也。何注云，文王周始受命之王，天之所命，故上系天端方陈受命制正日，故假以为王法。与匡衡所言相近。

《伏湛传》云，文王受命而征伐五国，以必先询之同姓，然后谋之群臣。

案，此即公羊必自近者始之义，殆公羊所言升平世之象也。至谓文王受命，则为公羊之义益明矣。

《萧望之传》曰，爰及矜人，哀此鳏寡，上惠下也。雨我公田，遂及我私，下急上也。

案，《公羊》宣公十五年“初税亩”传云，什一行而颂声作也。何注所言皆上惠下、下急上之义，故于公田之制言之尤详。

《翼奉传》周公犹作诗书，深戒成王，以恐失天下。其诗则曰，殷之未丧师，克配上帝。宜监于殷，骏命不易。

案，此即《公羊传》故宋之意。王者所以通《三统》也，观《公羊传》书宋灾，为王者之后记灾，书蒲社灾，为亡国之社记灾，其旨深矣。

《匡衡传》云，故《诗》曰，窈窕淑女，君子好逑，言能致其贞淑不贰，其操情欲之感，无介乎仪容，燕私之情，不形乎动静，夫然后可以配至尊而为宗庙主。

案，此即《公羊传》夫人与公一体之义，此《春秋》所以书纳币记来嫔也。

又云，念兹皇祖，陟降庭止，言成王常思祖考之业而鬼神祐助其治也。茕茕在疚，言成王丧毕思亲，意气未能平也。

案，此即《公羊传》所见世、所闻世、所传闻世之说也。恩有厚薄，义有浅深，春秋之世恩衰义缺，此成王之志所由可尚也。

以上九条，皆散见于前后《汉书》，盖匡衡、翼奉诸儒皆为齐诗之经师，齐诗之微言大义赖此以传，此齐学之可考者也。

## 《毛诗》《荀子》相通考

昔汪容甫先生撰《荀卿子通论》，据《经典叙录》徐整说，谓《毛诗》为荀卿子之传。据《汉书·楚元王传》，浮丘伯，孙卿门人。《盐铁论》包丘子事荀卿，谓《鲁诗》为荀卿子之传。据《韩诗外传》屡引荀卿之说，谓《韩诗》为荀卿子之别子，今采掇《荀子》之言《诗》者，得二十有二条，其说事引《诗》者则不录，然《毛诗》之谊出于《荀子》者，兹固彰彰可考矣。

《劝学》篇曰，诗者，中声之所止也。

案，《诗大序》云，情发于声，声成文谓之音。与荀子同。

《劝学》篇曰，诗书之博也。

案，此即孔子"多识于鸟兽草木之名"义，故《毛诗》作《诗传》，详于训诂名物，不以空言说经。

《劝学》篇曰，诗书故而不切。

案，故者，即训诂之谓也。切者，犹言切于事情也。杨注引《论语》"诵《诗》三百使于四方不能专对"证之。盖《诗大序》有云，达于世变，即切于事情之义也。荀子虑诵诗者不能达世变，故为此言。

《儒效》篇曰，《诗》言是，其志也。

案，《诗大序》有云，诗者，志之所之也，在心为志，发言为诗。与《荀子》同。

《儒效》篇曰，故《风》之所以为不逐者，取是以节之也。《小雅》之所以为《小雅》者，取是而文之也。《大雅》之所以为《大雅》者，取是而光之也。《颂》之所以为至者，取是而通之也。

案，取是之文蒙前文之儒言之，《诗大序》云，变风发乎情，止乎礼义。发乎情，民之性也；止乎礼义，先王之泽也。杨注取以说此节。又《诗大序》云，颂者，美盛德之形容，以其成功告于神明者也。而杨注亦云，至谓盛德之极。亦《荀子》用《诗序》之证。

《大略》篇曰，善为《诗》者不说。

案，此即孟子"说《诗》者不以文害词，以意逆志"义，董子本之，亦《毛诗》义也。

《大略》篇曰，《国风》之好色也。传曰，盈其欲而不愆其止，其诚可比于金石，其声可内于宗庙。

案，《诗大序》云，《关雎》，乐得淑女以配君子，忧在进贤，不淫于色，哀窈窕思贤才而无伤善之心焉，是《关雎》之义也。杨注取以为说，则此固《毛诗》义也。《诗大序》又云，《关雎》，后妃之德也，风之始也，所以风天下而正夫妇也。故用之乡人焉，用之邦国焉。杨注又用以释《荀子》，复申其义日，既云用之邦国，是其声可纳于宗庙者也，亦用毛义。又《汉书·匡衡传》云，衡上书曰，妃匹之际，生民之始，万福之源，孔子论《诗》以《关雎》为始，言能致其贞淑，不贰其操，情欲之感，无介于容仪，宴私之意，不形于动静，夫然后可以配至尊而为宗庙主。案，衡习齐诗，而此疏亦用荀义，殆此义为齐、毛二家所同欤。

《大略》篇曰，《小雅》不以于污上，自引而居下，疾今之政，以思往者，其言有文焉，其声有哀焉。

案，《诗大序》云，雅者，正也，言王政所由废兴也，居上思往，即陈古刺今之义。若其言有文，即《大序》声成文谓之音之义，而其声有哀，即《大序》乱世之音哀以怒之义也。以上《诗》总义。

《解蔽》篇云，其情之至也，不贰，《诗》云，采采卷耳，不盈顷筐，嗟我怀人，置彼周行。顷筐，易满也，卷耳，易得也，然而不可以贰周行，故曰，心枝则无知，顷则不精，贰则疑惑。

案，此乃《荀子》引《卷耳》篇之文也。《毛传》云，顷筐，畚属，易盈之器也，即用荀义。又云，怀思，寘置行列也，思君子官贤人置周之列位。荀谓不可以贰周行，亦与传义同。

《宥坐》篇云，《诗》曰，忧心悄悄，愠于群小，小人成群，斯足忧矣。

案，此乃《荀子》引《柏舟》篇之文也。《毛传》未释群小，郑笺云，群小，众小人在君侧者。亦用荀义。

《大略》篇云，诸侯召，其臣不俟驾，颠倒衣裳而走，礼也《诗》曰，颠之倒之，自公召之。

案，此乃《荀子》引《东方未明》篇之文也。《毛传》无解语，荀子盖举寻常君召之礼就臣下言。盖此为古代相传之礼，齐廷行之不当，故诗人刺其无节。荀子此言乃引诗以证古礼，非与《小序》刺时之义相背也。

《大略》篇云，霜降逆女，冰泮杀内。

案，此乃《荀子》用《东门之杨》篇之义也。杨注不达其旨，释此文云，此盖误耳，当为冰泮逆女，霜降杀内，故《诗》曰，士如归妻，迨冰未泮。郑云，归妻谓请妻也，冰未泮者，正月中以前二月可以成婚矣，故云冰泮逆女。其说甚误。近儒谢氏墉校《荀子》云，案《诗·陈风·东门之杨》篇，《毛传》云，言男女失时不待秋冬，孔氏《正义》引荀卿语并云。毛公亲事荀卿，故亦以秋冬为昏期。《家语》所说亦同。《匏有苦叶》所云迨冰未泮，《周官·媒氏》所言仲春会男女皆是。要其终言不过是耳。其说甚确。盖《毛传》固用荀子义也。杨注固非，后儒据此以证毛郑言昏期之不同，亦未尽是。

《劝学》篇曰，《诗》曰，鸤鸠在桑，其子七兮，淑人君子，其仪一兮，其仪一兮，心如结兮。故君子结于一也。

案，此乃《荀子》引《鸤鸠》篇之文也。《毛传》云，执义一，则用心固，即引申荀子之义者也。

《大略》篇云，天子召诸侯，诸侯辇舆就马，礼也。《诗》曰，我出我车，于彼牧矣，自天子所，谓我来矣。

案，此乃《荀子》引《出车》篇之文也。《毛传》云，出车就马于牧地。就马二字本于荀子。

《大略》篇云，《诗》曰，物其指矣，唯其偕矣。不时宜、不敬交、不欢忻，虽指，非礼也。

案，此乃《荀子》引《鱼丽》篇之文也。据《荀子》此文，似合上文“物其有矣，维其时矣”二句释之，时宜者释“维其时矣”句之时字也。敬交、欢忻、皆释此句之偕字也。指、唯二字，皆异文，毛传无解，郑笺云，鱼既美又齐等，鱼既有又得其时，非《荀子》之义也。

《宥坐》篇云，《诗》曰，尹氏太师，惟周之氐，秉国之均，四方是维，天子是庳，卑民不迷。是以威厉而不试，刑措而不用，此之谓也。

案，此乃《荀子》引《节南山》篇之文也，氐字为误文，卑字乃义字即俾字之假借也。《毛传》仅云使民无迷惑之忧，而《荀子》则推言之。

《大略》篇云，故《春秋》善胥命，而《诗》非屡盟。

案，此乃《荀子》用《巧言》篇之义也。《巧言》曰，君子屡盟。郑笺曰，屡，数也，盟之所以数者，由世衰乱多相违背。亦用荀义。

《大略》篇曰，《诗》曰，无将大车，维尘冥冥。言无与小人处也。

案，此乃《荀子》引《无将大车》篇之文也。《毛传》无解。郑笺云，冥冥者，蔽人目明，令无所见也。犹进举小人蔽伤己之功德也。亦用荀义。

《不苟》篇曰，《诗》曰，左之左之，君子宜之；右之右之，君子有之。此言君子之能以义屈伸变应也。君子，小人之反也。

案，此乃《荀子》引《裳裳者华》篇之文也。《毛传》云，左阳道，朝祀之事，右阴道，丧戎之事。此语与《荀子》以义屈伸变应之语相合，惟未释君子。郑君云，君子，斥其先人也。非荀子之义。盖荀子所言乃《毛诗》之义，而郑氏笺《毛》，则杂采三家诗之说也。

《儒效》篇曰，《诗》曰，平平左右，亦是率从。言上下之交不相乱也。

案，此乃《荀子》引《采菽》篇之文也。《毛传》未释，率从郑笺，云诸侯之有贤才之德，能辩治其联属之国，使得其所，则联属之国亦顺从之。与《荀子》符，殆亦用《荀子》之义。

《大略》篇曰，《诗》云，明明在下，赫赫在上。此言上明而下化也。

案，此乃《荀子》引《大明》篇之文也。《毛传》云，文王之德，明明于下，故赫赫然著见于天。郑笺云，明明，兼言文武，馀与传同。咸与荀义不合。荀谓上明下化，上指君主言，下指臣民言，非指上天言也。意《荀子》此条乃鲁诗、韩诗之说，与毛义殊，故附辨于此。

《大略》篇曰，《诗》曰，我言维服，勿以为笑，先民有言，询于刍荛。言博问也。

案，此乃《荀子》引《板》篇之文也。《毛传》仅释刍荛，郑笺云，匹夫匹妇或知及之，即《洪范》谋及庶人之义，所以达民情而公好恶也。亦用《荀子》之义。以上《诗》章句。

由以上所言观之，则荀义合于《毛诗》者十之八九。盖毛公受业荀卿之门，故能发明师说，与传闻不同。其不合者，即鲁诗、韩诗之说。郑君笺《诗》多引之，则以鲁韩二家与《毛诗》固同出荀子也。故析为总义、章句二类，以证传说所从来，并以彰荀子传经之功焉。

## 《左传》《荀子》相通考

刘向《别录》叙《左传》师承也，谓左丘明授曾申，申授吴起，起授其子期，期授楚铎椒，椒作钞撮八卷授虞卿，卿著钞撮九卷授孙卿，卿授张苍。《左传正义》引。陆氏《经典释文》亦曰，左丘明作传以授曾申，申传卫人吴起，起传其子期，期传楚人铎椒，椒传赵人虞卿，虞卿传同郡郇卿，卿名况，况传武威按张苍阳武人，此云武威，系传写之讹。张苍，苍传洛阳贾谊。则《春秋》左氏学固荀子所传之学矣。故《荀子》一书于《左传》大义或明著其文，或隐诠其说。今试举之。

成公十五年，传曰，《春秋》之志微而显，志而晦，婉而成章，近而不污，惩恶而劝善，非君子谁能修之。

案，《荀子・劝学》篇云，《春秋》之微也。杨注云，微谓褒贬沮劝，微而显、志而晦之类也，与《左传》合。此《荀子》发明《左传》大义之语也。又《劝学》篇云，《春秋》约而不速。杨注云，文义隐约褒贬难明，不能使人速晓其义。据杨注观之，亦与微而显、志而晦之旨合。

庄十七年，传曰，古者诸侯名位不同，礼亦异数，不以礼假人。

成二年，传曰，孔子曰，惟器与名不可以假人……名以出信，信以守器。

案，《荀子·劝学》篇云，国家无礼则不宁。《王制》篇云，分均则不偏，执齐则不一，众齐则不使，有天有地，则上下有差，明王始立，而处国有制。又曰，先王制礼义以分之，使有贫富贵贱之等。又曰，衣服有制，宫室有度，人徒有数，丧祭械用皆有等宜。《富国》篇云，礼者，贵贱有等，长幼有差，贫富轻重，皆有称者也。《议兵》篇曰，礼者，治辨之极也。《礼论》篇曰，君子既得其养又好其别，馀与《富国》篇同。又曰，礼者，以财物为用，以贵贱为文，以多少为异，以隆杀为要。《正名》篇曰，知者为之分别制名以指实，上以明贵贱，下以别同异。《大略》篇亦多此义。皆与《中庸》"亲亲之杀，尊贤之等，礼所生也"，相合。亦即《左传》"名位不同，礼亦异数，惟器与名不可（以）假人"之义也。盖左氏深于礼而荀卿亦深于礼，故曲台之礼亦荀氏所传也。

宣四年，传云，凡弑君称君，君无道也。

案，《荀子·正论》篇云，汤武者，民之父母也。桀纣者，民之怨贼也。今世俗之为说者，以桀纣为君，而以汤武为弑，然则是诛民之父母而师民之怨贼也。又《议兵》篇曰，汤武之诛桀纣也，拱挹指麾，而强暴之国莫不趋使，诛桀纣若诛独夫，故《太誓》曰，独夫纣，此之谓也。此即"弑君称君，君无道"之义也。荀子之说与孟子对齐宣王之说合。又《左传》襄十四年，晋师旷曰，天之爱民甚矣，岂可使一人以纵其上，以肆其淫。亦为荀子之说所本，而《左传》此语，后儒集矢纷纭，抑独何欤！

隐四年，传云，书曰，卫人立晋众也。

案，《荀子·王制》篇云，君者，善群也。《王霸》篇云，合天下而君之，又曰，天下归之谓之王，又曰，君者，何也？曰能群也。《大略》篇曰，天之生民非为君也。天之立君以为民也。此皆君由民立之义。左氏之说与公、穀二传相合，得荀子而证之，其说益明。盖《左传》所谓众，即荀子所谓群也。

成十五年，传云，凡君不道于其民，诸侯讨而执之，则曰某人执某侯，不然则否。

案，《荀子·王霸》篇云，官人失要则死，公侯失礼则幽。失礼者即不道于其民之谓也，幽者即讨而执之之谓也。杨注云，幽，囚也。《春秋传》曰，晋人执卫侯归之于京师，置诸深室是也。案晋执卫侯，亦因卫侯不道于其民之故。

襄廿六年，传云，善为国者，赏不僭而刑不滥，赏僭则惧及淫人，刑滥则惧及善人。若不幸而过，宁僭无滥，与其失善，宁其利淫。

案，《荀子·致士》篇云，赏不欲僭，刑不欲滥，赏僭则利及小人，刑滥则害及君子，若不幸而过，宁僭无滥，与其害善，不若利淫。谢氏墉曰，此数语全本《左传》。案，由此数语观之，足证荀子曾见《左传》全文矣。

隐元年，传云，天子七日而葬，同轨毕至。诸侯五月而葬，同盟至。大夫三日，同位至。士逾日，外姻至。

案，《荀子·礼论》篇云，天子之丧动四海，（属诸侯）；诸侯之丧动通国，属大夫；大夫之丧动一国，属修士；修士之丧动一乡，属朋友；庶人之丧合族党，动州里。杨注云，属谓自托之使主丧也，通国谓通好之国也，一国谓同在朝之人也，修士谓上士也，一乡谓一乡内之姻族也。《春秋传》曰，天子七月而葬，同轨毕至。诸侯五月而葬，同盟至。大夫三月，同位至。士逾月，外姻至。案，杨注引《左传》以释《荀子》，则《荀子》之文即本于《左传》。盖此乃古代相传之礼制也。《礼记·王制》篇亦有此文。《礼论》篇又曰，故虽备家，必逾月然后能殡，三日而成服，然后告远者出矣，备物者作矣，故殡久不过七十日，速不损五十日。杨注云，此皆据《士丧礼》首尾三月者也，损，减也。案，杨注甚确。荀子此文所以释《左传》“士逾月而葬”一语也。《礼论》篇又云，三月之殡何也，曰，大之也，重之也，所致隆也，所致亲也，将举措之，迁徙之，离宫室而归丘陵也，先王恐其不文也，是以由其期足之日也。故天子七月，诸侯五月，大夫三月，皆使其须足以容事，事足以容成，成足以容文，文足以容备，曲容备物之为道矣。杨注云，此殡谓葬也。案，《荀子》此文所以释《左传》“天子七月而葬”、“诸侯五月”、“大夫三月”三语也。盖荀子言礼固大率本于《左传》也。左氏亦深于礼。

隐元年，传云，赠死不及尸，吊生不及哀，豫凶事，非礼也。

案，《荀子·大略》篇云，货财曰赙，舆马曰赗，衣服曰襚，玩好曰赠，玉贝曰晗，与公、穀隐元年传同。赙、赗所以佐生也，赠、襚所以送死也。送死不及柩尸，吊生不及悲哀，非礼也。杨注云，皆谓葬时。案，此亦《荀子》引《左传》之确证。《荀子·大略》篇又云，故吉行五十，奔丧百里，赗赠及事，礼之大也。杨注云，既说吊赠及事，因明奔丧亦宜行远也。据杨注观之，则《荀子》此文亦引申《左传》之说者也。盖荀子言礼多本左氏，馀可类推。

昭元年，传云，中声以降，五降之后，不容弹矣。

案，《荀子·劝学》篇云，诗者，中声之所止也。杨注云，诗谓乐章所以节声音，至乎中而止，不使流淫也。《春秋传》曰，中声以降。五降之后，不容弹矣。盖荀卿说诗即用《左传》之说。

昭三十一年，传云，君子曰，名之不可不慎也如是。夫有所有名而不如其已。以地畔，虽贱必书地，以名其人。终为不义，弗可灭矣。是故君子动则思礼，行则思义，不为利回，不为义疚，或求名而不得，或欲盖而弥章，惩不义也。是以《春秋》书齐豹曰盗，三畔人名以惩不义，警非礼也。

案，《荀子·修身》篇云，害良曰贼，贼与盗同。《左传》文十八年云，毁则为贼。昭十三年云，杀人不忌为贼，亦可互证。此即指齐豹等之事言也。又曰窃货曰盗，盗地犹之窃货。此即指三畔人等之事言也。又曰，保利弃义谓之至贼。盖保利弃义与不为利回、不为义疚者相背，即《左传》所谓不义之人也。故荀子谓之至贼。又《荣辱》篇云，先义而后利者荣，先利而后义者辱。此即不为利回、不为义疚之说。又《君子》篇云，以义制事则知所利矣。此即《左传》义为利之蕴之说也。盖义利之辨始于《论语》，丘明授业孔门，故"君子曰"以下，皆丘明所述之语也。荀子传左氏之学，故于义利之别辨之甚精，其旨略与孟子同。又《不苟》篇云，盗名不如盗货，陈仲、史鳍不如盗也。此即《左传》或求名不得之义，所谓有所有名而不如其已也。

昭二十八年，传云，昔武王克商，光有天下，其兄弟之国者十有五人，姬姓之国者四十人，皆举亲也。

案，《荀子·儒效》篇云，周公兼制天下，立七十一国，姬姓独居五十三人，而天下不称偏也。杨注引左氏此文，谓与此数略同，又谓，言四十人，盖举成数。案，传云，兄弟之国者十有五人，兄弟之国者亦姬姓之诸侯也，合以姬姓四十人则为五十五人，此云五十三人者，郝懿行曰，三当作五，其说甚确。盖荀子此语亦多《左传》之说也。

隐三年，传云，是故贱妨贵，少陵长，远间亲，新间旧，小加大，淫破义，所谓六逆也。

案，《荀子·富国》篇云，强协弱也，知惧愚也，民下违上，少陵长，不以德为政，如是则老弱有失养之忧，而壮者有分争之祸矣。案，"少陵长"一语既本《左传》，而"下违上"一语即《左传》"贱妨贵"之义也，"不以德为政"即《左传》"淫破义"之义也。此亦《荀子》用《左传》之证。

桓十五年，传云，诸侯不贡舆服，天子不私求财。

案，《荀子·大略》篇云，上重义则义克利，上重利则利克义，故天子不言多少，诸侯不言利害。此即天子不私求财之义，又《王霸》篇云，以非所取于民而巧，此即《左传》讥田赋丘甲之旨也。

桓三年，传云，凡公女嫁于敌国，姊妹则上卿送之，公子则下卿送之，于大国，虽公子亦上卿送之。

案，《荀子·富国》篇云，男女之合，夫妻之分，婚姻聘内，逆送无礼。杨注云，聘，问名也。内，纳币也。送，致女也。逆，亲迎也。又《大略》篇云，亲迎之道重始也，又曰，以男下女。考左氏凡例有逆女之例，王逆女使卿，见桓八年。君有故亦使卿逆女，见隐二年及桓三年。为君逆女则称女，见上。卿臣逆女称字。见庄二十七年及僖二十五年。此即亲迎之礼也。有送女之例，如单伯送王姬，庄元年。季孙行父如宋致女，成九年。是此即致女之礼也。有纳币之例，如公如齐纳币庄二十二年。公子遂如齐纳币是。文二年。此即聘内之礼也。桓三年传所言，则仅致女之礼耳。

成十二年，传云，凡自国无出。

案，《荀子·君子》篇云，天子四海之内无客礼，告无适也。又引《诗》"普天之下，莫非王土"为证，考僖二十四年，天王出居于郑，杜注云，天子以天下为家，故天子无外。与《荀子》合。惟天子无外，故其臣出奔者，亦不书国境也。

文三年，传云，民逃其上曰溃。

案，《荀子·致士》篇云，国家者，士民之居也。国家失政，则士民去之。又曰，无人则土不守，即民逃其上之义。

庄三年，传云，过信为次。十一年，传云，凡师敌未阵曰败某师，覆而败之，曰取某师。二十九年传云，凡师，轻曰袭。

案，《荀子·议兵》篇云，不潜军，不留众。盖"过信为次"即留众也，覆败敌军轻袭敌国即潜军也。故荀子戒之。

庄三十一年，传云，凡物不为灾，不书。

案，《荀子·天论》篇云，天地之变，阴阳之化，物之罕至者也。怪之可也，而畏之非也。夫日月之有蚀，风雨之不时，怪星之党见，是无世而不常有之。又曰，雩而雨，何也？曰，犹不雩而雨也。日月食而救之，天旱而雩，卜筮然后决大事，非以为得求也，以文之也，故君子以为文。其说最确。昔《左传》载内史叔兴之言曰，阴阳之事非吉凶所生也，吉凶由人。又子产有言，天道远，人道迩。皆与荀子之说相合。盖《左传》一书素无灾异五行之说，一志国灾，如雨三月以上为霖，平地尺为大雪，隐九年。凡平原出水为大水，桓元年。凡火，天火曰火，人火曰灾桓十六年。是也，此皆因有害于民而志之，若无害于民则弗志。故曰凡物不为灾不书也。凡《春秋》书旱书饥，皆指有害于民也，故僖四年传云不书旱不为灾也。此其确证。一志典礼，如龙见而雩，桓五年。非日月之眚不鼓庄二十六年。是也。盖《左传》之例，君举必书。大雩诸礼既为君主所躬行，故亦必书之史册，以存旧史之真。此即荀子所谓"君子以为文"也。若《左传》记鸜鹆来巢，以"书所无"释之，此即荀子所谓"物之罕至者"也，故《左传》亦志之，非若公、穀二传之深信灾祥也。

以上十八条，皆《荀子》立说本于《左传》者，且《王霸》篇之论齐桓、管仲，《臣道》篇之记咎犯、孙叔敖，《解蔽》篇之论宾孟，《解蔽》篇云，昔宾孟之蔽者，乱家是也。杨注云，宾孟，周景王之佞臣，欲立王子朝者。《成相》篇之溯昭明，《成相》篇云，契元王，生昭明，居于砥石，迁于商。杨注云，《左氏传》曰，沟伯居商邱，相土因之，相土，昭明子也，言契居砥石，至相土乃迁商邱地也。亦莫不本于《左传》。而论礼《礼论》曰，刑余罪人之丧，棺椁三寸。杨注引简子桐棺三寸之语为证。引诗如《正名》篇引"礼义不愆，何恤于人言"是。考乐，《礼论》篇云，故钟鼓管磬，琴瑟竽笙，韶夏护武，汋桓箾简象。杨注引贾逵《左传注》之文为证，案此类乐名见襄公二十九年传。亦半引《左传》之文，则荀卿深于《左传》学明矣。况荀卿所著之书有《春秋公子血脉谱》，王伯厚《玉海》引宋李淑《书目》云，《春秋公子血脉谱》传本曰荀卿撰，秦谱下及项灭子婴之际，非荀卿作明矣，然枝分派别如指诸掌，非殚见洽闻不能为。至宋犹存。案，公卿世系，三传之中，惟《左传》记之较详。则荀卿此书必据《左传》之文而参以《世本·姓氏》篇，《世本》亦丘明所作，见《颜氏家训》。在杜预《春秋世族谱》前，不可谓之非奇书也。惜其书湮没不存耳。此亦荀卿通左氏之旁证。故荀卿之学一传而为韩非、毛公，《韩非子》一书既导源左氏，见《读左札记》。而毛公作诗传亦多引左氏遗文，此荀卿之学所由为古文家言之祖也。且杨倞注《荀子》亦广引《左传》计十余条，如《劝学》篇注引阳虎锲其轴，引中声以降，引先王不为刑辟。《仲尼》篇引策命晋侯为侯伯。《儒效》篇引晋人败范氏于百泉。《王霸》篇引以为大戮，引晋侯执卫侯，引由质要。《议兵》篇引师之耳目在吾旗鼓，《大略》篇引一子守二子从公，引卫侯使工尹问子贡以弓。《成好》篇引宋祖帝乙。《大略》篇引叔肸卫侯之弟缚及庆郑。或曰《春秋传》，或曰《左氏传》。以证《荀子》之文本于左氏，则荀卿学术之渊源，杨倞就能识之。特荀卿虽传左氏，于公、榖二传亦舍短取长，与后儒执一废百者迥异，此其所以集学术之大成也。

## 《穀梁》《荀子》相通考

杨士勋《穀梁疏》云，穀梁子名俶，字元始，一名赤，鲁人。受经于子夏，为经作传，授荀卿，卿传鲁人申公，申公传瑕丘江翁。颜氏师古亦曰，穀梁授经于子夏，传荀卿。皆荀卿传穀梁之证。特杨疏有脱文，魏麋信注《穀梁》，以穀梁子与秦孝公同时，而汉桓谭《新论》亦曰，《左氏》传世，遭战国寝藏，后百余年，鲁穀梁赤为《春秋》残略多所违失。则穀梁子必非亲授《春秋》于子夏矣。惟应邵《风俗通》以穀梁为子夏门人，盖古人亲授业者称弟子，转相授者称门人，则穀梁子乃子夏之再传弟子，犹之孟子之于子思也。又杨疏谓卿传中公，似亦失之，当云卿传浮丘伯，伯传申公，申公为荀卿再传弟子，其证见下文。不然公羊由子夏至胡毋生已经七传而穀梁由子夏至江翁仅历四传，此必无之理也。据《汉书·儒林传》，谓申公少与楚元王交，俱事齐人浮丘伯，卒以《诗》《春秋》教授，而瑕丘江公尽能传之，《诗》即鲁诗，《春秋》即《穀梁》，则荀卿以《穀梁》传浮丘伯，而浮丘伯复以《穀梁》传申公，凡西汉穀梁之学皆荀卿所传之学也。故汉儒说《穀梁》者，若韦贤、荣广、夏侯胜、史高，皆系鲁人，则鲁学多出荀卿之证也。今观卿所著书，有引《穀梁》之文者，有用《穀梁》之说者，皆荀卿传《穀梁》之证。试述之如左。

《大略》篇云，诸侯相见，卿为介，以其教出毕行，使仁居守。

案，《穀梁》隐二年传云，会者外为主焉耳，知者虑，义者行，仁者守，有此三者然后可以出会。《荀子》此文正与义者行、仁者守二语合。

《大略》篇云，亲迎之道，重始也。

案，《穀梁》隐二年传云，逆女，亲者也。范注云，亲者谓自逆之也。使大夫，非正也。是穀梁以亲迎为礼，以不亲迎为非礼也。而荀子亦以亲迎之道为重始，则荀子亦以亲迎为礼矣。又《说苑·修文》篇亦以亲迎为古礼，且历陈诸侯亲迎礼，以补昏礼之遗。刘向传《穀梁》，此必《穀梁》之佚礼也。《公羊》亦曰，讥始不亲迎。是荀子之说亦与公羊合。

《大略》篇云，货财曰赙，舆马曰赗，衣服曰襚，玩好曰赠，玉贝曰唅。

案，《穀梁》隐元年传曰，赗者何也，乘马曰赗，衣衾曰襚，贝玉曰唅，钱财曰赙。与《荀子》略同。盖玩好该于货财之中。又《说苑·修文》篇说赗马之数云，天子乘马六匹，诸侯四匹，大夫三匹，元士二匹，下士一匹。说襚礼之数云，天子文绣礼各一袭到地，诸侯覆跗，大夫到踝，士到髀。向传《穀梁》，则此亦《穀梁》之佚礼，足补荀子之缺，公羊之说亦与穀梁同。

《大略》篇云，赙，所以佐生也；赠、襚，所以送死也。

案，《穀梁》隐三年传云，归死者曰赗，归生者曰赙。与《荀子》同。惟《荀子》赙、赗二字系赙、赠之讹，赠、襚二字系赗、襚之讹，斯与《穀梁》义合。盖赗训为覆，当是覆被亡人之义，乃归死之物，非归生之物，故知《荀子》有误文也。且赗、赠字形相近，故传写颠倒。又《说苑·修文》篇云，知生者赙、赗，知死者赠、襚。赠、燧所以送死也，赙、赗所以佐生也。向传《穀梁》，所记应与穀梁同，则《说苑》之有误文，亦与《荀子》同矣。

《大略》篇云，誓诰不及五帝，盟诅不及三王，交质子不及五霸。

案，《穀梁》隐八年传云，诰誓不及五帝，盟诅不及三王，交质子不及二伯。与《荀子》同。惟穀梁仅指桓、文言，而荀子则指桓、文及秦穆、宋襄、楚庄言耳。又，荀于此文与《礼记·杂记》篇所载周丰语相合。

《议兵》篇云，王者有诛而无战，城守不攻，兵格不击，上下相喜则庆之。不屠城，不潜军，不留众，师不越时。

案，《穀梁》隐五年传云，伐不逾时，战不逐奔，诛不填服。案，伐不逾时者，即《荀子》“不留众，师不越时”之义也。战不逐奔者，即《荀子》“城守不格，兵格不击”之义也。诛不填服者，即《荀子》“上下相喜则庆之，不屠城”之义也。又隐十年传云，不正其乘败人而深为利，又即《荀子》“不潜军”之义也。

《君子》篇云，以义制事，则知所利矣。《大略》篇云，义胜利者为治世，利克义者为乱世，上重义则义克利，上重利则利克义。

案，《穀梁》隐元年传云，《春秋》贵义而不贵惠。惠即利也，盖穀梁区言义利已开荀、孟之先。

《王制》篇云，君者，善群也。《君道》篇云，君者，何也？曰能群也。

案，《穀梁》隐四年传云，卫人者，众辞也，其称人而立之何？得众也。得众则是贤也。得众与能群义同。

《王霸》篇云，传曰，农分田而耕，贾分货而贩，百工分事而劝，士大夫分职而听。

《王制》篇云，农农、士士、工工、商商，一也。

案，《穀梁》成元年传云，古者有四民，有士民，有商民，有工民，有农民。与《荀子》合。管子始分商贾为二，则曰五民。又《荀子·解蔽》篇云，农精于田而后可以为农师，贾精于市而后可以为贾师，工精于器而后可以为工师，亦荀子重视农工商之证。

《君道》篇云，请问为人君？曰，以礼分施，均遍而不偏。请问为人臣？曰，以礼待君，忠顺而不懈。请问为人父？曰，宽惠而有礼。请问为人子？曰，敬爱而致文。

案，《穀梁》庄十七年传云，逃义曰逃。义谓君父之义，仲尼曰，天下有大戒二，其一命也，其一义也。子之爱亲，命也，不可解于心，臣之事君，义无适而非君也，无所逃于天地之间，是之谓大戒。

案，《穀梁》言“义无适而非君”，即荀子“忠顺而不懈”之义也。言“爱亲不可解于心”，即荀子“敬爱而致文”之义也。解读如懈，不可懈者，敬之谓也。盖荀子偏重纲常，故《致士》篇云，君者国之隆也，父者家之隆也，亦荀子君父并崇之证。

《礼论》篇云，王者天太祖，诸侯不敢坏，大夫士有常宗，所以别贵始，贵始，得之本也。

案，《穀梁》僖十五年传言，天子七庙，又言，是以贵始德之本也。与《荀子》符。得德古通，杨倞注云，得当为德，言德之本在贵始。此言得之。

《君子》篇云，天子也者，势至重，形至佚，心至愉，志无所诎，形无所劳，尊无上矣。《诗》曰，普天之下，莫非王土；率土之滨，莫非王臣。

《王霸》篇云，人主者，天下之利势也。

案，《穀梁》隐三年传云，天子之崩，以尊也，以其在民上，故崩之。其不名何也？大，故不名也。与《荀子》天下之尊无上语同。盖荀子之尊君权，固穀梁有以启之也。又，穀梁以大上为天子，范注云，居人之大，在民之上，故无所名。而《荀子·君子》篇亦曰，莫敢犯大上之禁。大上二字，即本《穀梁》，亦荀子传穀梁之证。杨注改大为太，其误失之。

《解蔽》篇云，昔人臣之蔽者，唐鞅、奚齐是也。唐鞅蔽于欲权而逐载子，奚齐蔽于欲国而罪申生。

案，《穀梁》僖九年传云，晋里克杀其君之子奚齐。其君之子云者，国人不子也，不正其杀世子申生而立之也。杨倞注《荀子》即引《穀梁》为证，而不引《左氏》、《公羊》，明荀子此语本于《穀梁》也。

以上十二条皆荀子传穀梁之证，且穀梁之文多引《论语》，如隐元年，传云，成人之美，不成人之恶。僖二十二年，传云，过而不改，是谓之过。二十三年，传云，以不教民战，则是弃其师。皆穀梁引《论语》之证。据郑君《论语序》，则《论语》一书为仲弓、子夏所撰，而穀梁既师俶子夏，荀子并师俶子夏、子弓，故《穀梁》引《论语》，而《荀子》亦多引《论语》也。观二书之皆引《论语》，则知二家学术之相近矣。盖荀子之传穀梁，其善有二，一曰发《穀梁》之微言，一曰存《穀梁》之佚礼。惜《穀梁》古谊，近儒多未诠明，倘能即《荀子》以考《穀梁》，则鲁学渊源多可考见，此则后儒之责也。又《荀子·大略》引《孟子》攻齐王邪心之语，案“邪心”二字亦见《穀梁》隐元年传。

## 《公羊》《荀子》相通考

昔汪容甫先生作《荀卿子通论》，谓《荀子·大略》篇言，春秋贤穆公善胥命，以证卿为公羊春秋之学。又惠定宇《七经古谊》亦引《荀子》周公东征西征之文，以证公羊之说，则《荀子》一书多公羊之大义，彰彰明矣。吾观西汉董仲舒治公羊春秋之学，然《春秋繁露》一书多美荀卿，则卿必为公羊先师。且东汉何邵公专治公羊学，所作解诂亦多用荀子之文如庄公三十一年传，解诂云，礼，天子外屏，诸侯内屏。而荀子亦曰，天子外屏，诸侯内屏，礼也。其引用荀子者一。定四年传，解诂云，礼，天子雕弓，诸侯彤弓，大夫婴弓，士卢弓。而荀子亦曰，天子雕弓，诸侯彤弓，大夫墨弓，礼也。其引用荀子者二。隐元年，解诂云，礼，年二十见正而冠。荀子亦曰，天子诸侯子，十九而冠，冠而职治，其教至也。义亦相近。其引用荀子者三。若宣十五年初税亩传，解诂虽多引班志之文，然与《荀子·王制》篇之文亦多相合。则《公羊》佚礼多散见于《荀子》书中，昭然无疑。故邵公多引《荀子》以释《公羊》也。今举《荀子》用《公羊》义者凡若干条，试述之如左。

《王制》篇云，虽王公士大夫之子孙，不能属于礼义，则归之庶人，虽庶人之子孙也，积文学，正身行，能属于礼义，则归之卿相士大夫。又曰，尚贤使能，则等位不遗。《君子》篇云，先祖当贤，后子孙必显。行虽如桀纣，列从必尊，此以世举贤也。以世举贤，虽欲无乱，得乎哉。

案，《公羊传》云，春秋讥世卿，世卿非礼也。故于尹氏卒，则讥之，于崔氏出奔，则贬之，于任叔之子来聘，则书之。皆公羊讥世卿之义。荀子所言咸与公羊相合。

《王制》篇云，桓公劫于鲁庄。

案，此即《公羊传》所记曹沫劫齐桓事。左氏、穀梁二传均未记此事，惟公羊有之。故知荀子之说本于公羊。

《王制》篇云，王者之制，道不过三代，法不过后王。道过三代谓之荡，法贰后王谓之不雅。

案，道不过三代，即公羊存三统之说，法不过后王，近于公羊改制之说。

《王制》篇云，四海之内若一家。又云，北海则有走马吠犬焉，然而中国得而畜使之。南海则有羽翮齿革曾青丹干焉，然而中国得而财之。东海则有紫紶鱼盐焉，然而中国得而衣食之。北海则有皮革文旄焉，然而中国得而用之。《君子》篇云，《诗》曰：普天之下，莫非王土；率土之滨，莫非王臣。圣王在上，分义行乎下，则士大夫无流淫之行，百吏官人无怠慢之事，众庶百姓无奸怪之俗，无盗贼之罪，莫敢犯太上之禁。

案，此即《公羊传》大一统之义。《公羊传》之言大一统也，必推本于正朝廷，正百官，尤与荀子义合。

《王制》篇云，故周公南征而北国怨，曰，何独不来也？东征而西国怨，曰，何独后我也？

案，《公羊》僖四年传云，古者周公东征则西国怨，西征则东国怨。注云，此道黜陟之时也。盖周公于用兵之际，兼行黜陟之事，故四方望其来。荀子言周公南征，足补公羊之缺，其事见《吕览·古乐》篇。

《王霸》篇云，以非所取于民而巧，是伤国之大灾也。

案，此即《公羊传》讥丘甲，讥税亩，讥用田赋之义。

《君道》篇云，君者何也？能群也。《大略》篇云，天之生民非为君也，天之立君以为民也。

案，此即《公羊传》“善卫人立晋”之义。

《正论》篇曰，曷为楚越独不受制也，彼王者之制也，视形势而制械用，称远迩而等贡献，岂必齐哉。又曰，故诸夏之国，同服同仪，蛮夷戎狄之国，同服不同制。封内甸服，封外侯服，侯卫宾服，蛮夷要服，戎狄荒服。甸服者祭，侯服者祀，宾服者享，要服者贡，荒服者终王。日祭月祀，岁享时贡，夫是之谓视形势而制械用，称远近而等贡献，是王者之至也。

案，《公羊传》言，春秋内其国而外诸夏，内诸夏而外夷狄。又言，王者欲一乎天下，必自近者始。荀子此言皆与公羊义合。又《王制》篇云，理道之远近而致贡，其义亦同。

《礼论》篇云，郊止于天子而社止于诸侯。

案，《公羊传》言，天子祭天，诸侯祭土。祭天者即郊天之礼也，祭土者即祭社之礼也。

《礼论》篇云，故社祭社也，稷祭稷也，郊者并百王于上天而祭祀之也。

案，《公羊传》言，天子有方望之事，无所不通。注云，方望谓郊时所望，祭四方群神、日月星辰、风伯雨师、五岳四渎及余山川凡三十六所。是郊为合祭之典。与荀子义近。

《礼论》篇云，三年之丧，二十五月而毕。

案，《公羊传》云，三年之丧，实以二十五月。与荀子同。

《大略》篇云，货财曰赙，舆马曰赗，衣服曰襚，玩好曰赠，玉贝曰唅，赙赗所以佐生也，赠燧所以送死也。

案，《公羊传》云，车马曰赗，货财曰赙，衣被曰襚。与《穀梁传》相同，亦与荀子所言相合。馀见前册。

《大略》篇云，易之咸，见夫妇，夫妇之道，不可不正也，君臣父子之本也。又曰，亲迎之，道重始也。

案，《公羊》"纪履緰来逆女"，传云，讥始不亲迎也。又据《五经异义》谓《春秋公羊》说，自天子至庶人，皆亲迎。则公羊亦重亲迎之礼矣。

《大略》篇云，春秋贤穆公，以为能变也。

案，《公羊》"秦伯使遂来聘"，传云，遂者何？秦大夫也。秦无大夫，此何以书贤穆公也？何贤乎穆公？以其能变也。荀子之说本于公羊，足证荀子亲见《公羊传》，且确认公羊为说春秋之书矣。

《大略》篇云，故《春秋》善胥命，而《诗》非屡盟，其心一也。

案，春秋，齐侯、卫侯胥命于蒲。《公羊传》云，胥命者何？相命也。何言乎相命？近正也。古者不盟，结言而退。公羊以胥命为近正，即以胥命为善也。故荀子言春秋善胥命，其说亦本于公羊。

由是观之，则《荀子》一书多述公羊之义，彰彰可考。故杨倞注《荀子》亦多引《公羊传》之文。如卫侯会公诸条是也。特近人之疑此说者，以为荀卿治《春秋》，为穀梁、左氏二家之先师，公羊师说多与穀梁、左氏不同，而卿复杂用其说，似与家法相违。不知仅通一经确守家法者，小儒之学也，交通诸经兼取其长者，通儒之学也。试观西汉刘向为《穀梁》之大师，兼通《左氏春秋》，其所著《说苑》一书亦多刺《公羊》之义。如《说苑》云，夫天之生人也，盖非以为君也；天之立君也，盖非以为位也。夫为人君，行其私欲而不顾其人，是不承天意，忘其意之所以宜事也。如此者，《春秋》不予能君，而夷狄之。郑伯恶一人而兼弃其师，故有夷狄不君之词。人主不以此自省惟，既以失实，心奚因知之。故曰，有国者不可以不知《春秋》，此之谓也。此非用《公羊》闵二年传之义乎。按闵二年传云，郑弃其师者何，恶其将也，郑伯恶之，高克使之，将逐而不纳，弃师之道也。《繁露·竹林》篇则曰，秦穆侮蹇叔而大败，郑文轻众而丧师。《春秋》之敬贤重民如此。盖轻众二字为《春秋》贬郑伯之原因。《春秋》所以战伐必书，皆为重民命也，盖为国家谋公益而战者则褒之，为人君行私欲而战者则贬之。故孔子言，以不教民战，是为弃之。而孟子言善战者服上刑，复以我能为君约与国战必克者为古之民贼也。圣人重民之旨，不从此可见乎？不然何以于齐襄复仇则美之，季子偏战则善之乎？《说苑》又云，孔子曰，君子务本，本立而道生，夫本不正者末必倚，始不盛者终必衰。《诗》云，原隰既平，泉流既清，本立而道生。《春秋》之义，有正春者无乱秋，有正君者无危国。《易》曰，建其本而万物理，失之毫厘，差以千里，是故君子重贵本而重立始。魏武侯问元年于吴子，吴子对曰，言国君必慎始也。慎始奈何？曰正之。正之奈何，曰明智。智不明，何以见正？多闻而择焉，所以明智也。是故古者君始听治，大夫而一言，士而一见，庶人有谒必达，公族请问必与，四方至者勿距，可谓不壅蔽矣。分禄必及，用刑必中，君心必仁，思民之利，除民之害，可谓不失民众矣。君身必正，近臣必选大夫不兼执民柄者，不在一族，可谓不权势矣。此非用隐元年传之义乎？按隐元年传云，元者何？君之始年也。春者何？岁之始也。愚谓先言王而后言正月，王正月也。何言乎王正月？大一统也。而《繁露·王道》篇云，《春秋》何贵乎元而言之元者？始也，言本正也。即《说苑》之所本。观《说苑》之说，则正天下之义，不外通公中三字。《说苑》之所谓不壅蔽，即通也。《说苑》之所谓不失民众，不权势，即公与中也。此圣人之微言而《春秋》之大义也。观于刘向治穀梁、左氏，而兼采公羊，则荀子兼用公羊之说，夫何疑乎？惜近儒之治公羊者，以为卿治穀梁，为鲁学之大师，多与公羊立异，故于荀子之述公羊者，不复一引，此则拘于班志之说者也，何足以测通儒之学哉。

# 《周官》《左氏》相通考

昔周公作《周官经》以致太平，春秋之时，贤士大夫多亲见其书，故所言礼制多与《周官经》相合。又鲁秉周礼，故《周官经》一书又为鲁史所藏。丘明为《春秋》作传，亦亲见其书，故《左氏》一书多载《周官经》之说。西汉之时，周官、左氏同为古文家言。考河间献王得《周官》，又请立《左氏》。春秋博士刘歆立《周官》于学宫，复昌明左氏《春秋》之学。郑兴受左氏于刘歆，传至于众，众作《左氏条例章句》，马融、贾徽、贾逵皆为左氏学，而郑兴复受《周官》于杜子春，亦传至郑众，马融、贾徽、贾逵复并治《周官经》。是两汉巨儒治《周官》者，皆兼治《左氏》，则二书微言大义多相符合，可以即彼通此，彰彰明矣。又许氏作《五经异义》，所举古文家说，多《左氏》与《周官》并言，此尤二书相符之确证。故汇辑《左氏》之文若干条而证以《周官》之说。凡治古文家言者，或亦有取于斯欤！

《左传》隐七年所云礼经，即《太宰》所掌建邦之六典。

案，《太宰》，掌建邦六典。注：典，常也，经也，法也。王谓之礼经，常所秉以治天下也。邦国官府谓之礼法，常所守以为法式也。

哀三年，以象魏为旧章，即太宰所司悬法之象魏。

案，《太宰》，乃县治象之法于象魏。注：象魏，阙也。故鲁灾，季桓子御公立于象魏之外，命藏象魏，曰旧章不可忘。疏：周公谓之象魏，雉门之外，两观阙高魏魏然。孔子谓之观。《春秋左氏》定二年夏五月，雉门灾及两观是也。云观者，以其有教象可观望。又谓之阙者，阙，去也，仰视治象，阙去疑事。或解阙中通门。是以庄二十一年云，郑伯享王于阙西辟。注：阙，象魏也。案，《公羊传》云，子家驹谓昭公云，诸侯僭天子，大夫僭诸侯云云。若然，雉门灾及两观，及《礼运》“游于观之上”，有观，亦是僭也。又云，《左传》桓、僖庙灾，天火曰灾，谓桓、僖庙为天火所烧，旧章象魏在太庙中，恐火连及，故命藏之。

僖四年，言五侯九伯，与《太宰》所言设其监之制合。

案，《太宰》，立其监。疏：周之法，使伯佐牧。即僖公四年，五侯九伯，五侯是州牧，九伯是牧下之伯。

昭十七年，言出火之期，与宫正所掌修火禁之制合。

案，《宫正》，春秋以木铎修火禁。注：火星门以春出以秋入，因天时而以戒。疏：火星则心星也。服注：《春秋》云火出于夏为三月，于商为四月，于周为五月，故云以春出。季秋昏时伏于戌，火星人，故云以秋入。

昭十六年，言祭有受赈，与《膳夫》所言致福之礼合。

案，《膳夫》，凡祭祀之致福者，受而膳之。注：致福，谓诸臣祭祀，进其余肉，归胙于王。疏：按《春秋左氏》昭十六年，子产云，祭有受赈归赈，服注云，受赈谓君祭，以肉赐大夫，归赈谓大夫祭，归肉于公也。

昭四年，言出冰藏冰，与《凌人》所言颁冰之制合。

案，《凌人》，夏颁冰，掌事。注，《春秋传》曰，古者日在北陆而藏冰，西陆朝觌而出之。疏：昭四年传，火出而毕赋，服氏云，火出，于夏为三月，于商为四月，于周为五月，古者日在北陆而藏冰，服氏云，陆，道也，北陆言在，谓十二月日在危一度，西陆朝觌不言在，则不在昴，谓二月在娄四度，谓春分时奎娄晨见东方而出冰，是公始用之。今此郑注引朝觌而出之，谓经夏颁冰，则西陆《尔雅》曰，西陆，昴也。朝觌而出冰，群臣用之。若然，日体在昴在三月内，得为夏颁冰者，据三月末之节气，故证夏颁冰。此言夏，据得夏之节气。春秋言火出者，据周正。

昭二十年，晏子所言山林之木衡麓守之一节，与大司徒所掌分地职、奠地守之制合。

案，《大司徒》，乃分地职、奠地守。疏：案昭二十年《左氏传》，晏子云，山林之木，衡麓守之，泽之萑蒲，舟鲛守之，薮之薪蒸，虞侯守之，海之盐蜃，祈望守之。注云，衡麓、舟鲛、虞侯、祈望，皆官名也。守之令民不得取之，不共利。时景公设此守以致疾，故晏子取此，非其不与民同利。引之者以证地守之官若然。此地官唯有衡、虞，无舟鲛、祈望者，此《周礼》举其大纲，左氏言其细别，故详略不同。

襄二十五年，言井衍沃、牧隰皋，与小司徒所掌井牧田野之制合。

案，《小司徒》，而井牧其田野。注：郑司农云，井牧者，《春秋传》所谓井衍沃、牧隰皋者也。玄谓隰皋之地，九夫为牧，二牧而当一井。今造都鄙，授民田，有不易，有一易，有再易，通率二而当一，是之谓井牧。昔夏少康在虞，思，有田一成，有众一旅，一旅之众而田一成，则井牧之法先古然矣。疏：衍沃谓上地，下平曰衍，饶沃之地，九夫为一井。牧隰皋者下湿，曰湿，近皋泽之地。言有田一成，有众一旅，则地以上中下为率者，以为其成，方十里，九百夫之地，一旅五百夫，故知是通率之，通率之法正应四百五十夫，言一旅举成数也。

庄二十五年，言非日月之眚不鼓，与鼓人所掌救日月之礼合。

案，《鼓人》，救日月，则诏王鼓。注：救日月食，王必亲击鼓者，声大异。《春秋传》曰，非日月之眚不鼓。疏：按太仆职云“军旅田役赞王鼓”。郑注云，佐击其余面，又云，救日月食，亦如之。太仆亦佐击其余面。按上解祭日月与天神同用雷鼓，则此救日月亦宜用雷鼓，八面，此救日月用鼓，惟据夏四月，阴气未足，纯阳用事，日又太阳之精，于正阳之月，被食为灾，故有救日食之法也。月似无救理。《尚书》季秋九月日食救之者，上代之礼，不与周同。诸侯用币，伐鼓于朝，近自攻责。若天子则伐鼓于社，昭十七年，昭子曰，日食，天子伐鼓于社是也。

昭二十九年，言五官之神，与《大宗伯》所言五祀之典合。

案，《大宗伯》，以血祭之社稷五祀五岳。注：玄谓此五祀者，五官之神在四郊，四时迎五行之气于四郊，而祭五德之帝，亦食此神焉。少昊氏之子曰重，为句芒，食于木；该为蓐收，食于金；修及熙为元冥，食于水。颛顼氏之子曰黎，为祝融后土，食于火、土。疏：昭二十九年《左传》曰，项颛氏之子黎为祝融，共工氏有子曰句龙，为后土。其二祀，五官之神及四郊，合为黎食后土。《祭法》曰，共工氏霸九州也，其子曰后土，能平九州，故祀以为社，社即句龙。答曰黎为祝融，句龙为后土。左氏下言后土为社，谓暂作后土，无有代者。

僖元年，言救患分灾，与《大宗伯》所言哀邦国之忧合。

案，《大宗伯》，以凶礼哀邦国之忧。注：哀谓救患分灾。疏云：此据《左氏》僖元年文，引之者证哀者从后往哀之。其言救患分灾讨罪者，救患即邢有不守之患，诸侯城之，是救患也；分灾，谓若宋灾，诸侯会于澶渊，谋归宋财，是分灾也；讨罪，谓诸侯无故相伐，是罪人也，霸者会诸侯共讨之，是讨罪也。案，救患分灾即宗伯所言哀邦国之礼。

庄十八年，言古者名位不同，礼亦异数，与《大宗伯》所言以九仪辨位合。

案，《大宗伯》，以九仪之命，正邦国之位。注：每命异仪，贵贱之位乃正。《春秋传》曰：名位不同，礼亦异数。

僖三十三年，言烝尝禘庙，与《鬯人》庙用修之制合。

案，《鬯人》，庙用修。注：玄谓庙用修者，谓始禘时。疏：谓练祭后迁庙时。以其宗庙之祭，从自始死以来无祭，今为迁庙，以新死者木主人庙，特为此祭，故云始禘时也。以三年丧毕，明年春禘为终禘，故云始也。郑知义迁庙在练时者，案文二年《穀梁传》云：作主坏庙当时日，于练焉坏庙。坏庙之道，易檐可也，改涂可也。尔时木主新人庙，禘祭之。是以左氏说，凡君薨，祔而作主，特祀主于寝，毕三时之祭，期年然后烝尝禘于庙。许慎云：左氏说与礼同。郑无注，明用此礼同，义与《穀梁传》合。贾、服以为三年终谛，遭烝尝则行祭礼，与前解违，非郑义也。

文六年，言朝庙，与《司尊彝》所言朝享之制合。

案，《司尊彝》，凡四时之间祀，追享，朝享。注：朝享，谓朝受政于庙。《春秋传》曰：闰月不告朔，犹朝于庙。疏：文公六年《左氏传》云，闰月不告朔，犹朝于庙。若然，天子告朔于明堂，而云受政于庙者，谓告朔自是受十二月政令，故名明堂为布政之官，以告朔讫，因即朝庙，亦谓之受政，但与明堂受朔别也。《春秋》者，彼讥废大行小。引之者见告朔与朝庙别，谓若不郊，犹三望与郊亦别也。

定四年，言祝奉以从，与《小宗伯》所言立军社之制合。

案，《小宗伯》，若大师，则帅有司而立军社，奉主车。注：有司，太祝也。王出军，必先有事于社及迁庙，而以其主行。社主曰军社，迁主曰祖。《春秋传》曰：军行祓社衅鼓，祝奉以从。社之主盖用石为之。

昭二十三年，言列国之卿当小国之君，与《典命》所言公孤之命合。

案，《典命》，公之孤四命，以皮帛视小国之君。注：视小国之君者，列于卿大夫之位而礼如子男也。郑司农云：九命上公，得置孤卿一人。《春秋传》曰：列国之卿，当小国之君，固周制也。疏：案，昭二十三年《左传》云：叔孙婼为晋所执，晋人使与邾大夫坐讼。叔孙曰：列国之卿当小国之君，固周制也。寡君命介子服回在。是其事也。若然，先郑引鲁之卿以证孤者，孤亦得名卿，故《匠人》云，外有九室九卿朝焉，是并六卿与三孤为九卿。亦得名卿者，以其命数同也。鲁是侯爵，非上公亦得置孤者，鲁为州牧，立孤与公同。若然，其孤则以卿为之，故叔孙婼自比于孤也。

襄十八年，言歌风，与《太师》所言执同律以听军声合。

案，《太师》，执同律以听军声。注：郑司农说以师旷曰，吾骤歌北风，又歌南风，南风不竞，多死声，楚必无功。疏：案襄公十八年，注云：北风，夹钟无射以北，南风，姑洗南吕以南。南律气不至，故死声多。吹律而言歌与风者，出声曰歌，以律是候气之管，气则风也，故言歌风。

桓十七年，言天子有日官，与太史所掌之事合。

案，《太史》，掌建邦之六典。注：太史，日官也。《春秋传》曰：天子有日官，诸侯有日御，日官居卿以底日，礼也。日御不失日，以授百官于朝。居犹处也。言建六典以处六卿之职。疏：桓十七年，服氏注云，日官，日御，典历数者也。是居卿者，使卿居其官以主之，重历数也。按郑注“居犹处也，言建六典以处六卿之职”，与服不同。服君之意，太史虽下大夫，使卿来居之，治太史之职，与《尧典》云“乃命羲和，钦若昊天，历象日月星辰”，是卿掌历数，明周掌历数亦是日官。郑意以五帝殊时，三王异世，文质不等，故设官不同。五帝之时使卿掌历数，至周，使下大夫为之，故云“建六典处六卿之职”以解之。

桓十七年，又言不告朔官失之也，与太史所掌颁告朔合。

案，《太史》，颁告朔于邦国。注：天子颁朔于诸侯，诸侯藏之祖庙，至朔，朝于庙，告而受行之。郑司农云：颁读为班。班，布也。以十二月朔，有布告天下诸侯，故《春秋传》曰，不书曰，官失之也。疏：《春秋》之义，天子班历于诸侯，日食书曰；不班历于诸侯，则不书日。其不书日者，由天子日官失之不班历。

昭二年，言周志，与小史所言掌邦国之志合。

案，《小史》，掌邦国之志。注：郑司农云：志谓记也，《春秋传》所谓《周志》，史官主书，故韩宣子聘于鲁，观书太史氏。疏：《左传》：《周志》有之，勇则害上。引韩宣子者，证史官掌邦国之志。此《经·小史》“掌志”，引太史证之者。太史，史官之长，共其事故也。

僖五年，言必书云物，与保章氏所掌之事合。

案，《保章氏》，以五云之物，辨吉凶、水旱降丰荒之祲象。注：物，色也。视日旁云气之色。郑司农云，以二至二分观云色，青为虫，白为丧，赤为兵荒，黑为水，黄为丰。故《春秋传》曰：凡分至启闭，必书云物，为备故也。疏：青为虫以下，盖据阴阳书得知。按僖五年《左氏传》：

分至启闭，注云，分，春秋分；至，冬夏至。启，立春立夏。闭，立秋立冬。据八节而言。

僖二十八年，言策命晋侯，与内史所掌之事合。

案，《内史》，凡命诸侯及孤卿大夫，则策命之。注：郑司农说以《春秋传》曰，王命内史兴父策命晋侯为侯伯。策谓以简策书王命。其文曰：王谓叔父，敬服王命，以绥四国，纠逖王慝。晋侯三辞，从命，受策以出。疏：按《曲礼》云，大国曰伯父，州牧曰叔父。晋既大国而云叔父者，王以州牧之礼命之故也。此即以《左传》证《周礼》也。

襄十四年，言军制，与《夏官司马》所记之制合。

案，《夏官司马》，王六军，大国三军，次国二军，小国一军，军将皆命卿。注：言军将皆命卿，则凡军帅不特置，选于六官、六乡之吏，自乡以下，德任者使兼官焉。郑司农云：王六军，大国三军，次国二军，小国一军，故《春秋传》有大国、次国、小国。又曰：成国不过半天子之军。周为六军；诸侯之大者三军可也。又云《春秋传》曰：王使虢公命曲沃伯以一军为晋侯。此小国一军之见于传也。疏：襄公十四年，晋侯舍新军礼也。成国礼不过半天子之军，周为六军，诸侯之大者，三军可也。晋虽为侯爵，以世为霸王，得置三军，故为礼也。云以一军为晋侯，庄十六年传文，以其新并晋国，虽为侯爵，以小国军法命之，故一军也。其说甚晰。

庄二十九年，所引侵伐例，与《大司马》所言灭国之事合。

案，《大司马》，外内乱，鸟兽行，则灭之。疏：按《春秋》公羊、左氏说，凡征战有六等，谓侵、战、伐、围、入、灭。用兵粗粗，不声钟鼓，入境而已，谓之侵。侵而不服则战之，谓两阵交刃。战而不服则伐之，谓用兵精而声钟鼓。伐而不服则围之，谓匝其四郭。围而不服则入之，谓人其四郭，取人民，不有其地，入而不服则灭之，谓取其君。

襄九年，言以出内火，与《司爟》所言出火之制合。

案，《司爟》，季春出火。注：火所以用陶冶，民随国而为之。郑人铸刑书，火星未出而出火，后有灾。郑司农云：以三月本时昏，心星见于辰上，使民出火。九月本黄昏，心星伏在戌上，使民内火。故《春秋传》曰：以出纳火。疏：心星则大火辰星是也。三月诸星复在本位，心星本位在卯，三月本始之时昏，心星未必出见卯南，九月本始之黄昏，心星亦未必犹在戌上，皆据月半后而言。

成十七年，言在外为奸，在内为轨，与《司刑》所言寇贼之名合。

案，《司刑》，注：书传曰，降畔、寇贼、劫略、夺攘、挢虔者，其刑死。疏：按《舜典》云，寇贼奸轨，郑注云：强聚为寇，杀人为贼，由内为奸，起外为轨。案：成十七年，长鱼矫曰：臣闻乱在外为奸，在内为轨，御奸以德，御轨以刑。郑与传不同，郑欲见在外亦得为轨，在内亦得为奸，故反复见之。或后人传写误，当以传为正。《吕刑》"夺攘挢虔"，注云：有因而盗曰攘，挢虔谓挠扰。《春秋传》：虔刘我边陲，谓劫夺人物以相挠扰也。

僖二十七年，言用夷礼，故曰子，与《大行人》所言九州之外谓之蕃国合。

案，《大行人》，九州之外谓之蕃国。注：《曲礼》曰：其在东夷、北狄、西戎、南蛮，虽大曰子。《春秋传》曰：杞，伯也，以夷礼，故曰子。然则九州之外，其君皆子男也。无朝贡之岁，父死子立，及嗣王即位，乃一来耳。各以其所贵宝为贽，则蕃国之君无执玉瑞者，是以谓其君为小宾，臣为小客。所贵宝见传者，若犬戎献白狼、白鹿是也。

昭九年，"以殷聘为礼"，与《大行人》所言殷相聘也合。

案，《大行人》，殷相聘也。注"殷，中也。久无事，又于殷朝者及而相聘也。郑司农说，殷聘以《春秋传》曰，孟僖子如齐殷聘，礼也。疏：《聘义》、《王制》皆云，三年一大聘，此不言三年而云殷者，欲见中间久无事，及殷朝者来及亦相聘，故云殷，不云三年也。昭九年传曰，孟僖子如齐殷聘，礼也。按服彼注云：殷，中也。自襄二十年叔老聘于齐，至今积二十年聘者，故中复盛聘焉。此中年数不相当，引之者，年虽差远，用礼则同，故引为证也。

定五年，言归粟于蔡，与《小行人》所言槁禬之制合。

案，《小行人》，若国师役，则令槁禬之。注：师役者，国有兵寇以匮病者也。使邻国合会财货以与之。春秋定五年，夏，归粟于蔡是也。

昭十七年，郯子所言官制，与郑氏叙《周礼》之说合。

案，序云：《春秋传》又云，自颛顼以来，不能纪远，乃纪于近。是以少皞以前，天下之号象其德，百官之号象其征。颛顼以来，天下之号因其地，百官之号因其事。事即司徒、司马之类是也。昭十七年，服注“颛顼之下”云：春官为木正，夏官为火正，秋官为金正，冬官为水正，中官为土正。高辛氏因之，故传云，遂济穷桑。穷桑，颛顼所居。是度颛顼至高辛也。

以上所言，皆《左氏》与《周官经》相符之证也。而顾栋高《春秋大事表》则曰，考《周礼》六官所掌，凡朝觐、宗遇、会同、聘享、燕食，其期会之疏数，币赋之轻重，牢醴之薄厚，各准五等之爵，为之杀。而適子誓于天子，则下其君之礼一等。未誓则以皮帛继，子男是宜。天下诸侯卿大夫帅以从事，若今会典之罔敢逾尺寸。而春秋二百四十年，若子产之争承，子服景伯之却百牢，未闻据《周礼》“大行人”之职以折服强敌也。却至聘楚而金奏作于下，宋享晋侯以桑林之舞，皆逾越制度，虽恐惧失席，而不闻据周公之典以折之。他如郑成公如宋，宋公问礼于皇武子，楚子干奔晋，晋叔向使与秦公子同食，皆百人之饩，而楚灵大会诸侯，问礼于左师，与子产、左师、献公合诸侯之礼六，子产献伯子男会公之礼六，皆不言其所考据，各以当时大小强弱为之等，是皆春秋博学多闻之士，而于周公所制会盟、聘享之礼，若目未之见耳未之闻，是独何与？若周公束之高阁，未尝班行列国，则当日无为制此礼。若既行之列国矣，而周公之子孙先未有称述之者，岂果弁髦王制，不遵法守钦！不应举世皆懵然若此。且孔子尝言，吾学周礼矣。而孔子一生所称引，无及今《周官》一字者。孟子言班爵禄之制，与《周官》互异。顾氏之说大抵以《左传》不引《周官经》，遂定《周官经》为伪书。今得二经相通大义若干条，则左氏不引《周官经》之说，可不击而自破矣。

## 《周易》《周礼》相通考

《周易》为《周礼》之一。《左氏传》昭二年，韩宣子观书于鲁，见易象日，周礼尽在鲁矣。又《礼记·礼运》篇云，夫礼必本于太一，转而为阴阳，变而为四时，张氏惠言据此以证《易》为《礼》象。其说最精。故郑氏、虞氏均本《礼》以说《周易》，而《易经》一书具备五礼。张氏惠言曰，易家言礼者，惟郑氏，惜残缺不尽存，若虞氏于礼已略，然揆诸郑氏，源流本末盖有同焉。试举《易经》之言《礼》者，列证如左。

郊祀之礼见于《益》。《益》曰，王用享于帝，吉。

蔡邕《明堂论·正月卦》曰，《经》言“王用享于帝，吉”，而庄氏中白又据《月令》“孟春乃以元日祈谷于上帝”之文以此为祈谷之礼。非是。张氏惠言订为南郊祭感生帝之礼是也。

见于《豫》。《豫》曰，先王以作乐崇德，殷荐之上帝，以配祖考。

郑注引《孝经》配天配上帝之说，张氏惠言曰，此明堂之祭以祖配天之礼也。

见于《鼎》。《鼎》曰，圣人烹，以享上帝。

张氏惠言曰，此言凡祀天之礼也。

封禅之礼见于《随》，王用享于西山。见于《升》。《升》曰，王用享于岐山。

惠氏栋曰，即《礼运》因名山升中于天之义。张氏惠言曰，是巡狩封禅之礼。《升卦》所言及文王受命封禅之礼。

宗庙之礼见于《观》。《观》曰，盥而不荐，有孚颙若。

虞氏以禘祭称之。张氏惠言曰，此明宗庙之祭。郑以为宾士之礼亦非。

时祭之礼见于《萃》，《萃》曰，孚乃利用禴。见于《升》，《升》曰，孚乃利用禴。见于《既济》。东邻杀牛不如西邻之禴祭，实受其福。

虞氏云，禴，夏祭也。

馈食之礼见于《损》，《损》曰，二簋可用享，又曰，已事遄往。见于《困》，九二、九四二爻咸言利用祭祀。

郑注《损卦》曰，言以簋进黍稷于神也。张氏惠言曰，此同姓之祭礼。“困”九二、九四所言，一为天子、大夫之祭礼，一则诸侯之祭礼也。

省方之礼见于《观》，《观》曰，先王以省方观民设教。皆吉礼也。

省方，巡守也。

宾王之礼亦见于《观》。《观》曰，观国之光，利用宾于王。

虞注引《诗》“来享来王”，张氏惠言曰，即《周礼》以宾礼亲邦国也。

时会之礼见于《萃》。《萃》云，王假有庙，利见大人，亨，利贞。用大牲，吉。

虞注以为孝享之事，郑氏以为嘉会之事，张氏惠言曰，此即《周礼》所谓时会以发四方之禁也。用郑义。

酬庸之礼见于《大有》。《大有》曰，公用享于天子。

张氏惠言曰，公为上公，《周礼》注言，上公有功德，加命为二伯。《诗·彤弓》曰，钟鼓既设，一朝飨之。享之者，盖锡命也。

朝觐之礼见于《丰》。《丰》曰，遇其配主，虽旬无咎，往有尚。

郑氏注云：初修礼，上朝四二以匹敌恩厚待之，虽留十日不为咎。张氏惠言曰，王者受命诸侯，修礼来朝者，恩厚待之。即聘礼之稍礼。

聘礼见于《旅》。《旅》曰，旅琐琐，斯其所取灾。

郑氏注云：三为聘，客初与二，其介也，介当以笃实之人为之，而用小人琐琐然。客主人为言不能辞曰非礼，不能对曰非礼，每事不能以礼行之，即其所以得罪。又张氏惠言谓下文旅即次，次即宾次，怀其资，即主币得僮仆贞，即有司。

王臣出会之礼见于《坎》。《坎》曰，尊酒簋二，用缶，纳约自牖。皆宾礼也。

虞氏以此为祭礼，郑氏以为天子大臣以王命出会诸侯，主国尊酒于簋，副设玄酒而用缶。今用郑义。

田狩之礼见于《屯》，《屯》曰，即鹿无虞，惟人于林中。见于《师》，《师》曰，田有禽。见于《比》，《比》曰，王用三驱，失前禽。见于《大畜》，《大畜》曰，闲舆卫。见于《解》，《解》曰，田获三狐。见于《巽》，《巽》曰，田获三品。此军礼也。

虞注：虞，虞人，掌禽兽者。田，田猎也。郑注以为驱禽蒐狩习兵之典。张氏惠言以闲卫亦指田猎讲武，言三品即《王制》之三田。

婚礼见于《泰》，《泰》曰，帝乙归妹。见于《归妹》。《归妹》曰，归妹愆期，迟归有时。又曰，女承筐。

张氏惠言谓“归妹九月卦”，周以春季夏初行婚礼，故以九月为衍。又谓“六五之妹”即媵女礼，“女承筐”即归祭宗庙礼。

见于《咸》，《咸》曰，取女吉。见于《渐》，《渐》曰，女归，吉，利贞。此嘉礼也。

张氏惠言曰，《渐卦》所言为请期之礼，《咸卦》则言婚期之正。

丧礼见于《大过》。《系辞》谓古之葬者衣之以薪，葬之中野，不封不树，丧期无数。后世圣人易之以棺椁，盖取诸《大过》。

见于《益》。《益》曰，益之，用凶事，无咎。有孚中行，告公用圭。

惠氏栋曰，此凶事用圭之礼。

见于《萃》。《萃》曰，赍资涕洟。

张氏惠言曰，此天子哭赙，同姓诸侯为大臣者之礼。

见于《涣》。《涣》曰，王假有庙。

张氏惠言引曾子问，谓天子崩，臣下至于南郊，告谥之，告必以牲，既定谥，乃立新庙。

见于《小过》，《小过》曰，过其祖，遇其妣。此凶礼也。

张氏惠言曰，此即妇祔于皇姑之礼。

以上所举，皆《周礼》附见于《周易》者。若夫《姤卦》“包有鱼”为馈宾之礼，此类尤多，兹不赘引。若用张氏惠言、虞氏易礼之例，汇而列之，则《周易》一书兼有裨于典章制度之学矣。且《易经》大义不外元亨利贞，孔子之释亨字也，谓嘉会足以合礼，又《系辞上》曰，圣人可以见天下之动而观其会通，以行其典礼，亦《易经》言礼之明征。昔《礼运》载孔子之言曰，吾欲观殷道，是故之宋，而不足征也。吾得坤乾焉，夫坤乾为殷代之易。孔子言，欲观殷道，即《中庸》所谓吾学殷礼。是孔子之于殷礼征之殷易之书，孔子因殷易而观殷礼，此韩宣子所由因《周易》而见《周礼》也。近儒以《易》为言礼之书，岂不然哉！

# 理学字义通释

## 理

许氏《说文》“理”字下云：“理，治也，从玉，里声。”金坛段氏申其义曰：“《战国策》言郑人谓玉之未理者为璞，是理为剖析也。玉虽至坚，而治之得其䚡理，《说文》“玉”字下云：䚡理自外，可以知中，义之方也。案：䚡字从角，为棱角之义。理字为条理之义，即《礼记》子贡问玉节，廉而不刿之义也。段氏䚡理二字本此。以成器不难谓之理。凡天下一事一物，必推其情至于无憾，然后即安，此之谓天理，是之谓善治。此引申之义也。”案：段氏此说出于戴氏《孟子字义疏证》，戴氏之言曰：“理者，察之而几微，区而别之之名。”即段氏训理为剖析之所本也。

案：汉儒言理皆训理为分。《贾子新书·道德说》云：“理，离状。”郑君《礼记·乐记》篇注云：“理，分也。”《白虎通》云：“理义者，有分理。”《说文·自序》亦曰：“知分理之可以相别异也。”理训为分，亦训为别，此汉儒相传之故训也。案：周代古籍之言理字也，或曰文理，或曰条理。《礼·中庸》言“文理密察，足以有别”，盖文之可分者曰文理。亦犹肌之可分者曰肌理，腠之可分者曰腠理也。复言“足以有别”，即汉儒训理为分之滥觞。孟子言：“始条理者，智之事；终条理者，圣之事。”条理者，即条分缕析无所紊乱之谓也。《任翼》：“圣曰理，乃玉文细密之名。孟子言始终条理，子思言文理密察，孔子言穷理尽性以至于命，皆就分别细密处言之，非大本大原之名也。”其说甚精。予又案《荀子》杨倞注云：“理，条理也。”即用孟子之说。又《礼记·丧服四制》训理为义，郑注亦曰“理，义也。”盖心与物接，即有辨别事物之能，由智生断，理由辨别而后明，义由裁断而后见。《礼记》训理为义，即由辨别而生裁断之义耳。孟子：“言心之所同然者何也？谓理也，义也。”则分理与义为二，盖断由于智，而断非即智也。《礼记·礼运》篇云：“义理，礼之文也。”《乐记》篇云：“理发诸外而民莫不承顺。”郑注云：理，容貌之进止也。盖礼仪发于外，灿然毕呈，有条不紊，故《礼记》以理为礼文。又《易·系辞传》云：“易简而天下之理得。”盖易简则用志不纷，用志不纷则事物各得其统纪，无纷纭淆杂之虞，此事物之条理所能得也。《易·说卦传》云：“圣人之作《易》，将以顺性命之理。”顺性命之理者，即就性命中之条理而分辨之也。又《尔雅·释训》云：“明明、斤斤，察也。”孙炎注云：“明明，性理之察也。”案：孙氏此言犹言明察其性中之理也，然宋儒性理二字本此。《礼·乐记》云：“人，化物者也，灭天理以穷人欲者也。”天理者，即人心中同然之公理，西人称为天则，又称为公例。亦即《诗·烝民》篇所谓“天生烝民，有物有则”之则也。张杨园曰：“事事物物各有当然之天则，己所以应之，能各得其则，方为无私心而合天理。”其说近是。《易·系辞传》又云：“俯以察于地理”，地理者，即山川脉络之条理也。观此可知，理必由察而后明。是文理、条理为理字最先之训。特事物之理必由穷究而后明，条理、文理有条有缕之理。属于外物者也，穷究事物之理，属于吾心者也。《易·系辞》又言：“穷理尽性。”穷理者，即《中庸》所谓慎思明辨耳。然慎思明辨，必赖比较分析之功。理也者，即由比较分析而后见者也。而比较分析之能，又即在心之理也。心理由物理而后起，人心本静，感物而动，使无外物，则心理何从而见之哉！物理亦由心理而后明，《说文·序言》：“知分理之可以相别异也。”观知字一字，则分理之能具于心矣。非物则心无所感，非心则物不可知，吾心之所辨别者，外物之理也，吾心之所以能辨别外物者，即吾心之理也。在物在心，总名曰理。盖物之可区别者，谓之理，而具区别之能者，亦谓之理。是犹孟子所谓长者义乎，长之者义乎也。故暂种析心理物理为二科。孟子曰：“心之所同然者，谓理也义也。”又曰：“是非之心，智之端也。”又曰：“是非之心人皆有之。’，人有是非之心，则理即具于人心中可知矣。此就在心之理言之也。若孔子言故有物必有则，则就在物之理言之，而要之皆分析之义耳。

若宋儒言理，以天理为浑全之物，复以天理为绝对之词。程子言，天理二字由己体贴出来。而《语录》中“寂然不动”条、“尽心知性”条、“视听思虑”条以及“性即理”条、“心有善恶”条皆以天理为浑全之物、绝对之词。盖以儒家太极、道家真空解理字也。戴东原曰，宋儒言理，以为如有物也，得于天而具于心，因以意见当之。其说诚然。然宋儒言理，亦有不误者。又创为天即理、性即理之说，朱子言，天即理，性即理。此用郑君之说而误者。郑君注《乐记》云，理犹性也。犹为拟想之词，而即字为决词。此朱说所由误也。精确实逊于汉儒，然训理为分，宋儒非无此说，朱子《答何叔京书》言，理字之义，当于浑然中仍具秩然之理，秩然者即条理也。又《易经注》云，理谓随时得其条理也。条理者，亦即秩然有序之义也。又程朱言，事事物物皆有理可格。有理可格，则理非浑全之物矣。此皆宋儒解理之得也。不得据浑全之训而概斥宋儒言理之疏也。近世东原戴氏之解理字也，以人心所同然，《孟子字义疏证》曰，心之所同然者，始司谓之理。谓之义，则未至于同然。存乎其人之意见，非理也，非义也。即引申孟子心之所同然者为理义之说。情欲不爽失《孟子字义疏证》曰，情得其平，是谓好恶有节，是谓依乎天理。为理，故能去私戒偏。如谓一人之欲，天下人之同欲也是。舍势论理，如斥后世尊者以理责卑，长者以理责幼是。而解理为分，亦确宗汉诂，如引《中庸》、《孟子》、《说文》诸书是。可谓精微之学矣。惟谓六经群籍理字不多见，此则东原立说之偏耳，按《说文》“顺”字下云，理也。训顺为理，则古籍所言顺字，皆含有秩序之义。《孝经》言，以顺天下言治天下，当有秩序也。又言，孰能顺民如此其大者乎。言使民各守其秩序也。顺与逆相反，合理者谓之顺，非理者谓之逆。若夫《左氏传》言六顺，即言伦理中之秩序也。言顺少长，即顺少长之秩序也。言师众以顺为武，言师众当有秩序也。言其辞顺，言言辞当有秩序也。《易》言顺天命，即顺天命之秩序也。言数往者顺，言往事皆有秩序可寻也。《礼》言必顺其时，即顺天时之秩序也。又言礼时为大，顺次之，言礼当有秩序也。又言顺而下之，言顺庙祧之秩序也。故《尔雅》训叙为顺，叙即秩序，秩序即条理也。许君训顺为理，其训最精。又如伦字、序字、则字，亦有理字之义。《诗》言有伦有脊，《易》言言有叙，《诗》言有物有则，皆与条理之义同。若夫近儒凌氏谓礼即理，盖含于礼中者为理义，见于礼仪者为文理。其说诚然，然理字所该甚广，非礼一端所能该，不得谓理即礼也。然较宋儒之以势为理者，所得不已多乎？

# 性情志意欲

许氏《说文》“性”字下云：“人之阳气性，善者也，从心，生声。”“情”字下云：“人之阴气有欲者也，从心，青声。”“志”字下云：“意也，从心，之声。”“意”字下云：“意，志也，从心音。”“欲”字下云：“贪欲也。”此训不确，见后。案：性、情属于静，志、意、欲属于动。人性秉于生初，情生于性，性不可见。情者，性之质也；志意者，情之用也；欲者，缘情而发，亦情之用也。无情则性无所丽，无意志欲则情不可见。试一一申言之。

《告子》之言曰：“生之谓性。”仪征阮氏《性命古训》曰：“性字本从心从生，先有生字，殷周古人造此字以谐声，声即意也。”考《论语·公冶长》“夫子之言性与天道”，皇疏云：“性，生也”。《白虎通》云：“性，生也。”《春秋钩命诀》云：“性生于阳，以就理也”。韩昌黎《原性》云：“性者与生俱生也。”盖人秉性而生，故《中庸》言“天命之谓性”，《乐记》言“民有血气心知之性”，盖血气心知即性之实体。戴氏《孟子字义疏证》曰：“血气心知，性之实体也。”盖血气为人物所同，而心知则有智愚之别。草木有生性而无觉性者，禽兽有觉性而无悟性，惟人具有悟性。有觉性者，具有血气者也，有悟性者，具有心知者也。故《乐记》言“民有血气心知之性”。古代性字与生字同，性字从生，指血气之性言也。人无血气则不生。性字从心，指心知之性言也。性生互训，郑君《乐记注》亦曰：“性之言生也。”故人性具于生初。以上释上文“人性秉于生初”语。《礼记·乐记》篇云：“人生而静，天之性也。”《文子》、《淮南子》皆有此语，《说文》“才”字下亦有此言。静对动言，静也者，即空无一物之谓也，未与物接，故空无一物。王阳明言“无善无恶性之体”，即此旨也。故性不可见。以上释上文“性属于静”及“性不可见”二语。古人之言情也，或言六情，或言七情。《左传》昭二十五年云：“民有好恶喜怒哀乐，生于六气。”此就六情言也。《礼记·礼运》篇云：“何谓人情？喜怒哀惧爱恶欲，七者弗学而能。”此就七情言也。案：欲生于情，而欲实非情，何则？欲即由喜怒哀惧爱恶而生也，安得与喜怒哀惧爱恶并言。故《礼》言七情不若《左传》言六情之确也。《荀子》亦曰："性之好恶喜怒哀乐生于情。"《管子》亦曰："凡民之生也，必以正平；所以失之也，必以喜怒哀乐。"《汉书·礼志》亦曰："人含天地阴阳之气，有喜怒哀乐之情。"皆其证。然《荀子》言性之好恶喜怒生于情，不若言情之好恶喜怒哀乐生于性也。此疑《荀子》之文倒误。以上释上文"情生于性"语。《荀子》又言"情者，性之质也"，既以情为性质，则情必丽性而后见矣。以上释上文"情者，性之质也"及"无情则性无所丽"二语。然古人又训情为静者，《白虎通》云："情者，静也。"《广雅》亦云："情，静也。"盖人生之初，即具喜、怒、哀、惧、爱、恶之情，故《礼运》言"情弗学而能"。有感物而动之能，见《乐记》。然未与外物相接，则情蓄于中，寂然不动，人日与外物相接，心有所感，而情始发见于外，不与物接则情不呈。即《中庸》所谓喜、怒、哀、乐之未发谓之中，朱子以未发为性，以已发为情，不知未发为情之体，而已发则为情之用也。亦《易》所谓其静也翕也。周子《太极图》言一动一静互为其根，静也者，即就未发之情而言之也。汉儒训情为静，乃就情之体而言，非就情之用而言。即许君训"情"为"阴"，又《论衡》云"情生于阴"，《白虎通》云"情者阴之化"，又引《钩命》云"情生于阴"，皆足证《说文》之说。阴亦静字之义，与宋儒排斥情欲者迥殊。以上释上文"情属于静"语。《说文》于志意二字互相训释。《左传》昭二十五年云"以制六志"，孔氏疏云"情动为志"。《鬼谷子》曰："志者，欲之使也。"盖人情之动，由于感物，情动为志，即《中庸》所谓已发之中，亦《易》所谓感而遂通，《乐记》所谓应感物而动也。心之所欲为者为志，《诗大序》曰："在心为志"。汉儒亦云"心有所之为志"。心念之初起者为意。佛书所谓五识八识，皆即意也。故《说文》训意为志，近儒改志为识，盖志与意稍有区别。《说文》二字互训，尚属未精。心念既起，即本其情之所发者而见之于外，此志意所由为情之用，无意志则情不可见也。以上释上文志意、"志属于动，意者情之用也"及"无意志则情不可见"三语。欲生于情，《乐记》言："感物而动，性之欲也"。以性之欲训动，不若以情之欲训动也。感物既多，心念既起，此欲所由生于意之后也。则心有所注，此欲所由生于志之后也。心有所注，则意有所求，意有所求，不得不思遂其志而欲念以生。故欲缘情发，故《说文》言"情有欲也"。乃情之见诸实行者也。以上释上文“欲属于动”、“欲者缘情而发亦情之用也”及“无欲则情不可见”三语。

由是言之，未与物接，空无一物，谓之性。性指血气心知言，《孝经》言“毁不灭性”，灭性者，即伤血气也。既与物接，而为心念所从起者，谓之情，心念既发，谓之意，意有所注，谓之志，意所专营，谓之欲。稽之古训固不爽也。乃前儒之言性字者，或言性善，《诗》言“民之秉彝，好是懿德”，为性善说之始。《孟子》道性善，而性善之说大明。所据之证，约有数端，一以同类之人相似，一以恻隐羞恶辞让是非之心为人所固有，一以理义为人心所同然。然此仅可谓人性有善端，不得谓性即善也。或言性恶，《荀子》言人性恶，其善者伪也，言性善由于人为。告子言以人性为仁义，犹以杞柳为杯棬，不知性亦善端也。或言性无善无不善，此告子之说，杨子善恶混之说本之。或言性可以为善可以为不善，亦告子之说。或言有性善有性不善，此公都子所引之说，韩愈性有三品之说本之。或言节性，《召诰》言节性，《礼·王制》言修六礼以节民性，《书·西伯戡黎》篇又言不虞天性，虞训为度，度与节同。孟子言忍性，忍亦节也。或言尽性，《诗》言弥性，《易》言成性，即《说卦传》尽性之说，即孟子所谓扩而充之也。或言反性，庄子曰反性以复初，即不扩充之谓。或言率性，《中庸》曰率性之谓道，率性即顺其善也。或谓性必待养而后成，《神农经》言养性以应人，孟子言养其性，周人世硕亦主养性之说，董仲舒曰性可养而不可改，皆此旨也。或谓性必待教而后善，《韩诗外传》曰：“夫人性善，非得明王扶携之，内之以道，则不成君子。”董仲舒亦曰：“无其质则王教不能化，无其王教则质朴不能善。”众说纷纭，折衷匪易。然律以《乐记》“人生而静”之文，则无善无恶之说立义最精。

性无善恶，故孔子言性相近，相近者，无善无恶者也。《大戴礼》言形于一之谓性，言为人既同，则其性亦同。孟子以同类者相似，为性善之征，似未足为据也。而阳明王氏亦言无善无恶为性之体也。然孔子又言习相远者，则以人有心知，与禽兽不同。有可以为善之端，《易》曰成性存存道义之门，又曰和顺于道德而理于义，穷理尽性以至于命，又曰将以顺性命之理，立人之道曰仁与义。夫言性中有道德，有仁有义，则性有可以为善之端，然《易》言继之者善，董子亦言善出性中而性未可全为善，又言性虽出善，性未可谓善。则性非即善明矣。亦有可以为恶之端，据西人天演学派，则人性多恶。惟未与外物相感，故善恶不呈。告子言性无善恶，本属不误，但误其在于不动心，不动心者，即欲心念之不起也，已蹈宋儒灭情断欲之弊。及既与外物相感，日习于善，则嗜悦理义之念生；日习于恶，则淫慝诈伪之念生。故人性本同，悉由习染生区别。晏子曰：汩常移质，习俗移性。《后汉书》云言嗜欲之本同，而迁染之途异。贾谊引孔子曰少成若天性，习惯如自然。言人性由习相远也。此董子所由言性必待教而后善，《易》言后以裁成，辅相左右。《周书》言刚克柔克。《中庸》言修道为教，皆所以化民也。故《大学》以止至善为归。而阳明王子复言有善有恶，性之用也。但以有善有恶为性用，则又不然。夫人性本无善恶，善恶之分由于感物而动，习从外染，情自内发而心念乃生。即意与志也。心念既生，即分善恶，是则有善有恶者，情之用，与性固无涉也。且善恶之分既由于心念，心念亦缘情而发，情也者，即所谓喜怒哀乐也。《礼·乐记》篇言哀乐喜怒敬爱为非性，又言民无哀乐喜怒之常，则喜怒哀乐生于情，非复性中所固有矣。且喜怒哀乐既非性，则性之善恶又何从而起哉。善恶皆由与物相感而生，无喜怒哀乐，即是无所感也。

盖中国前儒多误情为性。孟子以口之于味、目之于色、耳之于声、鼻之于臭为性，然味色声臭皆情之所感也。荀子言好利而欲得者人之情性。此亦只就人情言也。又云人之性生而好利，有耳目之欲，亦就人情言也。《大戴礼》喜怒欲惧忧为五性，性即情也。告子以食色为性，食色亦情也。性不可节，节性即节情也；犹《乐记》言好恶无节也。好恶属情不属性，即忍性亦指忍情言也。性不可率，率性即率情也。率与顺同，犹言顺人情也。至若尽性之说，则性字即才字，犹言拓充其用耳。又《中庸》自诚明谓之性，自诚明者，言其才质之颖敏也。是性字亦当训才。则古人言性分善恶者，皆当易性为情矣。《说文》“酒”字下云，所以就人性之善恶。盖人得酒而情动，情动而善恶以分，人性二字，即人情二字之讹也。孟子言“乃若其情，则可以为善”，此情可为善之证，然过用其情，则好恶以偏致流为乖戾，如《大学》言人之其所亲爱贱恶哀矜敖惰而辟，《论语》推好仁好智好信好直好勇好刚不好学之蔽是也。则情不能谓之善矣。故《礼运》言治七情而《左传》亦言制六志也。情有善恶，则意志缘情而生，亦必有善有恶。孟子言尚志，所以正心志之趋向也。趋向既正，即无恶矣。孟子言舜蹠之分，分于为善为利，为善为利即志于善志于利也。孔子曰苟志于仁矣，无恶也。志于仁则无恶，则非志于仁者，即不免为恶矣。《大学》言：“诚意所以戒意念之虚妄也。”虚妄既消，即无恶矣。盖情动于中，则意念自起，意念既起，则心有所营，故作事之善恶悉由起念之善恶而分，而心念之善恶悉由于好恶之偏，而好恶之生则由于中情之感发，此善恶所由生于情也。《管子》曰："好不迫于恶，恶不失其理，欲不过其情。"此即古人治情制志之说也。特古人不言灭情耳。欲生于情，未尝不善。有嗜欲之欲，如《礼运》言饮食男女，人之大欲存焉，是。有欲望之欲，如《论语》言欲仁、欲立、欲达，《孟子》言欲义、欲贵、欲广土众民是也。人无欲则不生，亦无欲则人无所营，特过用其欲，则好恶以偏，或不知反躬，夺人所好，而以人之所恶加人，即《乐记》所谓物之感人，无穷人之好恶，无节灭天理以穷人欲也。穷人欲由于不反躬，故推所欲以侵他人之自由。天理者即公理也。宋儒所释非是。则欲由善而为恶矣。古人言寡欲、《孟子》。节欲，《易经》。复言欲不可纵，《曲礼》。所以戒民之恣情纵欲耳，曷尝有去欲无欲之说哉？孔子以欲不行不可为仁，复言公绰不欲不可为滕薛大夫。则去欲无欲不足贵矣。故东原以情欲不爽失者为天理也。乃秦汉以降，异说日滋，汉儒以阴阳言情性，董仲舒曰，不明于阴阳五行，不可以言性，阳者善，故性善，阴有欲，故情有不善。《孝经钩命诀》曰，情生于阴，性生于阳，阳气者仁，阴气者贪，故情有利欲，性有仁也。《白虎通》曰，性者阳之施，情者阴之化。郑君注《礼记》曰，情以阴阳通也。故《说文》亦以阴阳言性。又汉儒以性为五常，见《白虎通》，又以仁义礼智信配性，谓其取象五行，见《礼·中庸》及《诗》笺。又以五常分合五藏，皆阴阳家言。近儒孙渊如《原性篇》引申之，甚详。立说已流为迂诞，而宋儒之说尤属无稽。朱子谓性兼人物，言人物一也，其误一也。以相近者为气质之性，遂谓孔子、告子皆以气言，孟子专以理言，因别求理义之性，且深斥气质之性，与古籍以血气为性者相背，其误二也。以性具于心，虚灵不昧，万理毕具，不假外求，而以外物为足以乱性，不知无外物则情不可见，其误三也。谓人生而静，以上未可名为性，排斥古说，其误四也。自庄子有反性之说，而佛书复有灭情断欲，汉儒如郑康成、班固皆言情主制欲，而郑氏复训欲为邪淫，又言穷人欲则无所不为，又言性不见物则无欲，孔安国亦言无欲故静，皆斥欲为恶。故《说文》亦斥欲为贪欲，而李习之《复性书》又言情弗息则不能复性，情既不生乃为正思，则因欲而斥情。宋儒因之，误以佛书之蔽为欲，以为天理与人欲不两立，以天理为公，以人欲为私，惟断私克欲，天理乃存。则以人欲为可无矣。其误五也。馀所误尤多。近儒矫宋儒之说，然立说多偏。如东原心知即理义，其误一。阮氏《性命古训》多误情为性，其误二。孙氏《原性篇》谓贪利亦善，其误三。馀如陆耀、程瑶田之说亦多讹误。甚矣，性情之不易言也！故即周秦旧说引申之。盖近儒多泥于孟子性善之说，不欲相背，故立说皆属附会，未能本之于心，岂不可叹也哉！

# 仁　惠　恕

许君《说文》“仁”字下云：“仁”，亲也，从人二。“惠”字下云：仁也，从心惠。“恕”字下云：仁也，从心，如声。又案：郑君《礼记·中庸》注云：“人读如相人耦之人，谓以人道待人，能相耦也。”案：《仪礼·大射仪》“揖以耦”，郑注云：言以者耦之事成于此，意相人耦也，《聘礼》“每曲揖”注云：以人相人耦为敬也。《公食大夫礼》“宾入三揖”，注云：相人耦。《诗·匪风》郑笺云人耦能烹鱼者，人耦能辅周道治民者。段氏《说文注》皆引以申郑注之说。阮氏曰：人耦者，犹言尔我亲爱之词也。盖人必合两人而后见，人与人接，仁道乃生。郑君注《周礼·太宰》“以九两系邦国之民”云：“两犹耦也，所以协耦万民。”盖以仁道施之一人者为耦，以仁道推之万民者亦为耦。与人相耦即与人相亲，许君训亲为密至，盖人与人相亲密，始可为仁。故仁从人二，人二犹言二人也。许君以亲训仁与郑君“相人耦”之训合。古代未造仁字，故人仁二字为互训之辞。《中庸》云：“仁者，人也。”孟子亦曰：“仁也者，人也。”又案《论语》：“问管仲，曰：人也。”人即仁字，即所谓如其仁如其仁也。《诗》先祖匪人，匪人不可为训。匪人犹言不仁耳。《礼·表记》：“则宽身之仁也”，仁与民对言，则仁亦即人字也。是古代仁、不仁二字互相通用也。夫仁人二字虽有玄名察名之分，然古籍既训仁为人，足证仁道之大，必以施之人民者为凭。仪征阮氏作《论语论仁孟子论仁论》，引曾子“人非人不济”之言以证郑许二君之说，又引申郑君“相人偶”之义，谓人之相耦，必彼此两人各尽其敬礼忠恕，又谓仁必验之身行而始见，亦必有二人而仁始见。立说至精。案：《左传》襄七年：韩无忌曰“参和为仁”，参和者，即与人相耦之义，亦即与人相亲之义也。是为仁字最古之训。

而儒家言仁，亦主相亲之义而言。有子以孝弟为仁之本，《中庸》言仁以亲亲为大，孟子言未有仁而遗其亲者，又言亲亲为仁，又言仁之实事亲是也，又言仁之于父子，此以仁道推之一族者也。若孔子斥宰我为不仁，以其不能亲亲也。孔子以欲立立人、欲达达人为仁，孟子言亲亲而仁民，此以仁道推之一群者也。孔子以管仲为仁，言“不以兵车”，“民受其赐”，有益于民生也。又言子文、陈文子不得为仁，言其只知忠清而无益于民也。言子路、冉求、公西赤不知其仁，言未与民接，无仁道可见也。言微子、箕子、比干、伯夷、叔齐为仁，言其举动皆有益于民而非只为一己也。又言杀身成仁，仁为己任不亦重乎，言其有益于人也。又言怀宝迷邦不可为仁，言其不与世接，无益于人也。孟子以伯夷、伊尹、柳下惠为仁，亦以其有益于民也，义与孔同。《易》言“体仁足以长人”，孟子言“以德行仁者王”，又言“怀仁义必王”，言“人君能行仁道，必能爱民济物而与民相亲”。此以仁道推之一国天下者也。若夫子夏言舜举皋陶、汤举伊尹，不仁者远，即不仁者皆化为仁也，与孟子“君仁莫不仁”义同。又言如有王者必世而后仁，亦此义也。又孟子言天子不仁，不保四海，诸侯不仁，不保社稷。言不与民相亲，则民畔之也。又言仁言不如仁声，言仁道必以实能利民为主也。又言仁之胜不仁，犹水胜火。又言仁者无敌，此言不仁者不与民相亲，则民必畔，仁者与民相亲，则民归之也。又言惟仁者能以大事小，言其安境息民，不用兵以害民也。又以梁惠王縻烂其民，以战为不仁。又言人臣辟土地充府库，不能令君志仁，为民贼。又言君不行仁政而富之，皆弃于孔子，此言时君重赋税、好用兵，而有损于民也。故又言不仁者谓之贼。又言行仁政则民亲上死长也。孔子言“克己复礼为仁”，克己犹言反躬，《乐记》。所以抑制己情而不复侵他人之权利也。故能与人相亲。《乐记》言不能反躬，天理灭矣。即不以己之好恶公诸人，越权限以侵他人权利也。故下文有强者胁弱数言，此皆不平等之故，不平等即为不仁。若孔子言克伐怨欲不行，不可为仁，则以但能抑制己情而不能与人相亲也。又言仁者其言讱，言仁焉用佞。盖言讱之人即不侵犯他人之人也。然与人相亲，又须择仁人为己助，孔言亲仁，又言友其士之仁者，又言以友辅仁，又言择不处仁焉得智，皆言欲为仁人，必先得仁人为助也。此亦与人相耦之义也。且与人相亲，己以仁道推于人，人亦以仁道推于我。故孟子言爱人者人恒爱之也。然人不我亲，必我之亲人者有未至。故孟子又言爱人不亲，反其仁也。是儒家言仁，皆含相耦相亲之义。故儒家尤重言仁。儒家言仁甚多，孔子言终食之间不违仁，又言回也其心三月不违仁，又言仁者安仁，又言依于仁。《中庸》言仁为达德。孟子言饱乎仁义，又言居仁，又言由仁义行，又言以仁存心，此言仁道之不可一日舍也。子夏言博学笃志，切问近思，仁在其中，此言仁由于学也。孔子言刚毅木讷近仁，言仁者先难后获，言仁者必有勇，言当仁不让于师，《中庸》言力行近仁，此言仁道当由力行也。子游言子张未仁，曾子言子张难与并为仁，孔子言色取仁而行违，又言巧言令色鲜矣仁。孟子言以力假仁行霸，此言仁道不可伪托也。孔子言仁者不忧，言未见蹈仁而死，言苟志于仁无恶，又言人而不仁，如礼乐何，又言好仁，无以尚之，恶不仁者，不使不仁者加乎身。言不仁者不可久处约长处乐。又言仁者寿。孟子言仁则荣，不仁则辱，不仁而得天下者未之有，言三代得天下以仁，失天下以不仁，不仁者安危利灾，此推行仁之效以及不行仁道之弊也。《易》言立仁之道曰仁与义，礼者仁者义之本，则仁道甚尊，故孔子言若圣与仁则吾岂敢也。若《论语》子罕言仁，定海黄氏谓罕当作轩，乃表显言之也。若墨子言兼相爱交相利，《兼爱》篇。与孔子以爱人为仁者相符，孔子又言泛爱众。亦与相耦相亲谊合，此亦仁字之真解也。徐氏即以《兼爱》训《说文》。

惟老子言失德而后仁，韩非申之，《解老》篇曰失德而后仁。遂以仁道足以亡国。《解老》篇曰：仁暴者皆亡国者也。不知古无仁字，德与仁同。阮氏说。《说文》训德为升，而心部有悳字，许君以外得于人、内得于己训之。盖《虞书》德字当以悳字为本文，悳字篆文作，即仁字古文仁字从，非从尸字也。之偏旁，则仁与德同，安得析德与仁为二乎？又周秦以来，仁字古谊尚未尽湮。《荀子·大略》篇云：仁爱也故比，而董子《繁露》亦曰：春秋以仁安人，故仁之为言人也。仁之法在爱人，不在爱我，人不被其爱，虽厚自爱不予为仁。《仁义法》篇。又言仁者所以爱人类，复以憯怛爱人为仁。《必仁且智》篇。此以爱字训仁者也。《荀子·不苟》篇曰：交亲而不比。注云：亲为仁恩。郑君注《礼记》《丧服四制》。云：仁，有恩者也。此以恩字训仁者也。《白虎通》云：仁者，忍也。《情性篇》。《释名》云：仁，忍也，好生恶杀善含忍也。《释言语》。郑君注《礼记》《仲尼燕居》。云：仁，存也。赵岐《孟子》“存其心”章句云：天道好生，仁人亦好生，此以生字存字训仁者也。盖人人皆有贪生之心，亦莫不有不忍之心，见后。而不忍之心即由好生之念而起。人能恒存不忍之心，即能推恩于民而施以亲爱。是前儒训仁皆与许、郑相合。即韩愈以博爱训仁，《原道》。周茂叔以爱训仁，《通书》。横渠“民胞物与”之言，《西铭》。程子“万物一体”之喻，亦由相亲相耦之义引申，则宋儒之解仁字亦未尝不溯源许、郑也。但即从之字观之，重其形为见古钟鼎文，即古仁字也。双其形为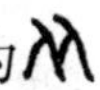，训随行，训相从，反为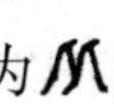，比训为密，繁其形为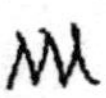，训众立，而训为

会，训为多，训众，词皆符相耦相亲之义。盖相耦能相亲，若二人相背为，谊取于乖，贾谊亦曰“反仁为戾”。即不能相耦相亲之义也。不相耦由于不相亲，不相亲则人各为心。不能相扶相助，故不得为仁。据此以观，足证许、郑立说之本古谊矣。又《说文》云：忎，古文仁，从千心，作。盖仁兼内外而言，凡厥庶民，咸有可以为仁之端。犹言桃杏之仁、薏仁莲心之仁皆指心言。即孟子所谓人皆有不忍人之心，孟子曰：人皆有所不忍，达之于其所忍，仁也。皆有怵惕恻隐之心也。古代仁字与德字同，德兼内外而言，故仁亦兼体用而言。忎字指仁之体言，即德字训内得于己之义也。《中庸》“肫肫其仁”，《论语》“我欲仁”，皆指体言。郑君《诗》笺曰：人之心皆有仁义。赵岐《孟子章句》曰：人皆有仁义之心，又曰人有仁端。仁字指仁之用言，即德字训外得于人之训也。孟子虽训仁为人心，然仁必待扩充然后见。扩充者即以仁德加人之谓也。故许、郑以相耦相亲训仁字。若朱子训仁为心，德则有体无用，虽有为仁之心，然无益于人民。即古人所谓磏仁为下也。见《韩诗外传》，磏即古廉字。观《韩诗外传》引古传谓：爱由情出谓之仁，卷四。是仁虽由情而生，然必待爱情既生之后，始得谓之仁。爱情既生，斯能与人相爱。忎字，从千从心，即所以象仁由心出之形耳。忎字象仁由心出之形。而徐氏锴之释《说文》曰：千心为仁，惟仁者能服众心也。段注以千为声，嘉定吴氏谓千即古人字，定海黄氏谓千即参和为仁之义，皆非也。是仁当就用而言，不当就体而言也。

又《说文》云：𡰥古文仁，或从尸。又别制儿部云：儿，古文奇字人也，象形。孔子曰：在人下故诘诎。案：𡰥字为古仁字，而古夷字亦作𡰥。《孝经》释文云：𡰥，古夷字。盖上古未造仁字，只有人字，夷种在东，与蛮貊羌狄为兽种者不同，见《说文》。故亦训为人。𡰥字从尸，从二尸，即人字篆体之倒文。是𡰥与仁同。古人以夷俗好仁，《尔雅》曰：太平之人仁。《说文》曰：夷俗仁。故以夷字训为仁字。而古文仁与夷通，《山海经》夷羿作仁羿是。古人称夷为君子之国，《淮南子》反说文。亦以夷俗多与人相亲耳。故孔子欲居九夷。后世造仁字以表东夷之德，而人民能相亲相耦者，亦借仁字以表之，于人字之外复造𡰥字，为夷人之专称。𡰥形诘诎，即夷字，从大从弓之义。至孔子谓儿在人下者，人即夏民，言夷民亚于夏民一等耳。此又古人造字之微义也。嘉定吴氏曰：孔子言在人下者，下即在母胎之义，在腹故诎屈也，儿即在果核中仁之仁字假用，非仁义之仁也。又引儿部数字皆从此义为证，不足信。至许君训恕为仁者，则恕字古训释为以己量人，贾谊《新书》云：以己量人谓之恕。此恕字之古训也。《大戴礼·小辨》篇云：知恕不知外。外即人也，知外者即能度量人情之谓也。又《左传》昭公六年：诲之以恕。孔疏云，恕谓如其己心也。《诗·关雎·序》郑笺云：中心恕之。孔疏云：于文如心为恕，恕从心如声，故恕为如心，但如心曰恕，乃推中心之恕于人之谓也，非仅存恕于中心也。故《声类》云；以心度物曰恕。《礼·中庸》：忠恕违道。孔疏云：恕，忖也，忖度其义于人。《论语》：忠恕而已矣。皇疏云：谓忖度以度于人也。《离骚》王氏注云：以心揆心曰恕。皆用贾子之谊，足证以己量人为恕字古训矣。即推己及人之谓也。《中庸》朱注。

盖民之初生，无不有自营自私之念，知利己之为利己，不知利人之亦以利己。及民智日瀹，知利人之亦为利己。故与人相接，以我之所欲所恶推之于人，人亦以所欲所恶推之于我，而情得其平。是即《大学》之所谓“絜矩”，故《大学》又言：民之所好好之。民之所恶恶之也。《论语》之所谓“己所不欲，勿施于人”也。孔子以己所不欲，勿施于人为恕，又以此二语答仲弓之问仁，足证仁即恕也。不以己之所不欲施人，子贡亦曰：我不欲人之加诸我也，吾亦欲无加诸人。斯能与人相亲，亦能与人相耦。我与人相亲相耦，则人亦与我相爱相亲，是恕德者，乃仁道之见诸实行者也。孟子亦曰：强恕而行，求仁莫近焉。盖孟子以相亲相爱为仁，故以强恕为求仁之术。许君训恕为仁，亦儒家相传之故训。若许君训惠为仁，复与恕义稍别。盖恕即《论语》欲立欲达之义，而惠则博施济众之谓也。盖人类不齐，故施行仁德亦有浅深广狭之分。推行恕道，必视人犹己，且将使天下之民尽化而为仁，即曾子所谓君子爱人以德也。推行惠德，不过推恩及民，使民讴其德，即曾子所谓细人爱人以姑息也。《礼记·檀弓上》篇。观《书》言安民则惠，黎民怀之，黎民为夏民贱视之民，故仅施之以恩而不复导之以德。《论语》言惠则足以使人，又以因民之所利而利之为惠而不费，而子产诸子亦称惠人，则惠非仁道之极则明矣。若夫周有大赉，《月令》言，布德行惠，即惠德也。然以惠德及人，亦由于爱人之一念，故惠德既施，则民亦相耦，故许君亦训惠为仁。又古文惠字作，计从三屮，犹言受其惠者不仅一人耳。故观于恕字惠字之训仁，益足证许、郑立言之确，阮氏之说精确详明，亦仁字之真解也。又案：《文史通义》云：道始于三人居室，此亦相亲由于相耦之义，道即仁字之化词。故即其说申明之。焦理堂论仁亦精。

## 命

《说文》“命”字下云：使也，从口令。盖令训发号，而发号为人君之事，《说文》君字下云：口以发号。古人视君犹天，视天犹君，故君令称为君命，而天令亦称天命。中国前儒因敬天之故，咸信术数鬼神，信术数之学者，以命为秉于生初，非智力所能移。《论语》云：道之将行也与，命也；道之将废也与，命也。公伯寮其如命何！子夏曰：死生有命，富贵在天。孟子亦曰：孔子进以礼，退以义，得之不得曰有命。又言：求之有道，得之有命。是儒家信数之证也。故董仲舒曰：命者，天之令也。扬雄曰；命不可避也。又曰；命者，天之命也，非人为也。《易》注亦曰：命，吉凶所定也。此言吉凶定于命也。《白虎通》曰：命者何谓也？人之寿也，天命已使生者也。赵氏《孟子·章句》曰：夭若颜渊，寿若邵公，皆归之命。此言寿夭定于命也。盖古代之人见夫为善不获报，为恶不获罚，善人多夭，恶人多寿，求其故而不得，遂以为皆天数所定，非智力所能移，以为命也者，莫之致而致者也。凡事物求之而不得者，皆以为命之所限。如孟子以声色臭味之不可必得者为命是也。凡生不逢辰者，皆以为命之所定。如孔子对伯牛言亡之命矣夫是也。惟以命数为天所定，故以安命知命为宗。如《中庸》言居易俟命，《易》言乐天知命是也。此皆儒家道不行，托词自解。然儒家者流，虽以命定于天，然躬行不懈。故孟子言：尽其道而死，为正命也。赵氏申其义谓：命有三名，行善得善曰受命，行善得恶曰遭命，行恶得恶曰随命。凡儒家言命岂有外乎此数语者哉。若《论语》言畏天命知天命，又言不知命无以为君子，据《韩诗外传》则天命指天以仁义礼智顺善赋人者而言。朱子亦曰：天命者，天所赋之正理。盖命即天命之谓性之命，亦即《大戴礼》所谓分于道谓之命之命也。是礼义之命与命数之命不同，故郑君笺《诗》，训命为道，而《礼》注复训命为性也。然舍理信数，此则暴君恃以欺众，如商纣言我生不有命在天，项羽言乃天亡我非用兵之罪，王莽言天生德于予是。而愚人恃以自弃者也。贤者恃命以自暴，不肖者恃命以自弃。信鬼神之术者，知命之非秉于生初，以为冥冥之中实操赏罚，而吉凶寿夭咸视人身之善恶以为凭。如《易》言积善之家必有余庆，积不善之家必有余殃。又曰善不积，不足以成名，恶不积，不足以灭身。《左传》载刘子之言，谓能者养之以福，不能改以取祸。《穀梁传》亦曰：人之于天也，以道受命；不若于道者，天绝之。《春秋繁露》亦同。《文子》曰：圣人不能使祸不至，信己之不迎也；不能使福必来，信己之不攘也。曾子曰：人而好善，福虽未至，祸其远矣；恶而不好善，祸虽未至，福其远矣。是儒道二家皆以行善可以获福而行恶可以致灾也。佛家之说亦与相同。虽与前说不同，然以天道为可凭则一也。不知命由己造，非定于天。《书·吕刑》言："自作元命。"作训为造，此即造命之说也。又《左传》载闵马父之言，谓祸福无门，惟人所召。其说至精。观《诗》言"自求多福"，又郑公子忽释之曰：在我而已。福由自求，非天锡之以福也。《诗》又言"自贻伊戚"，春秋时人亦多引之。戚由自贻，自与己同。非天降之以祸也。《书》言惟不敬厥德，乃早坠厥命。又言自作孽，不可活。皆言祸由自取，非天能降之以祸也。又孟子有言：知命者不立于岩墙之下，又言桎梏死者非正命。如曰听命数之自然，则是岩墙不必避而桎梏亦不足耻矣。是孟子亦非偏于信数也。若墨子作《非命》三篇，以命数为不可信，于君民恃命之弊排斥尤严。中篇斥人君之信命，下篇斥人民之信命，惟不信术数尚信鬼神，则墨子之偏也。申包胥亦曰：人定胜天。盖人与天争，是为造命。天下无不可能之事，乱者咸可使之治，弱者咸可使之强，亡者咸可使之存，要在立志于先而继以实行之力耳。宋儒有言，为生民立命。汉人亦言，君相有造命之权。夫造命之权，岂独君相有之哉。凡在生民无不具有此权，欲为贤圣，则己身即为贤圣之人，欲图富强则己国即为富强之国，命由己造，夫岂术数所能限，又岂鬼神所能令哉！荀子有言，天者，非关系于人，人之所以可行者，非天之道，非地之道，乃所以为人之道也。又曰：天道有常，不为尧存，不为桀亡，治乱于世，非天非地又非时。观于前说，可以知命由人为，观于后说，可以知命非前定。呜乎，若荀子者，殆大《易》所谓"穷理尽性以至于命"者欤。

# 心 思 德

《说文》"心"字下云：人心，土臧也，在身之中，象形。博士说以为火臧，凡心之属皆从心。又《五经异义》云：今文《尚书》欧阳说心火也，古《尚书》说心土也。徐氏锴则曰：心星为大火，则心当属火。"思"字下云：睿也，各本皆作容。从心从囟，凡思之属皆从思。"悳"字下云：外得于人，内得于己也，从直心。即德字案：《说文》以心为脏腑之一，仍袭古代之陈言。今西人心理学以脑髓为心之所在，今西人生理学谓人之神经有二统系，一曰脑脊髓神经统系，一曰交感神经统系。脑神经由脑髓分出，普达百体五官，故五官百体一有感觉，则脑髓之运动神经感之而动，而知觉以生。故脑髓之大脑，即心所在之地也。而心理学亦用此说。实为世界公认之学，非若中国前儒以心属于五脏之一也。一切思想咸由脑髓而生。其说虽与《说文》互异，实为精确之言。案：刘熙《释名》有言：心，纤也。言纤细则无物不贯。盖纤为尖锐之意，尖字古文作钎，钎与纤通，故心字亦含尖锐之意也。心训为纤，即象思想外出之形，而《说文》，思字从囟，即象脑盖之形。《说文》囟字下云：头会脑盖也，出古文囟，盖囟字古文作出，亦象思想出外之形也，《韵会》云：自囟自心，如丝相贯而不绝，则脑髓为灵明所在。古籍亦有斯言。又《说文》有𦙄字训为人脐，又云从囟者，囟，取通气也，此即脑气筋之说。故思字从脑。虑训谋思，从思虍声，《说文》以证思想之生，皆缘于囟。此古人造字之精谊也。

盖中国之言心理也，咸分体用为二端。《中庸》言喜怒哀乐之未发，此指心之体言之也；又言发而皆中节，此就心之用言之也。又《易》言寂而不动，此亦指心之体言之；又言感而遂通天下之故，此亦就心之用言之也。又《易》言：夫乾，其静曰专。其动曰直；夫坤，其静曰翕，其动曰辟。静指心之体言，动即指心之用言。故周子言：动而生阳，动极而静，静而生阴，静极复动，一动一静，互为其根。即宋儒体用说之所出也。故朱子之释《大学》也，以心为人之灵明，所以聚众理应万事。聚众理之说，近于西人之储能，即翕以合质之说也。所谓默而存之也。《易》言洗心，言君子以此洗心，退藏于密。孟子言存心，言君子以仁存心，以礼存心。

不动心，言我四十不动心。皆就心之本体言，与聚众理之说同。应万事之说，近于西人之效实，所谓辟以出力也。所谓拓而充之也。《论语》言从心，言七十而从心所欲不逾矩。孟子言尽心，言尽其心者知其性也。皆就心之作用言，与处应万事之说同。程子有言，心一也。有指体而言者，有指用而言者，岂不然哉。然心之本体不可见，孔子曰饱食终日，无所用心。《说文》训用为施行，《说文》云：用者，可施行也，从卜从中。徐氏申之曰：卜、中，乃可用也。又庸训为用，又从用从庚，庚者更事也。盖凡可施行者，皆庸行也。是无所用心，即无所施行也。皇侃《论语疏》，训无所用心为无事。无事者，即无一事可以作为之意也。《白虎通义》曰：心之为言，任也。训心为任，即隐含施行之意，施行者即作用之谓也，非默坐静观之谓也。自四体五官日与外物相接，外有所感，则心有所知，人虽脑筋最灵，然人心本静，感物而动，天下事事物物惟与五官百体相接触，始由脑筋达脑髓以生辨别之能。即荀子所谓心有微知，则缘耳以知音，缘目以知形也。由感生智，由智生断，此即孟子所谓是非之心。而事物之好恶以形。事物之好恶既形，则人心之爱恶亦缘是而生。《乐记》曰：物至自知，然后好恶形焉。知与好恶虽同属于人心之发动作用，然必先有知而后有好恶。《大学》曰：心不在焉，视而不见，听而不闻，食而不知其味。此皆心之作用，属于知者也。《乐记》又言：好恶无节于内，知诱于外。知即欲字之代词，而好恶又即情字也。盖好恶之心生于知物之后也。故有知而后有情，情有所爱，则意有所营。本意中之所欲营者而见之于事，是之谓行。即朱子所谓心应万事也。然非心聚众理，则心应万事甚难，何则？知情意欲皆属于心，而孟子有言，心之官则思，盖身与物接，必先思而后知，身与事接，亦必先思而后行。人身可以无所不行，其所以有所不行者，以心之思想制之也。如人行为有亏，反己自思，未尝不自咎于心。又如不义之人欲作一损人之事，及思之既咎，未尝不反躬自责。此即心之思想可以制行为之证。人心亦不能无所不知，其所以物至自知者，以心之思想推之也。凡事物之善恶，必待比较分析而后见，即其证也。故行为之善恶悉援思想之正邪。思与理合，则为无过之人；思与理违，则为不善之人。故《大学》言心正而后身修也。西人伦理学多与心理学相辅，心理学者，就思之作用而求其原理者也。伦理学者，论思之作用而使之守一定之轨范者也。

观中国文字，性情意志，文悉从心，而忠恕惠忎诸字，忎字即古仁字。亦以心字为偏旁，诚以行为之表著皆内得于心，然后本之以为德。由是言之，人生由静而至动，一由感觉，一由思想。思想者，所以本心念之发动，而使之见诸作用者也。然思想未起之前，心为静体，故宋儒体用之说实属精言斯义也。证之德字而益信。盖德兼内外，《释名》亦曰：德者，得也，得事宜也。即宋儒体用之说，以善念存于中心，使身心互得其益，此内得于己之说也；善德施之他人，使众人各得其益，此外得于人之说也。内得于己，此对于己身之伦理也。外得于人，此对于社会之伦理也。盖人心有判断善恶之能，而身之所行悉本于中心所欲出，如心存善念即能以善德及人，而善德之及人，又悉本于中心之善念，即此理。有心存善念之因，即有善德及人之果。如恕惠恩慈诸字，文悉从心，此亦身心关系之一证也。德为人己交利之称，《周礼·师氏》以三德教国子，一曰至德，以为道本，此德之存于中心者也。二曰敏德，以为行本，此德之见诸行事者也。故郑注云：德行内外之称，在心为德，施之曰行。盖对文则德行不同，而散文则德可该行。《论语》列德行为一科，德行者，德之见诸实行者也。《易》以元亨利贞为四德。《周礼》以知仁圣义中和为六德。此皆修身之德，亦皆施行之德也。贾逵《左氏解诂》以正德利用厚生为天地人三德。盖正德者，内得于己者也。厚生利用，外得于人者也。《诗》孔疏云：德，得也，自得于身行之总名。其说甚是。故德之存于中心者谓之德，《论语》言：君子怀德，德之不修，据于德，道之以德，皆指中心之德言。故皇疏引郭象说云，德者，得其性者也。而德之见诸施行者亦谓之德。《论语》言何以报德，此指惠泽而言。故王充《论衡》有言：实行谓之德。郑君《尚书注》有言，人能明其德，使所行有常，其成善人。其训最精。盖能明其德，此存于中心之德也。如《易》言自昭明德，《大学》言明明德是也。所行有常，此见诸施行之德也。惟本其中心之德而见之施行，其德乃显。郑注《大学》云，谓显明其至德也。凡仁恕忠信诸名，皆德中之子目。德也者，一切善念之统名，亦即一切善行之统名也。故心分体用，证以德兼内外之说而其诂益明。自庄子以心为灵台，《庚桑楚》篇注云：灵台者，心也。而宋代诸儒又饰佛书之说，以为心体本虚，不著一物，故默坐以澄观，重内略外，复饰《易传》何思何虑之说，以不假思索为自然，不知心兼体用言，德亦兼体用而言，使有体无用，即德存中心，又何由明显其德而使之表著于外哉？且孟子明言心之官则思，思则得之，不思则不得，心而不思，即孔子所谓无所用心矣，岂非宋学之失哉！

## 义

《说文》“义”字下云：己之威仪也，从我从芊。又“仪”字下云：仪，度也，从人义。是义、仪二字，上古相对为文。义字从我，谓己身恪守其威仪也。仪字从人，谓与他人交尽其威仪也。如《礼·冠义》云：凡人之所以为人者，礼义也。礼义之始在于正容体、齐颜色、顺辞令。所云礼义，乃古礼仪字之未改者。又《周礼·肆师》传注云：古者礼仪字作礼义。其说最精。盖礼义与礼仪不同。《左传》民受天地之中以生，是以有礼义动作威仪之则。礼义与威仪不同，此其确证。礼义者，谓己身恪守其威仪也。即宋儒慎动说之所从出。然己身不可一日无检束也。礼仪者，谓与他人互尽其威仪也，乃威仪之现于外者也。故《左传》言，有义而不象谓之仪。若《说文》训仪为度，则《诗》毛传有曰：咨礼义为度，是仪训为度，即取法他人威仪之谓也。度字当读为揣度之度，乃虚用之字，非读为法度之度也。

若仁义之字，古文作谊。《说文》“谊”字下云：谊，宜也。而《礼·中庸》篇复训义为宜，又案：《礼记》“义”云，义者，宜此者也。《贾子新书》曰：行充其宜之谓义。韩愈曰：行而宜之谓之义。则谊、义古通，惟谊字从宜，以谐声而兼会意，则为义字之本体无疑。后世之儒不辨礼义、礼仪之分，于礼义二字悉改为礼仪，如《中庸》礼仪三百威仪三千，礼仪即礼义。若夫《大传》、《乐记》、《缁衣》篇所言礼义，乃汉儒未改之字也。后儒以仁义之义释之误甚。而仁谊二字复悉改为仁义，由是，三礼之文，凡古文有作礼义者，悉使之与礼仪相淆，其未改之文，复以仁谊之谊解礼义之义，而古人造字之精义沦矣。自谊字易为义字，而后儒之解义字者，解为事得其宜，盖行为之自由固为己身之权利，然自由不能无所限，故有益于人之谓仁，无损于人之谓义。义也者，勿为所不当为也。勿为所不当为，即能持人己之平，裁抑一己之自由而不复损人益己。情得其平与事得其宜之义同。周子《通书》亦曰：爱曰仁，宜曰义。《礼记·表记》篇有言，义者，天下之制也。制与限同，所谓无形之裁制也。《易·文言传》亦曰：义以方外。方外者，即砥砺廉隅之义，砥砺廉隅见《儒行》。亦即《乐记》所谓义以正之也。黄氏《经训比义》曰：义者，宜也，心能裁断其是非而措之得宜也。曰正，曰制，谓义之能裁断也，此义之正诂也。天下惟正直之人守躬严肃以谿刻自处，谿刻二字见《荀子》。以克己励行为归，如伊尹一介不以取诸人，孟子言非其道则一箪食不可受于人，以及汉黄宪、徐孺子，宋张横渠，明吴康斋、李二曲诸人是。故能裁抑己身，使之不能自逞。善夫，董仲舒《春秋繁露》之论仁义也！谓春秋之道以义正我，故义之为言我也。义之法在正我，不在正人，我不自正，虽能正人弗予为义。又言义者宜在我者也，且在我而后可称义也。盖义字即《论语》正身之义。案：《公羊》与昭子之为善而爵之，于齐桓之执袁涛涂，则疾齐桓之不正。又言春秋大一统之义，在于正朝廷以正百官，欲其先于正己也。此即董子所本。自正其身，即能不纳于邪，身能不纳于邪，即能不加损害于他人。盖夺人财产、侵入自由、伤人名誉，皆为不义之一端，反是则为义。观《论语》言君子义以为质，黄式三曰，事得其宜之谓义。《中庸》所谓时措之宜也。质字与规律之义同，亦隐含裁制之意。心能裁断谓之义，孟子言心之同然者谓理义。程子释之曰：处物为义。处物者即裁断之谓也。又孟子以羞恶之心为义，心有羞恶，亦由于心有裁断也。而心能裁制己身，亦谓之义。如孟子言浩然之气配义与道，又言大人惟义所在。义也者，皆处事各得其宜之谓也。故义之为德，所以限抑一己之自由，而使之不复侵犯他人自由也。古人义利并言，《易·文言》曰：利者，义之和也。又言利物足以和义。《左传》言义以生利，又言信戴义而行之之为利。皆义字与利字并言，非两字为对词也。盖无害于人之谓义，无害于人则人己咸得其益，故利即由义而生。若《论语》言君子喻义小人喻利，孟子言何必曰利，亦有仁义，董仲舒亦曰正其谊，不谋其利，谊与义同盖喻利谋利之人不能裁制己身，因扩张一己之权利，致侵夺他人之自由，故利复与义相反。然衡以公例，则不加损害于人，即为由义。由义见《孟子》。杨朱有言，力之所贱，侵物为贱。《列子·杨朱》篇侵物者，即以权力加人之谓也。故为不义。若宋儒言克己断私，其大旨见《论语朱子集注》。近世毛西河、阮芸台皆斥之。于一己之自裁制极严，不侵他人之权利致并失一己之自由，即明儒邹南皋所谓后儒以己身为桎梏也。夫古人之所谓义，乃于自由之中加以制限，非因裁制己身之故而并失身体之自由也。惜宋儒之不明此义也。

# 恭 敬

《说文》“恭”字下云：肃也，从心恭声。古字恭作恷，后讹作恭，许君训恭为肃者，盖用《尚书》恭作肃义。“敬”字下云：敬，肃也，从攴苟。又“肃”字下云：持事振敬也，从聿，在渊上战战兢兢也。[illegible]，古文肃，从心从卩。又“苟”字下云：自急敕也，从羊省，从勺口，勺口，犹慎言，曰从羊，羊与美义善同意。又《释名·释言语》篇云：恭，拱也，自拱持也；敬，警也，恒自肃警也。其训最精。盖恭指容言，案：其字篆文从廿从[illegible]，[illegible]者，两手执持也，肃为持事振敬之义，合拱持之义，则毛公《诗传》以为礼，鼠常拱立，王者师其形而立揖让之礼。则共训为拱，乃指威仪见于外者而言。故《尚书》之恭字，他书多引作共，则恭共二字古通明矣。若《论语》言居处恭，又言与人恭而有礼，皆指貌言。若《尔雅·释诂》云：恭，敬也。《春秋繁露》亦曰：恭者，敬也。训恭为敬，皆取肃字之义，实则恭字之义与敬义稍殊也。乃威仪发现于外之谓也。敬指事言，乃人心恒自警肃之谓也。盖未作事之先，即存不敢怠慢之心，是之谓敬。《易·坤卦》有言：敬以直内。内者，人心之谓也。又《论语》言修己以敬，言敬事而信，又言行笃敬，言执事敬，言祭思敬，《礼记》言君子庄敬日强，《左传》成公十三年，言勤礼莫如指敬，皆指不敢怠事而言，非若朱子以少仪所言，足容重九端皆为敬之条目也。郑君《礼记注》有言：恭在貌而敬在心。少仪注。又郑君注《礼》有云：端悫，所以为敬也，又《缁衣》注曰：人溺于所敬者。是汉代之儒亦非不言主敬也。

岂不然哉。盖恭敬由礼而生，先王制礼，所以矫人民自肆自废之弊也。白肆之人，一任身体之放纵，而不复有所拘，即管子所谓恣耳所欲听，恣口所欲言，恣目所欲视，恣鼻所欲向，恣体所欲安也。《列子·杨朱》篇引晏平仲问养生于管夷吾，夷吾曰肆之而已，勿壅勿阏。平仲问其目奈何，管子即以恣耳所欲听五语答之。又杨朱云：耳之所欲闻者音声，而不得听，谓之阏聪，目之所欲见者美色，而不得视，谓之阏明，鼻之所欲向者椒兰，而不得嗅，谓之阏颤，口之所欲道者是非，而不得言，谓之阏智，体之所欲安者美厚，而不得从，谓之阏适。凡此诸阏，废虐之主。去废虐之主，熙熙然以俟死，一日一月，一年十年，吾所谓养。拘此废虐之主，录而不舍，戚戚然以至久生，百年千年万年，非吾所谓养。是杨朱之学全主放任，而反对节制体欲之说也。然好恶无节于内，知诱于外，不能反躬，必致灭天理而穷人欲，如晋人放达以及王学末流是。此自肆之失也。自废之人不知振作，其精神溺于懈惰，即《大学》所谓之其所敖惰而辟，孟子所谓自弃者不可与有为也。宋人亦云：懈意一生便是自暴自弃。盖欲图一己之安，必致放辟自废，甘以不才自居，此自废之失也。古人知其然，虑人人有自肆自废之心也，乃矫之以敬。如《大戴礼》言敬胜怠者强，此言敬所以化怠也，怠者自废之谓也。荀子亦曰：凡百事之成也，必以敬；其败也，必以慢。慢与敬对言，慢者亦自废之谓也。故敬字训警。《小戴礼》言庄敬日强，安肆日偷敬与肆对言，是敬者所以矫自肆之弊也。是也。观《说文》忠字训为敬，而惰字训为不敬，其字悉从心，而肃字古文亦从心，即郑君之注《礼记》狎侮死焉而不畏也，亦谓怵于无敬心，是敬指心也。又虑人人有自肆自废之容也，乃矫之以恭。如《论语》言貌思恭，朱注亦曰恭主容。《小戴礼》言宾客主恭是也。是则古人之所谓恭敬，所以使人人不能自放抑，且使人人不能自懈也。乃宋儒之言恭者，以礼仪为桎梏，束缚身体之自由；如朱子所定"小学"及"家礼"。是故近世之日本人福泽谕吉以中国之礼为束缚身体之具。宋儒之言敬者，存心虚漠，致与事物相忘。如程子以主一无适为敬，又言涵养须用敬，是程子之所谓敬，即心不外驰之谓也。心不外驰，则有体无用，非以敬为寂灭乎。故宋儒之言主敬者，咸屏绝思虑，闭目静坐以验自得之诣。惟张南轩之言曰：今但言存心为敬，不过强制其思虑耳，非敬之理矣。朱子亦曰：敬非万虑休置之谓，特要随事专一，不放佚耳。非专是闭目静坐，耳无闻目无见，不接事物，然后为敬也。其说最精。近人若仪征阮氏、定海黄氏亦推论宋人主一无适之非，而训敬为警。是恭训为拘，敬训为静，宋儒之言主敬，多与主静义混。虽足收敛身心，使之不能自肆，然活泼之风、进取有为之志咸为恭敬二字所拘，非趋天下之人于自废乎？古人之言恭敬也，所以矫自废之失，故敬者随时警肃之谓也。随时警肃则懈怠之心不生。而宋儒之言恭敬，实以启人自废之端耳。且人人咸失自由，则人人无乐生之趣，使防维稍弛，必致荡检逾闲以遂其所欲。如防川过严，则水有溃决，其害愈大。君主压制过严，则人民革命其祸愈深。其比例也。是恭敬者，又实以激天下之人而使之自肆也，此岂古人言恭言敬之旨哉？

## 才

《说文》云：才，草木之初也，从丨，上贯一将生枝叶，一，地也。

段氏注云：一为地，丿为枝叶，茎出地而枝叶未见，故曰将生。盖草木之初生者曰才，而人之才能亦见于初生之时。草木之初，枝叶未呈，然枝叶已萌；人生之初，材干未呈，然材干毕具。黄氏式三申段注之说，谓草木之初，枝叶必具；生人之初，亦万善毕具。故人之能曰才，言人之所蕴也。然人生之初未具善恶，言万事必具不若言材干必具之确也。故才能之才，即由草木初生之义引申。观孟子之论才也，一以辫麦之生喻之，一以木之萌蘖喻之，与《说文》训才为草木之初，其义相合。盖人之才能具于性中，犹之草木之初其枝叶包涵其中也。盖人性本体不可测度，其见于外者，一曰性中所发之情，见前册。一曰性中所呈之才。情也者，因感物而发者也，亦见前册。才也者，因作事而呈者也。知人不治学，无由判其心知之智愚；人不治事，无由别其血气之刚柔。

人所具之才各殊，然只可被以优劣之名，不得谓之善恶。何则：才本于性，而性之实体即血气心知是也。《礼记·乐记》篇云：夫民有血气心知之性。而戴东原《孟子字义疏证》亦以血气心知为人性之实体。血气心知具于生初，则才亦具于生初，故孟子以才为天降，然降才所以各殊者，其故有二。一由血气。以血运行之迟速，判性情之刚柔。西人生理学、医学谓人之有身，咸恃血气之运行，凡血气运行速者，其人身略高，面貌灵活，行动至速，其性多刚。血气运行迟者，其人身略软，身体呆滞，其性迂滞而多柔。所言之理甚为精确。一由心知。以脑髓之大小完缺，判人心之智愚。西人生理学谓各人智愚之不同，咸视脑髓为区别，脑髓完全无病及脑髓稍大者，其人必智。若脑髓有缺陷以及脑髓狭小者，其人必愚。其理亦精。昔宋儒侈言气质之性，如朱子言：《论语》言习相远，即指气质之性言。夫气质之性，亦具于生初，非由于习，且血气之性不得谓之恶。宋儒斥为恶，非也。不知气质之性即性中所具之才，血气有刚柔之殊，即宋儒所谓气也；大约人性情各不同，其最著者则为刚柔。故《书》言沈潜刚克高明柔克，即孟子之言狂狷，狂与高明相近，狷与沈潜相近。心知有知愚之殊，即宋儒所谓质也；质也者，即中国所谓资禀也，资禀不同，故或为知人，或为愚人。故才必合气质而后具。韩昌黎谓性有三品，此误指才为性也。而人身所具之能，即为气质所拘，生种种之区别。才本于性，性无善无恶，则才亦无善无恶，特为血气心知所限，而有刚柔智愚之殊耳。刚柔智愚皆限于一偏，不得谓之善，亦不得谓之恶，故孟子言若夫为不善非才之罪也。所具之能不同，故人各有能有不能。此王孙由余语。宋儒亦言人为气禀所拘，气禀即气质也。人为气禀所拘，故能各不同。才具于性，是为储能，以才见之施行，是为效用。所储之能若何，人生本静，然才干毕具，惟具而未呈，故曰储能。即所效之用若何，效用者，具本性中所具之才而见之作为者也。各如其量，不能稍逾。朱子注《孟子》曰：才犹材质，人之能也，人有是性，则有是才。戴东原《孟子字义疏证》亦曰：才者，人与百物各如其性，以为形质，而知能遂区以别焉。其说至精。《诗》言民之秉彝，秉彝者，即才之谓也。朱子解秉彝为情，殆失之矣。董子言性有善质，质也行，变即才之谓也。性有善质，言性中涵有可以为善之才也。孟子言：仁义礼智我固有之，倍蓰无算，由于不能尽才。盖实行仁义礼智，亦本于所具之才。此言人人当扩充其才而用之也。又言存乎人者，岂无仁义之心，梏之反复则近于禽兽。人以为未尝有才，此惜人自弃其才也。盖天下之人有恃才而自高者，亦有具美才而自废者，皆不能谓之有才。何也？才必见之于施行，若无作用，则才何由见哉？

古人之论才也，以为才既不同，使人人各择其才之所近，以各尽其能，然后天下无弃才。如周公言无求备于一人，孟子言有大人之事有小人之事，即孔门分四科，亦即教人各因其材之义也。故《学记》有言，教人必尽其才，盖人人各有所长，皆由于所具之能不同。故古人言某人有文才，某人有史才，即言其能作文能修史也。言某人有政事才，有用兵才，即言其能治国能治兵也。故才也者，即人性所具之能也，或随情而呈，或习而异，若一事不施行，则为自弃其才。施行而不能力行，是为不自尽其才。然此仍主任天之说也。若《中庸》言虽愚必明虽柔必强，愚明即智愚。柔强即刚柔。皆属于才。此即变化气质之说。大约天下之人，其秉质最偏者莫如智愚。其秉气最偏者莫如柔强。《中庸》之言，乃使愚者所尽之功与智者等，弱者所尽之功与强者等，使人不复以才自限。以人定胜天，是为人与天争，此又才质不足限人之说也。若夫孟子言成德达才，才字今本作财，惟《释文》本作才，今从之。言乐得英才，又言才也养不才，庄子言周将处于才不才之间，《山木》篇。则以才之优者为才，才之劣者为不才。不知才之为义，系包智愚刚柔而言，不得以才字之名专属于才优之人，更不得以不才之名加之才劣之人。论才当衡其优劣，不当判其有无。且才优之人其作用多，才劣之人其作用少，谓才有多寡则可，谓才为有无则不可也。才字本系名词，非静词、动词，善恶可言有无而性不可言有无。若以才劣之人为不才，则为恶人亦可谓之不性乎。名之不正，岂一朝一夕之故哉。此皆辨学不昌之故。若《左传》言少昊氏有不才子，文公十八年，季文子语。则又以恶为不才。然谓之不善则可，谓之不才则不可。才指气质言，无气无质则人不能生，故不才二字为失词。又如《周易》言兼三才，则才字又指作用言。盖以才具于性，为人性之作用，犹是以才字之名词代作用二字之用。《易》言有天道、地道、人道，兼三才而两之故六，又言立天之道曰阴与阳，立地之道曰柔与刚，立人之道曰仁与义。盖阴阳为天之作用，柔刚为地之作用，仁义为人之作用也。此又才字引申之义，非才字之本义也，若程子言才本于情，才亦有不善不知，才之不善由于情意之不善，非才之本体不善也。故程门弟子杨遵道已立说驳之。何其立说之多歧乎！

## 道

《说文》云："道"，所行道也。盖道路之道，人所共行，故道德之道，即由道路之道引申。郑君注《中庸》曰：道犹路也，出入动作由之。朱子亦曰：道犹路也。即孟子所谓夫道，若大路然也。中国前儒分天道、人道为二，以气化之流行者为天道，如《易经》言立天之道曰阴与阳，又曰一阴一阳之谓道。张横渠曰：有气化有道之名，一阴一阳之谓道也。朱子：一阴一阳往来不息，即是道之全体。又《易》言：形而上者谓之道。程传亦以阴阳释之。盖阴阳为天之作用也。以日用事物当行之理为人道。戴东原《孟子字义疏证》曰：道犹行也，气化流行，生生不息，是故谓之道。又曰：人伦日用之所行，皆是道也。在天地则气化流行生生不息，是为道。是故道在人物，则凡生生所有事，亦如气化之不可已，是为道。亦分天道人道为二。是道字之义与行字同。凡事之悬一定准则，以使人共行者，皆谓之道。

特欲溯人道之起源，则各说不同。或谓道之大原出于天，董仲舒《春秋繁露》。或谓道起于三人居室，章学诚《文史通义》。或谓道为人心所固有，吕与叔语。三说均非。夫人之初生本无一定奉行之准则，风俗习惯各自不同，则所奉善恶亦不同。一群之中，以为善，则相率而行之，目之为道，习之既久，以为公是公非之所在，复悬为准则，以立善恶之衡。一群人民以为是，则称为善德，一群人民以为非，则称为恶德。然溯其善恶之起源，则以人民境遇各殊，以事之宜于此群者为善，以事之背于此群者为恶。其始也，以利害为善恶。然一国多数人民之意向，既奉此善恶为依归，及相习成风之后，即不能越其范围，此道之起于风俗习惯者也。盖善恶之起源，一由于境遇，一由于嗜好。因境遇之不同而嗜好遂不同，因境遇嗜好之不同，则利害亦不同，利害不同则所奉善恶亦不同。如杀人享神之事，文明之民视为极恶者也，而野蛮之民则迷信宗教，以为非此则不能使神降福，则因利己之故而称为善矣。又如谦让不争，中国人民视为极善者也，而太西之民则竞争权利，以为若此则放弃自由，则因不利于己之故而称之为恶矣。推之回民善坚忍，则以残害他教人民为善。西人倡强权之说，则以征服野蛮人民为善。既以为善，则必奉之为当行之道矣。即学士之论说，国民之舆论亦莫不皆然。则道德又岂有一定哉？又上古之初，一国之权操于强者之手，而人民遵其命令，罔敢或违，非惟握制定法律之权也，并握制定道德之权。见其有利于己，则称之为善，见其有害于己，则称之为恶。善德者，民之当为者也，恶德者，民之不当为者也。凡专制之君主莫不皆然。愚民不识不知，奉君命如帝天，而强者所定之道德，遂为一国人民所共遵。及人民渐摩濡染，遂本之以定是非。如中国人以弑君为大逆，以忠君为美德，以君虽不仁臣不可不忠为圣训。此何故哉？则以君主制定道德时，非是不足以固一己之权，乃中国人民则以为天理之当然矣。又如中国人民以父虽不慈子不可不孝为粹言，以一夫多妻为习惯，以女子再嫁为不贞，此皆父权夫权盛行之时，制定此种道德以抑子权女权，而中国人民则又以为天理之当然矣。即有察其弊者，而愚民则信之至深，莫之或悟，承认三纲为至道，不敢稍疑，亦莫敢不从。盖法律之范民不及道德之范民也。戴东原谓“人死于法犹有怜之者，死于理其谁怜之”，此之谓也。此道之原于政体法律者也。则天下岂有一定之道哉？

然天下虽无一定之道，及一群之中奉为定则即有范围众庶之权，故中国前儒于道字之界说析为三端：一以道体为无所不被，即《中庸》所谓不可须臾离，陈安卿曰，人生天地之内，物类之中，全具是道，道不可须臾离，求道者就人事中尽得千条万绪当然之理，然后可以全体是道。是陈氏谓道即理也。及道不远人是也。朱子曰，道者，凡众人之所能知能行者，故尝不远于人。而赵岐则曰，道舒之则弥六合，包络天地禀授群生者也。故日用事物当行之理亦可被以道名。朱子《中庸注》以道为日用事物当行之理是也，如《中庸》以五伦为天下之达道。而郑君《礼记·乐记》注曰，道谓仁义也。即用《周易》立人之道曰仁与义之说。又注《周礼·大司乐》曰，道者，多才艺者也。则道字又包一切德行而言矣。一以道理为不可或易，即董仲舒所谓天不变道亦不变是也。见《春秋繁露》。而《韩诗外传》亦曰，君子之于道也，犹农夫之耕，虽不获年之优，无以易也。与董说同。盖此语稍误，夫天下本无一定之道，则谓道理不变及道理无以易者，皆非也。故事物之有定理可循者，亦谓之道。如《易·文言传》坤道，其顺乎承天而时行。时行者即地道之有定理可循者也。若夫今地图之有赤道、黄道，亦地球上一定之轨道也。《中庸》“道并行而不相悖”即指此言。故事物之有定理可循者亦谓之道，以其不可变及不可易也。一以人道为不可不从，如《论语》言何莫由斯道是也。《论语》以户喻道，犹孟子以大路比道。故事理悬一当然之的者，亦称之为道。《中庸》言，道之不行，由于智者过而愚者不及，道之不明，由于知者过而愚者不及。朱子注曰，道者，天理之当然也。故道之为用与法律同。特儒家之言道也，或就事言，或指理言，以事之平易近人者为道，如《孟子》言道岂难知是。复以理之适于中正者为道，如《孟子》言中道而立是也。皆属至精。惟《中庸》言天命之谓性，率性之谓道，亦若道为性中所固有，而其原则出于天立说，稍误。盖一国一群之民既奉所定之道为准则，人生其间，自总发以来，耳濡目染习与性成，而人民之意中即具一笃于信道之心，一国之民莫不如是。古人不知其由于习染也，见道为人心之同然，遂疑道为人心所固有。吕与叔曰，人良心所发，莫非道也，在我者，恻隐、羞恶、辞让、是非，皆道也；在彼者，君臣、父子、夫妇、昆弟、朋友，皆道也。是皆人心所同然，乃吾心所固有也。既以道为人心所固有，《孟子》曰，万物皆备于我。朱子以当然之理无一不具于性分之内释之，亦此意也。复推原道具于心之故，道疑其源出于天然。《中庸》有言，诚者，自诚也；而道，自道也。诚者以身践道也，道者事理当然之则也。《中庸》又言，诚者，天道也，诚之者，人之道也。天道即自然之则，人道即人为，言以人力而践自然之则耳。即诚者自诚二语，乃言诚自为诚，道自为道，诚与道为二物，犹之言道为一物，而践道别为一事耳。则道非性中所固有明矣。宋儒解自为己，未明《中庸》之文法也。则道非心中所固有明矣。率性为道一语毋乃误与。

然周代之时，道字之训日歧，孟子言以道殉身以身殉道，则以一己之宗旨为道矣。《论语》言以道事君亦然。《学记》言大道不器，则又以人身所具之才能为道矣。皆非道字之本义。若老庄之学称为道家，于空虚恍惚之中坚求道体，以道字为绝对之词，与真宰真空相若，此则视道为至高。盖老子之义，以世人奉行之道不过由风俗习惯政治法律而生，然于习俗未成政法未备之前别有一自然之道。故于世人奉行之道，悉加摧毁，以求道体之本然。故老子书曰：道可道非常道。又曰视之不见曰希，听之不闻曰夷，抟之不得名曰微。又曰：无状之状、无物之象，是为惚恍。又曰：道之为物，惟恍惟惚，惚兮恍兮，其中有象，恍兮惚兮，其中有物，窈兮冥兮，其中有精，其精甚真，其中有信，自古及今，其名不去。又曰：有物混成，先天地生，寂兮寥兮，独立而不改，周行而不殆，可以为天下母，吾不知其名字，之曰道。又曰：道法自然。又曰：道常无名。又曰：大道已兮其可左右。又曰：道生一。又曰：道者万物之奥。此皆于未有道名之先，求道体之真，故于世人所奉之道，悉加摧毁。如言：大道废，有仁义，智惠出，有大伪，绝圣弃智，民利百倍，绝仁弃义，民复孝慈。欲去一切之道名，以世人所奉之道非真道也。故又言；唯之与阿，相去几何，善之与恶，相去若何。善恶不可据，则世人所奉之道亦不足为圭臬明矣。此老子所言之义也。然道训为行，道体非可行之物，道必寓之于人事，然后可行可由。故老子所言，循名责实只可谓之太极，亦不可谓之道也。两宋诸儒以道为形上，乃隐袭道家之说，如朱子注《论语》“仰之弥高，钻之弥坚，瞻之在前，忽焉在后”云：仰弥高，不可及，钻弥坚，不可入，在前在后，恍惚不可为象。即用老子恍兮惚兮之说。又注“子在川上”章云：天地之化往者，过来者，续无一息之停，乃道体之本然。儒家不言道体，道体亦道家之说也。惟复以日用事物之理为道。见《朱子语录》。

盖道分为二，一为本体之道，一为作用之道也。惟《宋史》又立《道学传》，而道字之义不仅属于实行，即穷理亦该于其中。若道统之说，则始于昌黎，继于二程，然道而有统，则是由道而行者，仅周代及唐宋数人，而他人皆为背道而行之人也。名之不正，莫此为甚。今欲正名，其惟改道统之名为学派乎？

## 静

《说文》“静”字下云：静，审也。而《释名》之释静字也，则训静为整。二训均精，盖古人所以言主静者，其故有二。一以制人心之粗率，一以息心念之纷扰。何则：人心有体有用，即不能有寂而无感。故《易》言：寂然不动，感而遂通，天下之故。心有所感，则意念以生。然意念既生之后，或直情径行，弗假思索，不知审措而熟思，即孟子所谓放其心而不知求也。程子曰：人心自由便放去。明胡敬斋曰：心粗最害事。此言人心粗率之为害也。人心粗率由于不思。或心无主宰，众念纷纭，致心驰于外，即《易经》所谓憧憧往来也。明儒薛文清曰：人不主静，则此心一息之间驰骛出内，莫知所止。欧阳南野曰：凡两念相牵，即是自欺根本。王塘南曰：念念外驰是为逐物。此言纷扰之害也。欲矫二失，咸非主静不为功。《说文》训静为审，审者，详加审察之谓也。故能审则不率。《释名》训静为整，整者用志不纷之谓也。庄子曰用志不纷乃凝于神故能整则不淆。此汉儒立训之精也。

试即古籍之言静者考之，则《礼·大学》篇有云：知止而后有定，定而后能静，静而后能安，安而后能虑，虑而后能得。案：《说文》云：定，安也，从一从正。盖正者守一以止也，定字从正，则定兼含止义。又云：安，止也。是安、止二字亦可互训也。盖定字、止字、安字皆与静字义近，惟中分次第。知止者，即用志不纷之义，所以禁外念之纷扰也。朱子曰知止而后有定向。能虑者，即详加审察之义，所以制人心之粗率也。故《说文》、《释名》之训，证之《大学》而益精。宋儒之说，其最得主静之义者，一曰涵养，如程子言涵养须用敬诸说是。涵养者，所以矫粗率之失，即心不速动之谓也。涵养既深，其作事也必反复踌躇而后出，不至流为急迫，亦不至流为浮露矣。一曰收敛，如朱子言藏心于密是。收敛者所以革纷扰之念，即心不妄动之谓也。收敛既密，则外物不足扰其心，不至役于外物，亦不至妄用思念而无所归矣。静字与动字为对待，主静者，即动心之基也，所以裁抑心念之自由，使动心之时必循一定之规律。《礼·乐记》言：人生而静天之性，又言：感物而动性之欲，与《中庸》所言已发未发之旨合。未发者为静，已发者为动，故《中庸》又言慎，如君子必慎其独是。言中，盖能慎则详加审察，能中则用志不纷，使人于感物以后，动念之初，克尽主静之功，则动心之时自能中节，无复粗率及纷扰之失矣。此古人重主静之旨也。朱子论“中和”有四说。第一说，谓心虽一日之间万起万灭，而其寂然之本体，则未尝不寂然，所谓未发如是而已。盖守程子未发为无心之说。故第二说斥前说之非，以心为主宰，以知觉为立本行道之枢要。盖朱子此时以心为主体，以知觉为客体。其第三说则谓未发之先当存养，已发之际当省察，此即动静交相养。故谓静中有动，动中有静。其第四说亦以涵养为主，涵养则不急迫浮露，又谓涵养必有事非止察识。是朱子至此时知主静即为应事，其说较前三说为精。若程子言存养于未发之前，则可求中于未发之前，则不可不知静字本含两意，一为收敛，一为主一，主一则心有所主，不至为他念所牵，不为他念所牵，即为中道。是求中亦主静之功，即用志不纷之义，亦即《释名》训静为整之意也。若李延平谓须于静时体认大本未发气象分明，即处事应物自然中节。其说亦误。夫主静之功，当施于事物相感之后，即与事物相感之后，既于事物相感，则意念以生，故主静之功即为处事应物而设。若人不处事应物，何赖有此主静之功哉？且《中庸》言戒慎恐惧，言喜怒哀乐，若未与事物相感，何由生戒慎恐惧之心，又何由生喜怒哀乐之情哉？

又《周易·系辞传》云：夫乾，其静也专，其动也直；夫坤，其静也翕，其动也辟。又曰：坤至柔而动也，刚至静而德方。此即周子动静互为根之义。《太极图说》曰：无极而太极，动而生阳，动极而静，静而生阴，静极复动，一动一静，互为其根。案：动而生阳即效实之义也，而静而生阴，则又储能之说也。是古人动静并言，未尝偏重主静也。《论语》言智者动，仁者静。亦动静并言之证。盖非动则不具活泼进取之神，非静则无坚固操持之力。若孟子言“不动心”即《中庸》“审思”《论语》“不惑”之义。审思者，所以去粗率之弊也，不惑者，所以革纷扰之失也。故又言勿忘勿助。勿忘者，心寄于事也，勿助者，不以他物扰其心也。所以申言不动心之旨。是则不动心者，即心不速动，心不妄动之旨。亦即荀子所谓不以梦剧乱智，谓之静也。非以静字之美名，而遂以动字为恶名也。故孟子又言动气动志。至宋儒以冥寂为静，程子曰：性静者可以言学。张子曰：始学者静以人德，至成德亦只是静。此皆未尝以冥寂为静，惟唐李翱有《复性书》近于以冥寂为静。宋儒若李延平之流皆蹈其失。以为事物纷扰由于心念之驰逐外物也，夫驰逐外物由欲与理不两立，以为人心之恶由于有欲，而有欲之原，则由于动心，故言不动心之说可以绝一切嗜欲之原，而无欲之人亦不至习于恶矣。又虑其说之于古无征也，古人虽言主静，未尝废动而专言静也。乃援饰孟子不动心之说，复饰大《易》无思无为之言，朱子曰：《易》指蓍卦无思无为寂然不动者，言在册，象在画，蓍在椟而变未形；至于玩辞观象而揲蓍以变，则感而遂通天下之故。其说较宋儒解无思无为为不思不为者迥不相同，惟稍附会耳。以为心体本虚，不著一物，程子曰：心兮本虚，应物无迹。夫心体之初，本无一物，其说是矣，然心体之中，不可终于空无一物也。以澄观默坐屏绝思虑为主静。程子等专以静坐为功夫。然《诗·柏舟》篇有云：“静言思之。”《氓》篇亦云：则静非无思之谓也。《礼·月令》篇云：安形性，事欲静。

又云：百官静，事无刑。黄以周曰：百官犹言百体也，百体静安以养之，不以气动其心，即所谓安形性也。刑，郑注云：今《月令》作径，《吕览》、《淮南子》并同。径者，疾也，速也，不以梦剧乱之，即所谓事欲静也。则静非无为之谓也。《礼记》亦曰：声容静。《诗》曰：笾豆静嘉，亦静非屏绝各事之证也。《易》言无思无为，与何思何虑同意。言作事之不假思索耳，非谓不思不为也。即孟子言不动心，亦指未发之心言之，非谓心不动也。故思之欲静与息念不同，而事之欲静，亦与绝物不同。后儒言静寂动虚，岂古人言主静之旨乎？然欲矫其弊，致以静功为无用，则又启人民自肆之端，亦非古人动静交相养之旨也。近儒多蹈不知主静之失。殆所谓两失者与。

# 字义起于字音说

## 上

字义起于字音，杨泉《物理论》述臤字，已著其端，迄于宋代，若王观国、见《学林》。张世南、见《游宧记闻》九。王圣美，见《梦溪笔谈》十四引。均标斯旨。嗣赵撝谦所著书，亦以声为主。见《麓堂诗话》。近儒钱溉亭氏，欲析《说文》系以声，嗣焦氏说《易》，陈氏、姚氏、朱氏治《说文》，均师其例。黄春谷氏《梦陔堂集》诠发尤详，谓同声之字，仅举右旁之声，不必拘左旁之迹，皆可通用。此匪诸家臆说也。古无文字，先有语言，造字之次，独体先而合体后，即《说文·序》所谓其后形声相益也。古人观察事物以义象区，不以质体别，复援义象制名，故数物义象相同，命名亦同。及本语言制文字，即以名物之音为字音。故义象既同，所从之声亦同。所从之声既同，在偏旁未益以前仅为一字，即假所从得声之字以为用。试观殷周吉金所著诸字，恒省偏旁，如郳肤盘郳作𩠡，齐侯甗俾作，郑公望钟恺作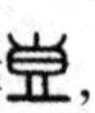，持作，尹叔敦惠作，散盘鍰作，毛公鼎纁作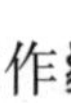，犕作，横作，盂鼎酒作，经作，师作，刑作井，聃敦𩢠作，静敦𤔲作，空首币祈作，纪侯钟纪作，师虎敦纳作，颂敦姓作，禄作，纯作，御尊观作，颂鼎作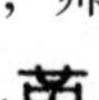，邵钟畴作，师寰敦俘作

孚，迟伯鼎迟作屖，虢季子盘蛮作䜌，使夷敦使作吏，孟爵邓作異，畐父辛爵福作畐，拍盘叶作枼，兮伯盘诸作者，趩尊识作戠，貉子卣对作丵，师奎父鼎䌹作冋，戎都、鼎都作者是也。若夫祖字作且，作字作乍、惟字作隹、货字作化，则为诸器所同。由是而推，则古字偏旁未增，一字实该数字。故持字之义该于寺，用寺犹之用持也。纯字之义该于屯，用屯犹之用纯也。诸、都二字之义，均该于者，既可用者为都，亦可用者为诸也。约举一隅，他隅可反矣。即《说文》所载古文，较之籀篆，恒省所从之形，如孞、古文保。丽、古文丽。侌、古文阴。舟、古文终。求、古文裘。屮、古文草。丂、古文巧。臤、古文贤。㬎古文显。是也。又“三礼”故书《尚书》《春秋》各古文，亦多独体，如古文位字作立、国字作或，见于汉儒所述，则以国从或声，位从立声，古代未造国、位二字，即假或、立二字代其用也。古籍否或作不、盟或作明、逊或作孙、征或作正，仲或作中，亦与或、立例符。则古代形声之字均无本字，假所从得声之字以为用。夫何疑乎？

## 中

古代字均独体，后圣继作，益以所从之形而合体之字成。然造字之始，既以声寄义，故两字所从之声同，则字义亦同，即匪相同，亦可互用。如太师虘豆“邵洛”即“昭格”，盂鼎“妹辰”即“昧晨”是也。六艺旧文，周秦古籍，同声之字互相同用，以佑代祐，以维代惟，“委佗”犹之“委蛇”，“横被”犹之“广被”，均其例也。义为前儒所已述，兹不赘陈。周秦以下，文尚骈词，两字同声，其用即同。如“絪緼”见于《周易》，《思玄赋》用之为“烟煴”。“獝狘”见于《礼运》，《江赋》用之则为“翻翃”。“啅嘐”见于《埤仓》，《洞箫赋》用之则为“惮憀”。均其证也。又如窊、窳、窳三字所从声同，《吴都赋》作窊，《江赋》作窳，《奏弹王源》则作窳。其义一也。揭、嵑、竭三字均从曷声，《东京赋》作揭，《海赋》作竭，《封燕然山铭》则作嵑，其义一也，亦其证。此例既明，则知文字之义象均属于声，而六书谐声之字必兼有义。惟汇举谐声之字以声为纲，即所从之声，以穷造字最先之谊。则凡姚、朱诸家所未言，不难悉窥其蕴也。

## 下

字义起于字音，非惟古文可证也。试观古人名物，凡义象相同，所从之声亦同。则以造字之初，重义略形，故数字同从一声者，即该于所从得声之字，不必物各一字也。及增益偏旁，物各一字，其义仍寄于字声。故所从之声同，则所取之义亦同。如从段、从口、从劳、从戎、从京之字，均有大义。从叕、从屈之字，均有短义。从少、从令、从刀、从宛、从蔑之字，均有小义。具见于钱氏《方言疏证》，而王氏《广雅疏证》诠发尤详。汇而观之，则知古人制字，字义即寄于所从之声。就声求义，而隐谊毕呈。如《说文》禛字下云，“以真受福也，从示，真声。”盖从真得义，斯从真得声也。禷字下云，“以事类祭天神也，从示，类声。”盖从类得义，斯从类得声也。若是之属，不胜悉举。又祠字下云，“春祭曰祠，品物少，多文词旧作辞，非是。也。从示，司声。”盖从词得义，即从词得声。从司声者，即从词省声也。与，丛聚也，取声殆枯也。古声同例，亦于《说文》为数见，则谐声之字必兼有义，音义相兼，不必尽属于形声兼会意之字矣。若所从之声与所取之义不符，则所从得声之字，必与所从得义之字声近义同。如神字下云，“天神引出万物者也，从示，申声。”申、引音义相同，从申得声，犹之从引也。祇字下云，“地祇提出万物者也。从示，氏声。”氏、提音义相同，从氏得声，犹之从提省声作是也。鬃字下云，“门内祭先祖所以旁皇，从示，彭声。”彭、旁音义相同，从彭得声，犹之从旁也，故或体作祊。由是而推，惊训为骇，警、儆训为戒，均从敬声，则以敬亟双声。古文敬亟为一字，具见薛寿《学诂斋集·释苟》篇，又钟鼎敬均作亟，汉瓦极或从敬。字从敬声，犹之从亟得声也。擪训一指按，㥷训为安，均从厌声，则以安厌双声，安音转厌，从厌得声，仍取安义也。阞为地理，从阜，力声，泐为水石之理，朸为木之理，均从阞声，则以理力双声，理音转力，从力得声，仍取理义也。斐为分别，从文，非声。𥄎为大目，从目，非声。腓为胫腨，从月，非声。则以非与分、肥及方均一声之转。斐从非声，犹之从分。𥄎、腓从非声，犹之从肥从旁也。如谤从旁声，由于谤诽声转，特由非声易旁声。犹访从方声，由于方谋声转，特由某声易方声也。又方肥互通，如肪字训肥，是腓肪取义亦相同。盖一物数名，一义数字，均由转音而生，故字可通用。《说文》一书，亦恒假转音之字为本字。如㤅字下云，“所依据也。”又曰，“读与隐同。”盖依隐双声，假隐为依，故从依得义，即从隐而得其音读。牢字下云，“从牛冬省，取其四匝也。”盖冬字从夂，即古终字，终匊音，转假又为匊，故从匊得义。而字从冬省，均假转音之字为本字者也。即谐声之字所从之声，亦不必皆本字。其与训释之词同字者，其本字也。其与训释之词异字而音义相符者，则假用转音之字，如讶，相近也。从言，牙声。以卬与吾牙音转也。飻，贪也。从食，殄省声。以贪殄声转也。鬴，鍑属，从鬲，甫声。以甫复音转，犹之蒲伏音转也。芫，鱼毒也。从草，元声。以芫鱼音转，犹之元禺音转也。均其例。或同韵之字。如湜，水清底见也，从水，是声。则以底是音近，古通，从是与从底不殊也。近儒于古字音训之例，诠发至详，然谐声之字音所由起，由于所从之声则本字与训词音近者，由于所从得声之字与训词音近也。古字音近义通，恒相互用，故字从与训词音近之字得声，犹之以训词之字为声。此则近儒言音训者所未晰也。即此而类求之，则谐声之字所从之音，不复兼意者鲜矣。

# 转注说

转注之说，解者纷如。戴、段以互训解之，此不易之说。惟以《尔雅·释诂》为证，则泛滥而失所厥归。古代字各有训，有可以互训者，有不可互训者，《释诂》“始也”、“君也”各节，大抵萃别名之字，该以洪名，即以一洪名释众别名。如“初哉首基”，初为裁衣之始，哉为草木之始，即才。首为人体之始，基为墙始是也。又如君训足以该公侯，公侯之训不足该君，则不克互训明矣。《说文》所诠之诂，或如本字之谊，仅得其一体。如马字训武、训怒，牛字训事理，此亦不克互训者也。若斯之属，咸与互训之例别。《说文·序》言：“建类一首，同意相受。”《周礼·保氏》《正义》引作“建类一首，文意相受，左右相注”。左右相注，即彼此互释。则转注当指互训言，非以转注该一切训释也。其曰“建类一首”者，则许书所谓转注，指同部互训言，不该异部互训言也。江氏以“建类一首”为同在一部之字，是也。谓同部之字从部首之字得义，均为转注，其说则非。孙氏以同部互训为转注，是也。以祥、祉，福也，福，祐也为例立说，又非。若王氏《释例》以异部互训亦为转注，失与段同，魏朱及曾说均未合。故惟考老为正例，晋卫恒曰，转注，考老是也，以老为寿考也。盖以老字之谊与寿考之考相同，故互相训释，此深得许君之旨者也。恒为晋人，去汉未远，故所释未讹。考老而外，若草部蓤、芰互训。许君说之曰，蓤，楚谓之芰，秦谓之薢茩。由许说观之，盖互训之起，由于义不一字，物不一名，其所以一义数字，一物数名者，则以方俗语殊，各本所称以造字。许君于芰、蓤二字既明标其例，则草部茅、菅互训，又莪字下云，

“萝莪，蒿属”。萝字下云，“莪也”。疑当作：莪，萝也，蒿属。亦互训。言部谏、证互训，木部楠、梅互训，极、栋互训，梧、槼互训，縠、楮互训，栈、棚互训，穴部窍、空互训，人部何、儋互训，页部颡、𩒨互训，火部爇、烧互训，心部戆、愚互训，鱼部鳛、鳅互训，糸部缠、绕互训，或本《尔雅》，或本《方言》，盖均方俗异称，致义有二字，物有二名者也。且许书二字互训恒系音近之字，如草部菲、芴互训，言部讙、譁互训，攴部改、更互训，鸟部鹄、鸿互训，许以隺为鸿雁之鸿。入部人、内互训，木部槛、栊互训，禾部稻、稌互训，页部颠、顶互训，欠部歔、欷互训，虫部强、蚚互训，均双声也。草部盖、苫互训，苗、蓨互训，走部趁、趰互训，口部吒、喷互训，言部诗、洲互训，讽、诵互训，刀部刑、到互训，火部炙、灼互训，金部镤、镤互训，均叠韵也。若草部萬、蘠互训，莿、莿互训，则又音义均同，仅以省形不省形而区者也。即口部嘘、吹互训，木部柱、楹互训，柱、盈音近，与絭读若朱同例。欃、楔互训，古谈部之字多转入脂部。柧、棱互训，橐部囊、橐互训，金部锭、镫互训，自部障、隔互训，亦均古音相近。此转注之正例也。正例而外，变例孔多，如山部崝，崝嵘也。嵘，峥嵘也。手部揹，摇揹也，摇，揹也。此转注之变例一也。草部芽，萌芽也。芽字疑衍。萌，草芽也。荛，草薪也。薪，荛也。木部荣，桐木也。桐，荣也。枯，槁也。槁，木枯也。又枓，勺也，杓，枓柄也。亦此例。勺也当作杓也。贝部赘，以物质钱。质，以物相赘。马部惊，马骇也。骇，惊也。辵部辿，迻也。或从彳，即徙字。迻，迁徙也。月部胫，胻也。胻，胫耑也。土部垣，墙也。墙，垣蔽也。自部陬，阪隅也。隅，陬也。此转注之变例二也。木部根，木株也。株，木根也。标，木杪末也。杪，木标末也。桥，水梁也。梁，水桥也。巾部常，下裙也。裙，下常。丝部纣，马缯也。缯，马纣。此转注之变例三也。阜部隩，水限崖也。限，水曲隩也。亦近此例。草部蒋，苽也。苽，雕苽或作菰误。一名蒋。食部饟，周人谓饷曰饟。饷，饟也。自部陂，阪也。阪，陂者曰阪。此转注之变例四也。又玉部珥，瑱也。瑱，以玉充耳也。亦属转注变例。然变例转注之字音亦恒近，如萌、芽，枯、槁，惊、骇，蒋、苽，陂、阪，珥、填，均属于双声。崝、嵘，鞮、鞋，胫、胻，陬、隅，标、杪，纣、緧，馕、饷，均属于叠韵。辿、迻，赘、质之属，亦复古音相近。故许君作序，特举考、老叠韵互训字以为例也。特许书转注虽仅指同部互训言，然扩而充之，则一义数字，一物数名，均近转注。如及、逮，邦、国之属，互相训释。虽字非同部，其为转注则同。又《方言》一书，均系互训，以数字音同为尤众。则以音近之字，古仅一词，语言迁变，矢口音殊，本音造字，遂有数文，故形异义同，音恒相近。《方言》卷一大字条，标例至详，即《尔雅》《小尔雅》诸书所载，其有音近可互相训释者，亦均转注之广例，特不可援以释许书耳。

# 古政原始论

## 总　叙

杨朱有言，太古之事灭矣，孰志之哉。见《列子·杨朱》篇。而屈平亦曰，邃古之初，谁传道之。见《天问》。夫二子生当周季，已悲稽古之难，矧生于千载以后者乎！然木必探本，水必穷源，况于人事。盖欲考古政，厥有三端。一曰书籍。五帝以前，文字未兴，史官未立，而三坟今之《三坟》乃伪书也。五典复历久无征。间有记载之书，又以语失雅驯，为搢绅先生所弗道。见《史记·五帝本纪赞》惟世本诸编去古未远，如《列子》《左传》《国语》所引古史，以及《淮南子》《白虎通》《帝王世纪》诸书，咸可考证三古之事迹，惟不可尽凭。虽记事各殊，如言三皇五帝，已各殊其人，其他可知。然片语单词，皆足证古初之事迹。其可考者一也。二曰文字。造字之初，始于仓颉。然文字之繁简，足窥治化之浅深。中国形声各字，观其偏旁，可以知古代人群之情况，予旧著《小学与社会学之关系》即本此义者也。此可考者二也。三曰器物。木刀石斧今虽失传，中国书所载雷斧即石斧也。然刀币鼎钟，观近代金石书可见。考古家珍如拱璧。此可考者三也。惜中国不知掘地之学，使仿西人之法行之，必能得古初之遗物。况近代以来社会之学大明，察来彰往皆有定例之可循，则考迹皇古岂迂诞之辞所能拟哉！此《古政原始》所由作也。

# 国土原始论第一

神州民族兴于迦尔底亚。《史记·封禅书》曰：泰帝兴神鼎一。《淮南子》曰：泰古二皇得道之柄。泰帝泰古者，即迦尔底之转音也。颜注以泰帝为太昊，非也。古世字无定形，惟取其声近者相借用。厥后逾越昆仑，经过大夏，见旧作《华夏篇》及《思祖国篇》，故不再录。自西徂东，以卜宅神州之沃壤，暂种人民称为巴枯逊族。巴枯逊者，盘古之转音，其详见《华夏篇》。亦即百姓之转音也。百姓为巴枯逊之合音。今葱岭回部以伯克为贵族之称，而中邦古代亦以百姓为贵族之称，《书》“平章百姓”，百姓即汉族之贵者也。伯克、百姓其音一也。吾观古迹所记载，知伏羲生于成纪，见《帝王世纪》。神农产于华阳，见《春秋元命苞》。是中代声教所被，首及雍梁。又当此之时，中邦疆域广延与西方合一，其证见于《山海经》《穆传》诸书，旧作《思祖国篇》已详言之。故《帝王世纪》有言，神农以上有大九州。《春秋命历序》亦曰，神农始立地形，东西九十万里。则兼举西方之土而言可知。而贾谊《新书》之序事迹也，亦言黄帝登昆仑然后还归中国。《新书》曰：黄帝经东海入江内，取绿图以济积石，涉流沙登于昆仑，于是还归中国，以平天下。此亦黄帝至西方之证。则黄帝肇兴，实以昆仑为祖国。然黄帝以前，中邦疆域仅占西土一隅，自黄帝削平蚩尤，与蚩尤战于涿鹿即今涿州，是幽州为蚩尤故地。降居昌意，《史记》言，黄帝子青阳降居江水，昌意降居若水，昌意娶蜀山氏女，生高阳。盖当此之时川蜀始入版图，故封皇子以守之。而禹生石纽，亦今四川之边境也。幽、苏、川、蜀始入版图。自舜窜三苗，礼教始行于湘楚。神农之时虽至南郡，唐尧之世虽宅南交，然不过羁縻其地，而为之主者仍苗民也。见旧作《苗黎篇》。故《檀弓》篇曰：舜葬于苍梧之野。自禹盟会稽，德泽始加于吴越。故《墨子》书曰：禹东教乎九夷。此则古圣开疆之次第也。古人皆用殖民政策故能以客族而胜主民。又神农以前，人民从事畜牧，迁徙往来，民无定居，与近今之胡族相同。故君曰伏牺，臣曰力牧，黄帝臣名。国中称为域中，国字古字作或作域，即无一定疆界之证也。九囿称为九有，亦古代无一定疆界之证。足证此疆尔界区画未严。及火化之说诠明，观中国古代有燧人氏，有祝融氏，皆发明用火之术者也。及神农发明耕稼，始知伐林启壤以垦辟田畴，故烈山泽，伐林木，此神农氏所由，亦称烈山氏也。始易牧地为田畴，而行国之民易为居国。即城郭宫室之制亦起于是时。故《汉书》载神农之教，有"石城千仞"之语。然市府国都语无区别，见旧作《小学与社会学之关系》篇，今弗具引。游牧旧制亦未尽沦，故诸侯之长仍沿九牧之称。如《书》言咨十有二牧，《左传》言禹时贡金九牧是也。盖古代以牧地分诸侯，各国有一定之牧地，与今蒙古之各有牧地者相同，故后世以牧为伯长之称，《周书》言宅乃牧，亦沿此语者也。又游牧之民以旗区壤，而族字从旗。《尧典》言以亲九族，犹言以亲九牧耳。汉儒以亲族之族解之非也。观《禹贡》言莱夷作牧，王引之云：言莱夷水退始作牧也。则大禹之时，九壤之中仍有牧场之地，盖游牧耕稼相杂之制度也。惟当此之时以帝都之所在定为国号之称，神农作都曲阜，地邻齐鲁，故以齐州为中国之称。《尔雅》牧地曰：距齐州以南，犹言距中国以南也。黄帝、尧、舜作都河北，地属冀州，涿鹿在九州中亦为冀州之地，故《山海经》言黄帝令应龙攻蚩尤于冀州之野也。《史记》亦曰：蓟，冀州之人也。故以冀北为中国之称观《穀梁传》及《楚辞》可见。惟划土区疆之法则历代不同，故或为十二州或为九州。然封建之制实以皇古为滥觞，孰谓考古者之无征哉？作国土原始论第一。

## 氏族原始论第二

尝考中国古籍，其溯人类之肇生也，立说多近于西教，有所谓创世之说者，如《五运周甲纪》《述异记》之记盘古氏是。又有所谓造人之说者，如《风俗通》女娲抟黄土为人是。咸荒诞不足信。盖上古之民从事游牧，以旗帜而区牧地，而部落以分。特古代之所谓部落者，不称国而称氏，古《孝经纬》有言，古之所谓氏者，氏即国也。吾即此语而推阐之，知古帝所标之氏指国言，非指号言。如盘古氏即盘古国也，燧人氏、大庭氏、有巢氏、祝融氏、女娲氏，犹言燧人国、大庭国、有巢国、祝融国也。伏羲氏、神农氏、有熊氏、金天氏、高阳氏，即指太昊、炎帝、黄帝、少昊、颛顼之国言也。又陶唐为帝尧之国，故称陶唐氏。有虞为帝舜之国，故曰有虞氏。夏为大禹之国，故曰夏后氏。又子思子所言东户氏，亢仓子所言凡遽氏，庄氏所称冉相氏，均即国也。若夫共工氏、防风氏，则又指诸侯之有国者言也。足证古代之所谓氏者，犹言国也，无国则无氏。《左传》曰，胙之土而命之氏。此氏字最古之义，是古时之氏大抵从土得名，无土则无氏矣。《禹贡》曰锡土姓，土即氏也。后世以邑为氏，以官为氏，以字为氏，皆氏字后起之义，与古代以国为氏之义迥别。郑渔仲、顾亭林之论姓氏也，知氏专属于男子，由姓而分，又谓古时人人有氏，惟姓必待帝王之赐锡。岂知上古之时有土斯有氏，亦岂能人人而有氏乎。《左传》言坠姓亡氏，无国则无氏矣。又氏字古文作是，《说文》氏字下云，巴蜀名山岸胁之自旁箸欲落堕者之名，与氏姓之说无涉。段注云，姓氏之字亦当作是，假借氏字书之耳。是字从日从疋，日为君象，所以表一国之有君长也，疋象足形，所以表土地为人民所托足也。《说文》以是为直，似非本义，段注云，姓统于上，氏统于下，是者，分别之词也。亦非是字之本义。盖一国之中必有君长，土疆始能成立，观于是字之从日从疋，益信氏字之义通于国字矣。

至中国姓字，从女从生，观古代之姓多从女旁，其详见旧作《溯姓篇》。盖上古之时婚姻未备，盛行一夫多妻之制，而一妻多夫之制亦未尽沦，故古代帝王大抵皆从母得姓。《亢仓子》曰，凡蘧氏之有天下也，天下之人但知有母，不知有父。《白虎通》亦曰，古之时未有三纲六纪，民人惟知其母不知其父。伪三坟亦曰，太古之人皆寿盈易始，三男三女冬聚夏散，食虫、鱼、兽、草木之实，而男女构精以女生为姓，始三头，谓之合雄纪。其书虽伪，然此语足窥古代社会之情况。非古人从母得姓之征乎？稽之古籍，得六证焉。神农、黄帝同为少典之后裔，而神农姓姜，黄帝姓姬，则以母姓不同之故耳，神农之母名任姒，黄帝之母名附宝，见《帝王世纪》。其证一。伏羲之姓为风，而女娲之姓亦为风，见《帝王世纪》。则以女娲先妣与伏羲之母同出一源，其证二。《国语》：黄帝二十五子，其同姓者仅二人。同母者仅二人，故曰同姓者令二人也。则以黄帝妃后甚多，子之生也，各随母姓，其证三。《大戴礼》言，陆终氏有子六人，安为曹姓，曹姓者邾氏也，季连为芈姓，季连者，楚氏也，足证同父异母得姓即殊，且可知古代氏与族有分。其证四。《史记·秦世家》述伯益得姓之始，举女修而不举少昊，秦之祖为少昊氏，而女修为颛顼之女孙，特其母家。《史记》举其母氏而不举其祖，亦古人从母得姓之证，其详见旧作《溯姓篇》。其证五。西汉皇子多系母姓，武帝立子据为太子，以母卫氏遂称卫太子，太子之子进为史良娣所生，遂称史皇孙，皆从母得姓之证也。仍沿古代从母得姓之风，又按《夏侯婴传》言，婴曾孙颇尚主，主随外家姓，号孙公主，故滕公子孙更姓孙氏，是公主既随母姓，而所生之子复从母姓也。其证六。得此六证，此六证外，余证甚多，如尧为帝喾之子，帝喾为姬姓，而尧为伊祁氏，则以母姓伊之故也。故《帝王世纪》曰，尧或从母姓伊氏。舜为颛顼之后，颛顼亦姓姬，而舜独姓姚者，亦以舜母姓姚之故。禹亦为颛顼后，而禹独姓姒者，《帝王世纪》谓因禹母吞薏苡生禹之故，则亦以母事而得姓矣。推之殷为子姓亦同此义。则古代所谓同姓不婚者，乃指母族之姓而言，非指父族之姓言矣。如尧舜同为黄帝之后，而尧之二女嫁舜为妃，不为渎伦。又伯益亦为黄帝之后，而伯益之祖大业其母为女修，即颛顼之后，亦父族之为婚者也。

夏殷以降，由女统易为男统，而所谓同姓不婚者，始指父族而言。以古帝之近于渎伦也，乃托为无父而生之说。《说文》姓字下云：古之神圣母感天而生子，故曰天子。予案：古史之言太昊也，只言其母感巨迹而生，不言其父何人。神农以降，古史虽详其父名，亦必言其母感天而生，如《帝王世纪》言：神农母任姒以龙首感生神农，黄帝母附宝以大电感生黄帝。而纬书之言少昊、高阳、高辛、尧、禹也，皆言其母感天气而生。馀如契母感玄鸟而生契，稷母感巨人而生稷，皆载在《诗经》。汉代今文学以圣人为无父而生，而古文学以圣人无父有生，盖以其父不明，故托为感天生子之说，以示神奇也。又以先祖所自出不明，因知有母不知有父之故。乃举行禘礼以祖配天，其详见旧作《溯姓篇》。此姓字从女生之微意也。惟古帝世系，书缺有间，征考实难。古帝世系多不可考，窃疑古书所云某帝为某子者，子即指子孙而言，犹言后裔也，非必定其所生也，如神农传九世始为黄帝所灭，则黄帝非即少典之子、神农之弟明矣。盖黄帝亦少典后裔而神农之同族耳，而《帝王世纪》误为少典之子。《左传》言自幕至于瞽瞍无违命。是舜之祖为幕。《左传》又言陈颛顼之后，则幕之祖为颛顼。《史记》言颛顼生穷蝉，而《吕梁碑》则言幕生穷蝉，是穷蝉乃颛顼之后，非即颛顼之子也。又《汉书》言，黄帝子清阳，其子名挚，以金德王，挚即少昊，是少昊乃黄帝之后，非其子。《国语》言，少昊氏之衰，颛顼受之。则少昊氏为一代之通称，足证颛顼去黄帝甚远，乃昌意之后，非必昌意之子也。故《山海经》言昌意生韩流，韩流生颛顼也。《春秋元命苞》言黄帝传十世，少昊传八世，颛顼传二十世，帝喾传十世，虽不足尽信，然足证颛顼非黄帝之曾孙。《汉书》帝系言颛顼五世而生鲧，则鲧非颛顼之子而颛顼之后矣。《左传》称高阳、高辛各有才子八人，高阳之子必不至若此之长寿，则所谓才子者乃指其后裔之贤者言也。此皆子即后裔之证。特当时之种系不闻异族之杂糅，至黄帝迁蚩尤之民于邹、屠，为异族新居之始。见《拾遗记》，其言曰，其先以地名族，后始分为邹氏、屠氏，氏即国也。三代以降，蛮夷入代，姓氏以淆，此岂古圣别生分类之旨哉。作氏族原始论第二。

## 君长原始论第三

《商书》有言，生民有欲，无主则乱。《仲虺之诰》篇。而扬子《法言》亦曰，一哄之市，必立之平。《学行》篇。意者，君长之制固始于洪荒之世乎？特英甄克斯《社会通诠》有言，图腾社会有巫无酋。引吉椄斯本钞二氏说。吾观中国古籍之称君长也，或称为皇，或称为帝，或称为天子、天王。皇者，天也，《白虎通》云：皇者何也，亦号也，皇，君也，美也，大也，天之总美大称也，时质故总之也，号之为皇者，煌煌人莫违也。《风俗通》云：皇者天，天不言，四时行也，百物生焉，三皇垂拱，无为设言，而民不违，道德玄泊，有似皇天，故称曰皇。《管子》亦曰：明一者皇。明一者即知天之谓。即圣人与天合德之义也。帝者昊天，上帝之谓也。郑康成云：帝，天也。古代以祖配天，用行禘礼，禘从帝声，故称君为帝。《春秋繁露》云，德备天地者称皇帝。《淮南子》云，帝者体太一，体太一者，犹言法天也。《尚书刑德考》云，帝者天号也，《乐稽耀嘉》曰德象天地为帝。《独断》云，帝者谛，能行天道事天审谛。皆其证也。天子者，其称亦起于禘礼，《说文》姓字下云，古之神圣人母感天而生，故曰天子。其说出于《繁露》，《繁露》曰，天祐而子之号称天子。《独断》曰，天子，夷狄之所称父天母地，故称天子也。吾观《尔雅·释诂》天亦训君，此君长所由称天子也。若王字之义，《说文》引《繁露》说，谓古之造文者三画而连其中谓之王。三者，天、地、人也，而参通之者为王。吾观《尸子》有言，尧问于舜曰何事，曰事天，问何任，曰任地，问何务，曰务人。此君长参通天、地、人之证。《尚书大传》亦曰，天地人道备而三五之运兴矣。

盖上古之时，君主即为教主，君权兼握神权。故《荀子》之言曰，学以帝王为师。《乐论》。董子亦曰，无王教则民质不能善。《性善》篇。足证上古之世君主兼握政教之权。试观伏羲画八卦得河图洛书之祥，即以符箓惑民之术也。神农发明医药，而《说文》则谓巫彭初作医，是洪荒之世医属于巫。故古书多以巫、医并言也。而《尸子》之称神农也，亦谓万物咸利，故谓之神。《白虎通》云，神农教民农作，神而化之，使民宜之，故谓之神农。《礼含文嘉》云，浓厚如神，故为神农。此君主兼握神权之证。即黄帝之征蚩尤，亦崇神术，如《史记》言黄帝教熊罴、貔貅、貙虎以与炎帝战，而《龙鱼河图》复言黄帝授天女神符是。推之合符釜山，《史记》云，黄帝北逐荤粥，合符釜山。坠弓鼎湖，见《史记·封禅书》。亦神道设教之征，黄帝大臣如鬼容区之流，大抵亦巫祝之流，所谓僧侣之政治也。是洪荒之政治皆神权之政治也。观蚩尤为苗族之君而有使役鬼神之术。《史记》之称帝尧也，亦曰畏之如天仰之如神。而启之伐有扈、汤之伐桀、武王之伐纣，亦自言受命于天，此古代信神权之确证。酋出于巫，此其验矣。

及洪荒以降，易巫为酋。酋之本训为绎酒，《说文》酋字下云：酋，绎酒也，从酉，水半于上。礼有大酋，掌酒官也。酋长之酋即由酒官假借。《月令》云乃命大酋，注云，酒官也。酋也者，即能以酒食饷民者也。其详见《政法学史·序》，又案：《说文》医字下云，治病工也，从殹，从酉。殹，恶姿也，医之性然得酒而使，故从酉，王育说。一日殹病声，酒所以治病也，《周礼》有医酒。是医学亦始于造酒，故造酒之人为人民所信仰，神农种谷明医，殆古代酋长之圣人乎。又酋字从酉，《博雅》谓气生于酉，《博雅》云，太初，气之始也，生于酉。酉有首字之义，宋王逵《蠡海集》云，酉者，酋也，阴之首也，是以夷狄之帅为酋。说虽附会，亦有至理。故酋长即为首领之称。且尊训为君，尊之本义为酒器，从酋从廾，与酋字由酒官假借者同。而其字从酋，亦酋长即君主之确证。又如輶轩使者，扬雄《答刘歆书》云，尝闻先代輶轩之使，奏籍之官，皆蔑于天子之室。为后世采风之官。輶轩或作遒人，《左传》遒人以木铎徇于路，刘歆与扬雄书作逌人，卣亦酒器与酋义同。又《说文》遒字下云，古之遒人以木铎记诗言。輶遒从酋得音，盖古代帝王皆有巡方之典，及君主深居简出，乃以巡方之职属行人，輶轩者犹言钦使、王使耳。乃酋长时代之遗言。且奠为祭名，而其字从酋从丌，《说文》云，奠置祭也，从酋，酋，酒也，丌其下也。礼有奠祭，非奠字本义。足证古代祭祀之权操于酋长。抑又考之，古代字无定形，多取同音之字相假。古有九头氏，《始学》篇云人皇兄弟九头，古代有九头纪。九头氏者乃酋长九人之分立者也。苗族君长曰蚩尤，蚩尤者乃酋长之无道者也。蚩尤犹言昏君，蚩为无知之貌。郑康成等训尤为过，非也。又古代酋豪并言，而后世以酋豪为夷长之称。《尚书序》：西旅贡獒。马融训獒为豪，即西旅之君长也。春秋之时，荆楚僻，近蛮夷，其君长之不终于位者，皆称为敖，而官名复有莫敖。敖与豪同，莫敖犹言大长，《小尔雅》：莫，大也。《庄子》广莫之野，犹言广大之野也。与赵佗自称蛮夷大长者同义。此亦酋长时代之遗语也。

自是以降，君长之制渐成，然称号各殊。就行政而言则称为尹。尹字从右从丿，义训为治，与握事同。《说文》尹字下云，治也，从又丿，握事者也。又有字，下云古文尹。而君字从尹从口，君字从尹，象持杖之形。父字训巨，为家长率教之称，从又举杖。是君长制度由家长制度而推。又殳字训为以杖殊人，是杖亦古人之兵器，故尹字、君字、父字皆象持杖之形。尹字即君字之古文。如《春秋》君氏卒，亦作尹氏卒是。古代之时，君主握有行政之权，后世以降，凡操握行政之权者皆称为尹。为君臣之通称。商伊挚伊尹名挚。称为伊尹，《说文》云：伊，殷圣人阿衡也，尹治天下者，从人尹。尹即贵职之称。又尹训为正，故周代之初长官称正，正与尹同。王伯申《经义述闻》云：《尔雅》曰，正，长也，故官之长皆称正，如《尚书》“凡厥正人”“惟厥正人”“越厥小臣外正”“庶士有正”“越惟有胥伯小大多正”“惟正是义”“有正有事兹乃允惟”“王正事之臣”，正字皆训为长官，即《立政篇》之政字，亦指立长官言。其说甚当。而春秋之际，荆楚陈宋诸邦仍称官为尹，如楚有令尹、左尹、右尹、箴尹、连尹、寝尹、工尹、卜尹、芈尹、蓝尹、沈尹、清尹、陵尹、郊尹、乐尹、宫厩尹、监马尹、杨豚尹、武城尹，皆为治事之官。又春秋之时，宋有门尹，陈有芋尹，盖皆见《左氏传》。而秦官复有名庶长者，亦沿酋长长字之称。余杭章氏又以《楚辞》“灵修”即令长，修训为长，因避淮南王讳改长为修，灵、令二字亦古通。予案：《离骚经》“蹇吾法乎前修”，前修即上文“前王踵武”之“前王”，修亦长也。尊卑虽异，同为治事之称。此可考者一也。就立法而言，则训为后，后字从口，《说文》后字下云，继体君也，象天之形，从口。《易》曰，后以施命诰四方。案，后夔等皆非继体之君，则开创之君亦可称后。故《易》言后以施命诰四方。《说文》：命，使也。从口令。段氏云，令者，发号也，君之事也。而韩昌黎亦曰，君者，出令者也。此后字之确诂。故大禹以夏后名朝，而三代以前天子有元后之称，《尚书》。诸侯亦通称群后。如《尚书·舜典》言“肆觐东后”“群后四朝”，《禹谟》言“禹乃会群后誓于师”，《伊训》言“侯甸群后咸在”，《武成》言“呜呼群后”，《毕命》言“三后协心”，皆诸侯也。而后夔、后稷、后羿、后寒之类，皆诸侯之称后者也。盖诸侯与天子尊卑未严也。则以天子当施令天下，即诸侯亦得施令于域中，故《尔雅》训后为君。此可考者二也。就司法而言，则称为辟。《说文》辟字下云：辟，法也，案：《诗·小雅》“辟言不信”，《大雅》“无自立辟”。传云：辟，法也。而《周礼·乡师》注、《戎右》注、《小司寇》注，皆训辟为法。从卩辛，节制其罪，案：辛字从一辛，罪也。见《说文》。故从辛之字皆有法字之义，罪字古文亦作辠。从口，用法者也，凡辟之属皆从辟。《说文》擘字下云：法也，从辟。《井周书》曰：我能弗擘，嬖受下云，治也，从辟，乂声。《虞书》曰：有能俾嬖。而《尔雅》复训辟为君，后世称贤君为令辟。足证古代之时，法律之权操于君主，故君主之名词隐含法律之义。此可考者三也。

合立法、行政之权言之，始称曰君，故君字从尹从口，《说文》君字下云：从尹口，口以发号。君训为尊，《说文》云：君尊也。君为天下所归往，《白虎通》云：王者往也，天下所归往。则称为群，故君群互训，而群字从君得声。王伯申《经义述闻》云：《尔雅》君字有二义，一为君上之君，天帝皇王后辟公侯是也，一为群聚之群，林蒸是也。古者君与群同声，故《韩诗外传》云君者群也。案：王氏之说稍误，林烝训群，复训为君，则以古代称君与国家团体无异。王氏未及知耳。《吕览·长利》篇云，群之可聚也，相与利之也，利之出于群也，君道立也，故君道立则利出于群。案柳子厚《封建论》亦云：人之初与万物皆生，不能自奉自卫，假物则争，争而不已，必求其能断曲直者以听命也，其智而明者，所服必众，告之以直而不改，必痛之而后畏，然后君长刑政生焉。斯言也，殆草昧时代立君之嚆矢乎。盖草昧之世，君由民立，世袭之制未兴，故五帝官天下与三王家天下不同，汉盖宽饶奏封事引《韩氏易》云：五帝官天下，三王家天下，官以传贤，家以传子，若四时之运成功者去。而盖氏坐指意欲求禅赐死。今世《韩氏易》失传，而诸家注释《汉书》者亦无一语及之，惟《说苑·至公》篇云：秦始皇既吞天下，召群臣议五帝禅贤三王世继孰是，博士鲍令之对曰，天下官则选贤是也，天下家则世继是也，故五帝以天下为官，三王以天下为家。始皇帝叹曰：吾德出于五帝，吾将官天下，谁可使代我者与？《韩氏易》说同，而蒋济《万机论》亦有官天下家天下语。而君字亦为君臣之统称。周时人臣亦称为君，见顾氏《日知录》卷二十四君字条。自黄帝置太监之官以监万国，见《史记》。禹合诸侯于会稽，戮防风氏，而诸侯各国始知天子之尊，酋长之制遂易为封建之制矣。此中国君主制度之滥觞也。东周之时诸侯称王，而秦始皇遂兼称皇帝，至今未革，不知皇帝二字义甚相近，《书·吕刑》言皇帝，犹《诗·大雅》言皇王耳。合二字为天子之称，非复而何？作君长原始论第三。

## 宗法原始论第四

《易·序卦传》有言，有天地然后有夫妇，有夫妇然后有君臣。而《礼记·中庸》篇亦曰，君子之道造端乎夫妇。此语何谓哉？盖上古之时婚姻之礼未备，血胤相续，咸以女而不以男，见《氏族原始》篇。必女子终于一夫而父子之伦始定，古代之时，由一妻多夫之制易为一夫多妻之制，故视女子为甚卑。有剽掠妇女之风，《礼》言阳侯杀穆侯窃其夫人，其遗风也。有买卖妇女之俗，《诗》言申人之女因夫家礼物不具，持义不往，其遗俗也。盖当此之时，自庶人以上皆行一夫多妻之制，位愈贵者妻愈多，盖当时所重者，在男子之血统，故一夫多妻所生之子悉从男子之姓，而女子之血系易为男子之血系矣。所谓有夫妇然后有父子也。自女统易为男统，则一族之中，不得不统于所尊，而父权以立。故古代以父为严君。《易》曰，家人有严君焉，父母之谓也。《礼记》曰，父之于子也，尊而不亲。而英国两卫族旧律，谓民不及十四者食于父案下，以父为君，约束刑罚惟其父，不得名一钱，凡所有皆父主之，与中国旧制相同。《说文》父字下云，家长，率教者，从又举杖。与君、尹字形相似，尹字即古君字，而尹字从又，亦象持杖之形。足证洪荒之世父权与君权相同。所谓有父子然后有君臣也。父处于君位，子处于臣位，此家族所由为国家之始基也。盖父子之伦既立，而宗法以成。特宗法成立析为二期。一为种人之宗法，乃游牧时代之制度也。一为族人之宗法乃耕稼时代之制度也。见《社会通诠》。种人宗法以神灵首出之一人为一种人民之祖，谓人民咸出于一源。其所谓同出一源者，不必信而有征，不过用此以系联其宗，使种人之心有所附属耳。非必果出于一源也。征之古籍得二证焉。一为五帝三王咸祖黄帝。证之《世本》，则各姓出于黄帝者占十之八。盖黄帝之时，其民皆从黄帝之姓，犹之今安徽等省大族所役之仆，亦从主人之姓也。《万机论》谓黄帝言，主失其国，其臣再嫁。盖当时以君姓为姓，故故国既亡，又从新君之姓为姓也。一为婚姻之礼娶女异邦。观当时之帝王无一娶本国之女为后也，如神农母为有峤氏，颛顼母为蜀山氏是也。盖古人不娶同姓，以同种之人皆为同姓，故必聘后于异邦。及人口滋蕃，而谱系之学亦日显，由是种人之中各推其祖之所自出，而氏族以分，各族以旗区别，故族字从㫃。致种人之宗法易为族人之宗法。社会学有二说，一谓有族人而后有种人，谓人类由分而合，一谓有种人而后有族人，谓人类由合而分。后说为当。犹之蒙古豪酋咸以成吉斯为鼻祖，而每旗之中复各自祀其始祖也。《尚书·汩作》、《九共》篇言别生分类，别生犹言别姓，古生字与姓字通用。乃由种人析为族人耳。《易·同人卦》曰，君子以类族辨物，《周易》述以族为姓是也，王伯申以族为类，谓善恶各以类。不足信也。而"六二"则曰同人于宗，盖分别族姓实为宗法之滥觞。

特宗法起源起于祭祀。皇古之时，有一境所祀之神，有一族所祀之神。一境所祀之神，即地祇之祭是也，其名曰社。全谢山云：古人之祭也，必有配，故社之配也以句龙，降而国社、乡社、里社，则以其有功于斯土者配之。今世之社无配而别出为城隍，又歧为府主，是皆古国社之配也。又降而一都一鄙皆有境神，是即古乡社、里社之配。其解社祭甚确当。一族所祀之神，即人鬼之祭是也，中国之鬼起于人鬼。其名曰宗。《说文》宗字下云：尊祖庙也，从宀从示。宀为交覆突屋有家室之形，宗字从宀，所以明宗为一家之祀神也。盖古人之祭祖也，近者亲而远者疏，故祭祀之礼悉以远近为等差，《大传》有言，有百世不迁之宗，有五世则迁之宗，始祖享百世之祭者也，故不迁，始祖以下皆得各享其四世之祭，故历五世而后迁，即班固四宗之说也。班固曰：宗其为高祖后者为高祖宗，其为曾祖后者为曾祖宗，其为祖后者为祖宗，其为父后者为父宗，盖高祖既祧，则高祖之子又为高祖，此四宗之说也。《大传》又曰，同姓从宗合族属。又曰，四世而缌服之穷也，五世袒，免杀同姓也，六世亲属竭矣，其庶姓别于上而戚单于下，昏姻可以通乎，系之以姓而弗别，缀之以食而弗殊，虽百世而昏姻有不通者，周道然也。盖四世以内为亲属，五世以外谓之族属，所谓同姓从宗者，谓虽庶姓别于上而本姓未沦，仍为同宗也。此古代宗法之大略也。复以尊卑为区别。如天子有禘祭，有郊祭，又有祖宗之祭。如祭法所言，有虞氏禘黄帝而郊喾祖颛顼而宗尧是也。故其位愈尊则所祀之祖愈远，《王制》言，天子七庙，诸侯五庙，大夫三庙，士一庙，庶人祭于寝，亦祭祀因位区别之证也。然五世之祭则为上下之所共者也。宗为祖庙之名，故主祭之人亦为宗，主祭之人称宗子。帝王为一国主祭之人，故帝王亦称为宗。如殷高宗、太宗，中宗之类是也。大抵帝王即王室之宗子，故宗字又训为尊，《诗》公尸来燕来宗，靡神不宗。《毛传》释之云：宗，尊也。此其确证。又由宗法之义引申之，凡族人为主祭之人统辖者，亦莫不称之为宗，如小宗、群宗、宗人之类是。此宗法之名所由立也。若《舜典》“禋于六宗”，则宗字当作禜，六宗见于《祭法》，而郑注《祭法》云宗皆当作禜，是六宗之宗与祖宗之宗不同。

宗法者，世袭制度之起原也，亦阶级制度之权舆也。故贵族平民尊卑互异，贵族者，百姓也，汉族之民也，百姓世袭其职，故唐虞之时亦建官惟百，一姓即有一官。《诗》言群黎百姓，百姓即指百官言。见顾氏《日知录》。平民者黎民也，苗族之旧民也，《书》言万邦黎献共为帝臣，乃平民贤者之升为官职者也。《大诰》言民献有十夫。民献犹言黎献也。而同族之中亦有贵贱之殊。试即三代之宗法考之。一为帝王之宗。天子为王室之宗子，天子之立太子也，以长不以贤，以嫡不以庶，太子既殁，必立太孙，而立次子、庶子者，皆为背理。此古籍之旧说。盖为天子者必为大宗，即《周易》所谓主器者莫若长子也。天子封子姓为诸侯，如周代封同姓之国四十人是也，由大宗分为小宗。诸侯用子姓为大夫，如春秋之时以同姓为世卿是也。于诸侯为小宗，于天子则为群宗。大夫以子姓为家臣，于大夫为小宗，于诸侯为群宗，于天子则为族属。以服制之远近，判爵位之崇卑。天子兼操宗子之权，故《公刘》之诗曰君之宗之。且当此之时，视父犹君，视君亦犹父，观帝尧之殂落也，百姓如丧考妣。而后世以降，人民亦为天子服丧，足证君主政治悉由家长政治而推。埃及称君主曰法老。而《曲礼》之言蛮夷君长也，亦曰于外自称曰王老。此皆酋长即家长之证。又《大学》言治国必先齐家，而《孟子》亦言国之本在家，亦可证国家起原于家族。小宗屈服于大宗，故臣民即受制于天子。诸侯以降，凡庶子有禄位者，亦得为别出之宗。《大传》言，别子为祖继别为宗。盖庶子起为大夫，而得命氏受族者亦得别为一宗，而享其不祧之祭，故谓之别祖。始祖之宗，宗之大同者也，别子之宗，宗之别于大同者也。又别子之宗外又有公子之宗。《大传》又曰，有小宗而无大宗者，有大宗而无小宗者，有无宗亦莫之宗者，公子是也。公子有宗道，公子之公为其士大夫之庶者，宗其士大夫之适者，公子之宗道也。盖别于世为大夫而后有宗，公子不必为大夫而亦有宗，此其所以与别子不同也。特受氏虽殊，异其氏不异其姓。仍为大宗所统辖，即晋师服所谓天子建国、诸侯立家、卿置侧室、大夫有贰宗见桓公三年左氏传也。又《礼记·礼运》篇：天子有田以处其子孙，诸侯有国以处其子孙，大夫有采以处其子孙。亦此义也。一为庶人之宗。古代之时，天子按亩授田，行画井分疆之法，故每夫授田百亩。夏五十亩，殷七十亩，周百亩。辖农民者为主伯，务农事者为亚旅，故亚旅统于主伯。《诗·周颂》曰：侯主侯伯侯亚侯旅。亚旅长子世承父业，即大宗之制度也。亚旅之次子为余夫，《孟子》云，余夫二十五亩，此余夫之制也。俟壮而有室，即授以百亩之田矣。即小宗之制度也。余夫长子世承父业，而次子亦为余夫，即群宗之制度也。父必传子，子必绍父，余子必尊其兄，龚定庵云，百亩之田，有男子二，甲为大宗，乙为小宗。小宗者帝王之上藩，实农之余夫，有小宗之余夫，有群宗之余夫。小宗有男子二，甲为小宗，乙为群宗。群宗者，帝王之群藩也。余夫之长子为余夫大宗，有子三四人若五人，丙丁为群宗，戊闲民。小宗余夫有子三人，丙闲民。群宗余夫有子二人，乙闲民，闲民使为佃。闲民之为佃，帝王宗室群臣也。上溯农宗甚为精确。而农宗以立。《管子》云，农之子恒为农，不见异物而迁，即农夫世守其业之确证也。即晋师服所谓士有隶子弟，杜注云，士卑，自以其子弟为仆隶。案：此即《论语》所谓有事，弟子服其劳也。庶人工商各有分亲，皆有等衰也。孟子告滕文公，言世禄井田之法。世禄者，所以复乡大夫之宗法也，井田者，所以复庶人之宗法也。

盖当世之民，上使之统于君，下使之统于宗，故宗有常尊。见《荀子》。以宗子为保家之主，故有统治一族之权。试即宗子之特权言之。宗子虽在异邦，正祭不可举他人，见《礼记·曾子问》篇。一也。同族之贵显者不敢以车徒入其门，《礼记·内则》篇云，嫡子庶子，只事宗子宗妇，虽贵富，不敢以贵富入宗子之家，虽众车徒，舍于外，以寡约人。又云，子弟有归器、衣服、裘衾、车马，则必献其上而后敢服用其次也，若非所献，则不敢以入于宗子之门。若富，则具二牲，献其贤者于宗子，夫妇皆斋而宗敬焉，终事而后敢私祭。二也。宗子殇而死必丧以成人，见《曾子问》篇中。三也。大宗无后必为之置后，小宗则否，子夏《丧服传》云，为人后者孰后，后大宗也。曷为后大宗，大宗者，宗之统也。而何休《公羊解诂》云，小宗无后当绝。即《曾子问》篇所谓无后者祭于宗子之家也。四也。宗子死，则族人为之服齐衰三月，其母、妻死亦然，见《丧服传》。《丧服传》又云，宗妇死则夫虽毋在为之禫，宗子之长子死，亦为之斩衰三年。五也。宗子齿虽七十，主妇不可阙居，见《内则》篇。六也。是则族人者统于宗子者也，族妇者统于主妇者也。即《内则》所谓嫡子庶子只事宗子宗妇也。更即宗子之对于同族者言之。一为财产上之特权，古者族人异宫而同财，有余则归之宗，不足则资之宗，见《期服传》。故吉凶有通财之义。《诗》曰：泂酌彼行，潦挹彼注，兹可以馈饎。此之谓也。六行重睦恤之条，即《大传》所谓庶民安故财用足也。其详见

《日知录》“庶民安故财用足”条。一为刑法上之特权。宗子之对同族又有直接裁判之权，当此之时，国家之法仅及家长，家长以下，则家长有统治之权。使不善之萌自化于闺门之内，即《大传》所谓爱百姓故刑罚中也。其详见《日知录》“爱百姓故刑罚中”条。一为禄位上之特权。三代之时，仕者世禄，而卿大夫之支孽罕得仕于公朝，春秋之时，卿大夫之庶子皆为家臣，如公弥之为公左宰，赵同、赵括之为公族大夫，皆当时特别之制度也。即卿大夫之卒，亦立长不立庶，故公仪仲子舍嫡孙立子，仲尼以为非。即《内则》所谓嫡子庶子只事宗子也。以后世之制观之，则宗法之规固邻于压抑，然三代之时亦未尝不收宗法之效。古代哲王以尊祖敬宗之说维系天下之民心，使卿士大夫报本反始，守祭祀以保庙祧，《孝经》云，保其社稷，诸侯之孝也；守其宗庙，大夫之孝也；保其禄位守其祭祀，士之孝也。则夙兴夜寐以期无忝所生，而越礼败度之愆可以稍弭。观中国之言婚礼者，必曰上以奉宗庙，言育子者，必曰用以求嗣续，皆家族之思想也。即乡里之间，亦以宗法相维系，《孟子》言死徙无出乡，乡田同井，出入相友，守望相助，疾病相扶持，则百姓亲睦。是当时之民皆土著也。使远近相统，大小相维，即《周礼·大司徒》所谓比相保，闾相受，族相葬，党相救，州相赒也。捍卫同族以成地方自治之规。周代之时，凡乍徒马牛甲兵之属，皆民之所自出，故民知自卫，无待君上之卫民。

观《周礼·太宰》“以九两系邦国”，“五曰宗，以族得民”，则宗法之效，夫固昭然著明矣。故周代之制，王室有王室之宗，即《周礼》“大宗伯”、“小宗伯”是也。《国语》云，使名姓之后能知上下之神祇氏姓之所出者，为之宗。故古代宗有专官。一国有一国之宗，观《左传》言周公康叔之封皆以祝宗，而晋之衰也，翼九宗五正逆晋侯于随，此一国有宗之证也。一都一邑有一都一邑之宗，《周礼》有“都宗人”，而《左传》之记晋执戎蛮子也，乃为之置邑立宗，以诱其余民。皆其确证也。一家一族有一家一族之宗，《周礼》有“家宗人”，而《左传》又载，范文子使祝宗祈死，士会治晋，祝史无愧词是也。是每族咸有宗人之官。又女官之中有内宗、女宗，见《周礼》。所以定婚姻之制也。后世之官有宗正宗人府，所以司谱牒之文也。宗法为先王所重，故聚民由于宗，如立宗诱戎蛮遗民是也。立君亦出于宗。如翼九宗逆晋候是也。周之盛也，则召公合宗族于成周，见僖公二十四年《左氏传》。及其衰也，则《角弓》之刺闻，《葛蘦》之咏作，而散无友纪赋于《周诗》矣。即春秋之世，诸侯各邦亦以公族为世臣。如鲁三桓、郑七穆、宋六卿是也。及封建井田之制废而宗法渐湮，然秦汉之交郡邑犹多大族。如汉高祖徙诸大姓齐田楚景之族于关中，而郅都守济南，灭济南瞷氏之族数百家是。而魏晋六朝渐崇门第，如东汉袁、陈各氏已渐崇门第，晋元渡江以后而门第之习愈深，致不通婚姻，不同几席矣。致寒门贵族荣悴殊观。此则宗法制度相沿莫革者也。后世如义田、义庄之法亦睦宗族之一端也。作宗法原始论第四。

## 田制原始论第五

昔神农御宇，树谷淇山之阳，《管子》神农作树五谷淇山之阳，九州之民乃知谷食而天下化之。盖淇山即淇水附近之山，在今卫辉彰德地，盖耕稼始于黄河流域也。与民并耕，《尸子》云：神农并耕而王，所以劝民耕也。以耒耜之利教天下，见《周易》。民服其畴，由游牧易为耕稼。见《白虎通》《淮南子》中。特上古之时，膏腴之地草木丛生，故野字古文从林从土。欲启田畴必焚林木，故楚启山林，而益亦烈山泽而焚草木也。故神农亦名烈山。见《礼记·祭法》，其详见江都汪氏《述学》。而焚训烧田，《说文》焚字下云：焚，烧田也，从火林，字亦从棥作樊。畬训烧种，《说文》畬字下云：烧种也，从田翏声。《汉律》曰：畬田保草。段注云：田不耕，火种也。谓焚其草木而下种，盖治山田之法则然。俶载亦作炽菑，《诗》“俶载南亩”，郑笺云：俶载应读炽菑，菑为杀，炽菑即用火杀草之义，故菑灾古字相通。是太古农术首重火耕。《史记·货殖传》言：江西火耕水耨。盖江西地偏，秦汉以来仍用火耕之法。杜诗亦云：绕畬度地偏。故伐林启壤嘉种诞生，然粪溉之术未明，致地力易竭，及田不生谷，于是绝意旧畴，更辟新土，是为畅耕制度。《说文》畅字下云：不生也，畅字本从田，《说文》云：从田昜声。场字下云：祭神道也，一曰山田不耕者，一曰治谷田也。盖场、畅古通，场为谷田，及荒芜不耕废为坛墠，《周礼·场人》注云：场筑地为墠，季秋除圃中为之，是场本田间之隙地也。故字含三义，而后人复以牧地为牧场。见《元史·耶律楚材传》。且当此之时，旧畴既芜，草木复殖，故民知畅耕即知休田作牧。观《周礼·遂人》田莱并言，《遂人》云：辨其野之土上地，中地，下地，以颁田里。上地，夫一廛，田百亩，莱五十亩。中地，夫一廛，田百亩，莱百亩。下地，夫一廛，田百亩，莱二百亩。此田莱并言之证。是田以播谷，莱以牧牲。盖当此之时，游牧耕稼并行。观《禹贡》言莱夷作牧，盖莱夷为多林之地，故以之牧牲。《周诗·无羊》篇亦游牧时代遗习。故孟子言：五亩之宅，鸡豚狗彘之畜，无失其时。是每户皆有牲畜也。且不耕之田莱即从生，故《诗·小雅》曰田卒污莱。降及成周，遗制犹存，乃新畴力竭，复辟旧畴，而休田之制易为爰田。考周代之制，区上田中田下田为三等，《汉书·食货志》云：民受田，上田夫百亩，中田夫二百亩，下田夫三百亩，岁耕种者为不易，上田休一岁者为一易，中田休二岁者为再易，下田三岁更耕，自爰其处。《公羊》何注云：司空谨别田之高下美恶分为三品，上田一岁一垦，中田二岁一垦，下田三岁一垦，肥硗不能独乐，垸确不能独苦，故三年一换主易，财均力平，皆其确证也。不易之地是为上田，一易之地是为中田，再易之地是为下田。《周礼·大司徒》云：不易之地家百亩，一易之地家二百亩，再易之地家三百亩。郑注云：不易之地岁种之，地美，故家百亩。一易之地休一岁复种，地薄，故家二百亩。再易之地休二岁乃易，故家三百亩。盖不易之地，即《遂人》所谓田百亩莱五十亩也，一易之地即《遂人》所谓田百亩莱百亩也，再易之地即《遂人》所谓田百亩莱二百亩为也。故郑注亦云，莱谓休不耕者。《左传》载舆人之诵曰，爰田每每，舍其旧而新是谋。即爰土易居之义。见《汉书》孟康注。爰趄古通，故《说文》训趄为易居。《说文》趄字下云：趄，田易居也，从走亘声。又说征雅诂。《尔雅》云：一岁曰菑，二岁曰新田，三岁曰畬。而段玉裁谓，当作二岁曰畬，三岁曰新田，似非。则上古之田岁耕稼者谓之畬，《说文》云：畬三岁治田也。盖畬训为舒，即地方渐舒之义，地力既舒，即能每岁耕种。间岁一耕者谓之新田，即取新旧相错之义，亦取每岁更新之义。三岁更耕者谓之菑，《说文》云：菑，不耕田也。段注改不为反，而《韩诗》及《尔雅》郑注常训菑为反草。盖此弃新畴复垦旧畴之义也，旧畴既芜，故只能三岁一耕，地力始苏。亦休田易为爰田之确证。盖古代之田，合三岁而计之，一岁曰菑，即言三岁之中仅有一岁可耕也，二岁曰新田，即言三岁之中仅有二岁可耕也，三岁曰畬，即言三岁之中每岁皆可耕也。旧注似非。厥后商君治秦，立爰田之法，《汉书·地理志》秦孝公用商君制辕田。孟康注云：三年爰易居，古制也，末世浸废，商鞅相秦，复立爰田，上田不易，中田一易，下田再易，爰自在其田不复易居也。案：孟说甚确，辕爰占通，辕田即爰田也，盖商鞅之田分上中下，得上田者每夫百亩，得中田者每夫二百亩，得下田者每夫三百亩。得中田二百亩者，每年耕百亩，二年而遍得，下田三百亩者，亦每年耕百亩，三年而遍其制。与《周礼·司徒》

言者相合。赵过辅汉，立代田之规，《汉书·食货志》云：过能为代田，一亩三甽岁代处。故曰代田，古法也，此亦易土而耕之义，易土而耕亦与爰田之义相合。故曰古法也。是爰田遗制历久未沦，《齐民要术》云：谷田必须岁易，又云：每年一易是爰田遗制，至六朝之时，人民犹有行之者。与西国二田三田之法大约相符。见《社会通铨》，惟西国三田之法，岁休其一，耕其二，所耕二田其种名异，与中国三岁一耕之田不同也。此则古代田制变迁之秩序也。

至古代分田之法，唐虞之前渺不可稽。及洪水为灾，田庐荡然，禹平水土，咸则三壤，以天下皆无田之民也。经洪水后民产俱沦。由是以天下之田归之天子，天子按亩授民以行成赋中邦之法故井地之规，前儒谓井田始于商，实则不然。《诗·信南山》篇：信彼南山，维禹甸之，畇畇原隰，曾孙田之，我疆我理，南东其亩。是周之疆理，犹禹之遗法也，故知井地之制始于大禹平水土也。沟洫之制，《书》曰，浚畎浍距川。《论语》亦曰，禹尽力乎沟洫，此其证。丘甸之法，《周礼·小司徒》注言，夏少康有田一成，有众一旅，则井牧之法先古然矣。《诗·信南山》孔疏据此，谓丘甸之法禹之所为也。什一之税，《孟子》以夏后氏五十而贡亦什一之法。悉以夏代为滥觞。殷代遵禹成迹，而井田之制始成。画地为九区，中为公田，外八家各受一区，所谓助法也。周代田制，虽乡遂都鄙亩法稍殊，见《孟子》及《周礼·遂人》《匠人》郑注，《毛诗》孔疏以及近儒钱氏《养新录》今不具引矣。然画野分疆无异。夏殷二代，物税法不同，夏用贡法，殷用助法，周用彻法，三代税法不同。而亩制亦有广、狭之殊耳。夏时一夫授田五十亩，因当时土旷民稀，故田亩广大。殷民稍密，故析五十亩为七十亩，周民愈蕃，故又析七十亩为百亩。顾氏以为此特丈尺之不同，此访问诚然，非大改亩法也。若阡陌沟洫之制，阡陌者，田间径道也。沟洫者，田间水道也。古代田分畛域，颇成整密之观。见《周礼·遂人》《匠人》及朱子《阡陌考》，不具引。亦与西国坂克制符，《社会通铨》云：古代之田恒留不耕之场塄，名曰坂克，以为疆界，吾英田有樊圩，成整密之观。亦此古制之可征者也。《说文》田字从口，十象阡陌之制，畴字从田寿，象田沟诘诎，而畔字、界字亦从田，则古代疆界之分始于田亩明矣。町字、畸字亦然。盖井田之制既兴，则通力合作计亩均收，人民无贫富之差，田亩鲜畸零之制，此井田之利。及生齿日蕃，地力养人者不给，则废井田开阡陌固势之所必趋也。开阡陌为田，则田骤增，故辟草莱任土地者，皆富国之上策也，岂得以慢经界议之乎。阡陌既开，限田之规悉废，秦开阡陌后任民所耕，不限多少，以尽地力，见杜氏《通典》。则易公田为民田，亦势之所必至也。古代井田受之于公，无得鬻卖，故《王制》曰：田里不粥，则三代以上田产非庶人所得私。秦废井田，始捐田产以予民，为民者始自有其田，卖买兼并任所欲为。无识陋儒乐道前王之田制，毋亦未之深考矣。宋儒侈言复井田，不知由井田易为阡陌，乃田制必经之阶级，□□进化之公理也。作田制原始论第五。中国古代以农立国，故宗法阶级之制、历数之学悉起于农，而《洪范》八政亦以食货为首也。

## 阶级原始论第六

昔印度当上古时区国民为四级，则阶级制度为皇古时代所必经。中国古代虽君臣之分未严，世袭之基未定，然为君者咸由贵族，黄帝以后，若少昊、颛顼、唐尧，皆王族也。虞舜虽侧微在下，然远祖虞幕本属诸侯，而瞽瞍者，亦有虞之国君，唐廷之乐官也。是舜起于贵族非起于平民。禹为鲧子，亦当时之高官也。为臣者咸属世官，如重黎之类是。《左传》曰官宿其业，此其确证。盖古代之职官无一非由世袭，与三代之制稍异。阅时既久，遂为阶级制度之滥觞。然阶级区分其故有三。一以种色区阶级。汉民东迁，排斥苗族，至称苗族为黎民，黎民犹言黑人，黎训与黑字同。使世沦异役，百姓为贵族，黎民为贱族，故舜之命契曰：百姓不亲，五品不逊，汝作司徒，敬敷五教在宽。此优待同种人民之词也。又曰：后稷，黎民阻饥，汝后稷播时百谷。此轻视异族人民之词也。而百姓人民之区别见《国语·周语》中，馀见旧作《苗黎》篇，不具引。与西人“法原那”之称西人称门第字义为法原那，法原那者，肤色也。若出一辙。一以宗法区阶级。上古之时，以王室宗子为帝王，而尊卑定位悉原血统之亲疏，降及平民，亦守宗法，致宗有常尊，而宗子之对同族亦有统辖之特权。此制虽盛于周时，然实起源于上古。一以名分区阶级。井田制立，田为王田，服畴之民咸为农仆，农仆者，田非已有，为人力作，特分田有定制，与雇工之法稍殊耳。致民居贱位而礼仪制度亦加区别于其间。《戴礼·曲礼》篇云，礼不下庶人，刑不上大夫。观周代之制，命夫命妇不躬坐狱讼，王族有罪不即市，皆贵族之特权。而为庶人者不得立庙，不得行冠礼，葬亲不为雨止，是古人轻视庶民，设种种之限制。又《尔雅》云，士特舟，庶人乘桴。则古代之视庶人其身命为至轻，非仅于礼仪制度加以区限也。馀证尚多，今不具引。约举三端，则阶级制度实起源于中古之前矣。

农仆制度，禹平洪水后即有之，亦非始于周代。且上古以前，等位区分咸由职业，居上位者祭礼隆，居下位者祭礼杀。其证一。尊为酒器，古代奉以祭神者也，引申之为尊卑之尊，是上古之时，惟尊者能握祭祀之权也。故惟天子能祭天，而诸侯仅立五祀，大夫仅立三祀，士立二祀，庶人仅立一祀，则古代品制之尊卑咸以祭祀之隆杀定之矣，不可移易。居上位者握兵符，居下位者失兵柄。其证二。观君字、父字皆象持杖之形，则古代之时，凡操握兵权之人者在尊位。居上位者富于财，居下位者绌于财。其证三。此义也，观于贵贱二字而知之，贵字从贝，贱字亦从贝，是古代富者必贵，穷者必贱。居上位者丰于学，居下位啬于学。其证四。上古之时，居上位者有学，居下位者无学，故娴文艺富学术者皆出于学士大夫。而汉儒之释民字也，或训为冥，为瞑，以民为无知之称，则庶民皆不学无术之人’故曰愚民。观此四证，则阶级制度之起原可以深思而得其故矣。大约古代居上位之人，祭司最尊，武人次之，富民次之，而祭司必有学，如印度之有婆罗门是也。特当此之时，虽贵有常尊，然贵介之伦不耻伺身于贱役；如舜耕于历山，陶于河滨，渔于雷泽，作什器于寿丘。殷王小乙使其子旧劳于外，知小人之可依。推之，伊尹不耻躬耕，傅说不耻版筑，孔子不耻鄙事，是古代之时阶级有贵贱之分，职业无贵贱之分也。虽贱有等威，贵有常尊，贱有等威，见《左传》宣十二年。贵有常尊，即世袭之制度也，贱有等威，即阶级之制度也，等威犹言等级也。然卑贱之士亦得筮仕于王朝。古代之民虽有农、工、商，然以农民占多数，《说文》甿，田民也，氓民也。甿、氓古通。《诗》“氓之蚩蚩”或作“甿之蚩蚩”。又男字从田，《说文》云，从田力，言男子力于田也。是古代之民悉以农夫该之，而农民二字意无区别矣。农之秀者，或由乡里之选举，或由学校之超升，咸得居官任职，见于《王制》《周官》。然此固千百中仅有一二者也。董仲舒《春秋繁露·五行相生》篇谓，有农斯有士。盖农之秀者为士，非农之外别有士也。为士者必为官，故何休《公羊》注云，古者王公之子孙不能属于礼义则归之庶人，庶人之子孙能积文学正身行则加诸上位。盖官虽世禄而袭职不恒，故王公子孙亦有无位者，民虽至贱，然进身有阶，故庶民之子亦有居上位者。此则古制之迈于天竺者也。天竺即印度，印度民分四等，皆世袭而无迁移。中国古代则稍破阶级制度，又三代帝王皆具破阶级制度之思想，汤立贤无方，武王举佚民，又言虽有周亲不如仁人，皆与阶级制度相反，特贵族制度行之已久，未能一旦废弃之耳。

至奴隶起原，其故有三。一缘兵争。洪荒之世争战日繁，种与种竞，国与国争，俘虏之民取以供食。观元太祖北征蔑尔乞等族，以鼎镬烹人，见《元史译文证补》，则食人之俗固野蛮时代所必有也。观中国周秦之时犹有鼎镬之刑，用以烹人，即其余俗也。即汉时盗贼犹有取人以为食者，见《后汉书·江革传》。及生事稍疏，民知肉食而系累之众不服鼎镬之诛，使之躬操贱役以从事于生财。《社会通铨》云，夫奴虏非他种人，战胜之余所不杀而系累之，俘获也。蛮夷以食少而出于战，战而人相食者有之，及生事稍疏无所取于相食，而斯时之力役为最亟，则系累而奴隶之足矣。男子为虏，虜字从男，故知虏为男子也。后世以敌人为虏，以夷狄为虏，皆取卑贱之义。与俘虏义同。女子为奴，奴字从女，故知奴为女子也，古代妇女多由劫夺，故女子称妾，妾也者，亦妇女为人劫夺之称也。观民字古文作，《说文》云：民，众萌也，从古文之象，古文民。其说甚精。象械足之形，钱唐夏氏有此说。是太古之世民即俘囚。又黄帝有云，主失其国，其臣再嫁，然则亡国之民降为臣妾，益可征矣。《万机论》云，黄帝之初，四帝各以方色称号，黄帝叹曰，主失其国，其臣再嫁。乃兴师灭四帝。向令黄帝不龙骧虎变，则其臣民亦嫁于四帝矣。观于此文，则其臣再嫁者即为他国臣妾之义也。故成周之世，夷隶列于《周官》。又有蛮隶、闽隶，皆古代征服蛮族所获之民也。降及东周，仍以敌民为俘虏。如《左传》言吴子获越俘以为阍，此以俘虏为奴之证。又季平子以费人为俘囚。《孟子》言齐王伐燕系累其子弟，盖视敌人如罪囚，故亦用之为奴隶也。此可考者一也。一缘刑法。虞夏之民躬婴重罪，悉行孥戮之诛。见《甘誓》篇中。及刑法稍宽，渐废族诛之典，然身罹重辟，并籍家族为奴。《周礼·秋官》云，为奴，男子入于罪隶，女子入于舂稿，惟有爵与年七十者不为奴。此其证也。又宋明之律，罪人家族多有辱身于女闾者，清律，凡犯重罪者其家族给披甲为奴，亦其遗法。又皇古刑律，民罹薄罪，金作赎刑，见《舜典》及《吕刑》篇。若罚锾之数未盈，亦得为奴以赎罪，《社会通铨》云，凡种人有罪无力自赎，则没为奴婢。故舆僚台仆咸为婴罪之人。《左传》记申无宇之言谓，舆臣隶，隶臣僚，僚臣仆，仆臣台。俞正燮《癸巳类稿》有"仆臣台义"，谓舆隶僚仆台皆人罪隶而任劳者，故互相役使。其说甚确，与《周礼》男子入于罪隶之说合，故咸为婴罪之人。而僮仆奴隶之名咸由罪人而言。《说文》：童，男有罪为奴，童即僮字。其详见江都汪氏《述学》释童。汉儒解《周礼》亦曰，今之奴婢即古之罪人。此郑司农说，予按，《左传》言栾郤、胥原、胡续、庆伯降为皂隶，此因灭族而没为奴隶也。又言，裴豹隶也，著于丹书。此囚犯罪而没为奴隶也。又汉代之时，必髡钳以自别，见《季布田叔传》。髡钳者，亦治罪人之刑也。童之本义为山无草木，引申之而民无发者亦曰童，故僮仆必髡钳。此可考者二也。一缘财政。昔匈奴名奴婢曰赀，见《三国注》引《魏略》，而《南齐书·河南传》

亦言虏名奴婢为资，资训为财，见《仓颉》篇中。财产奴隶语无区别，中国古代亦然。失所之民生计日艰，鬻身为奴以投身于贵族。张考夫曰，先王分土，授田一夫，无失其所，凡有劳事，只使子弟为之，未尝有仆役也。观《论语》弟子服其劳，冉有仆，可见。方望溪曰：古无奴婢，事父兄者，子弟也，事舅姑者，子妇也，事长官者，吏人也。予按二说亦未尽然。大约三代之时，中人以下不畜奴婢，若中人以上则皆有奴婢。观《周礼·质人》"掌民人之质剂"，此古代鬻奴之确证。《周礼》臣妾聚敛疏财即奴仆也。又观《戴记·曲礼》篇，谓问大夫之富曰有宰食力，宰即家臣，宰字本义为罪人，在屋下执事者之称，从宀从辛，辛，罪也。见许君《说文》。是宰与奴同，而庖宰之职亦为贱役，故膳宰亦为宰，又因执事之义引申之故，凡握有事权者，亦谓之宰，如太宰、小宰是也。周代大夫之家臣亦称为宰，而治大夫采地者亦为宰。则三代之时视奴隶亦为财产之一矣。周时，大夫之御家臣，操生杀之权，故申无宇执閽于王宫，而祁盈杀家臣祁胜也，然家臣握权者亦多，如阳虎之属是也。秦汉以还，相沿未革。至战国之时，民以身偿值者甚多，如赘子赘婿是也。西汉之初畜奴之风益甚，如贯高托言赵王家奴季布鬻于鲁朱家是也。而卓王孙诸家皆蓄僮指千，见《货殖传》。此可考者三也。由是观之，足证古代贱民之众矣。古代贱民犹有二种，一曰雇仆，如申鲜虞仆赁于野以丧齐庄公是也，此与后世雇工之役同，虽有主仆之分，然去留咸得自由。一曰优伶，如秦有优旃，楚有优孟是也。伶官虽为古代乐官，然战国之优伶则出迹微贱，犹之后世之弄臣也，如《史记·嬖幸传》所记是也。况两周之世，尊君抑民，以为率土之滨莫非王臣，四民之制既严，如《管子》言：农之子恒为农，士之子恒为士，工之子恒为工，商之子恒为商，则当时之民咸世守其业，等级区分莫之能易矣。十等之名复立，见《左传》申无宇之言，此古代区分等级之确证也。平民贵族荣悴殊观。及孔子讥世卿，孔子讥世卿乃抑臣权伸君权，非抑君权伸民权也，故臣民平等则君权益伸。墨子明尚贤，墨子作《尚贤》三篇，言官无常贵而民无常贱。而将相王侯咸知养士，战国之士最贵，所谓士贵而王者不贵也，故诸侯拥篲迎门望风拜揖。草野人民易跻卿相，如苏秦、虞卿之类皆是也。此阶级制度所由日废也。至于秦代，废封建井田，而平民贵族之制尽废矣，然实则始于战国时。作阶级制度原始论第六。

## 职官原始论第七

黄帝以前，书缺有间，官制弗可考。然燧人、伏羲、共工、神农咸有辅弼，《论语》摘辅象言，燧人四佐，伏羲六佐。而《春秋传》郯子曰，炎帝氏以火纪，故以火师而火名，共工氏以水纪，故以水师而水名，太皞氏以龙纪，故以龙师而龙名，服注以为即春官、夏官、秋官、冬官、中官五官。予按，黄帝以前未有五行之说，服氏以黄帝五官之制测上古，似不可信。伏羲六佐之说稍确，周制本之。《史记》《国语》言黄帝立五行，由是有天地神祇物类之官，是为五官，各司其序。而《管子·五行》篇亦曰，黄帝立五行以正天时，立五官以正人位，《吕氏春秋》亦有此语。是五官之立始于轩辕。特轩辕之时，民神异业，亦见《国语》。由是有司天之官，有治民之官。案，黄帝置左右史，见《世本》注，而《史记·封禅书》中复言黄帝臣鬼容区之神术，盖皆司天之官也。若大挠作甲子，容成作历，隶首作数，亦属司天之官，若《管子》所言，六相则大抵司民之官，惟六相之说是以周制说黄帝之制。盖蚩尤明天道，乃司天之官，太常以下五官，乃治民之官也。故民神异业。少昊承轩辕之制，凤鸟氏以下五官皆司天之官也，《左传》郯子曰：我高祖少皞挚之立也，凤鸟适至，故纪于鸟，为鸟师而鸟名，凤鸟氏历正者也，玄鸟氏司分者也，伯赵氏司至者也，青鸟氏司启者也，丹鸟氏司闭者也。杜注云，上四官皆历正之属，盖此五官在五行之外。五鸠之官皆治民之官也，《左传》郯子曰：祝鸠氏司徒也，雎鸠氏司马也，鳲鸠氏司空也，爽鸠氏司寇也，鹘鸠氏司事也，五鸠，鸠民者也。案，鸠民犹言聚民。是为五行之官。案，司徒木正也，司马火正也，司空水正也，司寇金正也，司事土正也，司事《曲礼》作司士，盖殷制也。周代亦有司士之官，掌群臣之版，岁登其损益之数，周知郡国都鄙之事，殷周官制虽不同，然官方之职掌大约相同，则司士为稽核土地民人之官矣。以殷制上例少皞之制，则司事为土正明矣。古代士事通用，《白虎通》云，士者事也。而五官之外，复有工正农正诸官，《左传》郯子云：五雉为五工正，利器用，正量度，夷民者也，九扈为九农正，扈民无淫者也，皆少皞官制。则又备物利用之官也。古代官与工同，故《孟子》‘工不信度，即‘官不信度。而颛顼、高辛之世亦设立五官，职掌五行之事。《左传》蔡墨曰：五行之官是为五官，木正曰句芒，火正曰祝融，金正曰蓐收，水正曰玄冥，土正曰后土。又曰：少皞氏有四叔，曰重，曰该，曰修，曰熙，实能金木及水，使重为句芒，该为蓐收，修及熙为玄冥，颛顼氏之子曰黎为祝融，共工氏之子曰勾龙为后土。又考《楚语》，观射父对昭王曰，少皞之衰也，九黎乱德，颛顼受之，乃命南正重司天以属神。北正黎司地以属民。是蔡墨所言乃颛顼时之制矣。重司天以属神，即司天之官也，犹之少皞时之五鸟，余皆治民之官，犹之少昊氏之五鸠。又《郑语》史伯云：黎为高辛氏，火正曰祝融是也。是高辛氏之时亦设五官矣。特少皞以上，百官之号以其征，颛顼以来，百官之号以其事。见《左传》服氏注，服注又云：春官为木正，夏官为火正，秋官为金正，冬官为水正，中官为土正，其说甚确，足补古史之缺。然设官分职之大纲，夫固轩辕之成法也。

唐虞之世，官与昔同，羲和为司天之官，《尧典》言：乃命羲和，钦若昊天，历象日月星辰，敬授人时。又言：命羲仲宅嵎夷，命羲叔宅南交，命和仲宅西，命和叔宅朔方。盖上古之时为僧侣政治，《左传》曰天子有日官，又曰日官居卿以底日。羲和即尧之日官也。古代史官兼掌天文，则羲和亦掌史卜之职矣。至于命羲和曰子于四方，即少昊时司分、司至、司启、司闭之职也。虽为观察天文，实则兼宣布政教之职，犹之巴比伦各国之设教师于各境之地耳。犹少皞之有五鸟诸官也。秩宗、司徒、士、司空、后稷为治民之五官，金鹗《礼说》云：唐虞五官，秩宗为木官，司徒为火官，士为金官，司空为水官，后稷为土官。《吕刑》言：伯夷、禹、稷三后，成功士教祗德，伯夷秩宗也，禹司空也，弃后稷也，皋陶士也，惟不及契为司徒。而《尧典》名官以司徒维稷，则司徒必在五官之中矣，引据浩博，其说甚确。而马郑伪孔牵合羲和与五官为一，又以周制之六官说唐虞官制，不足信也。犹少昊之有五鸠诸官也。此即五行之官。《论语》曰舜有臣五人而天下治。五人者，即五行之官也。注疏：数伯益而不及伯夷，非也。特伯夷为兼司天事，故《大戴》称为虞史。尧命共工舜登后垂，使为共工。犹少皞之有五雉诸官也。马郑以司空即共工，非也，盖唐虞之时以后稷列五行之官，而九扈之官遂废，此与少昊时之制稍异，然大体实相同。是唐虞官制与少皞符，特唐虞之时，司马与司寇合一，统名曰士，复以后稷代司事，而增设秩宗，然司徒、司空则与少皞时相同。特唐虞之制，于五官之中复用三人为三公，以参国政，案，伏生《大传》云：唐虞夏之制，三公九卿即司马天公，司空地公，司徒人公也。《韩诗外传》亦同。盖虞廷之制，司徒兼为司徒公，士兼为司马公，司空兼为司空公，三公之职即以五官中之三人兼之，所以象天地人也。其制始于黄帝时，《帝王世纪》云：黄帝以风后配上台，天老配中台，五圣配下台，谓之三公，此其证也。且司徒、司空、士既兼三公，则共工、朕虞、典乐、纳言合以五官中之秩宗、后稷，必为六卿，特其制不可考耳。犹之近世各部长官即今六部尚书。兼参枢秘，即入军机处。而三公之中复以一人为首辅，唐曰大麓，麓与录同，犹后世之录尚书事也，虞曰百揆，亦首相也。犹之西方各国于内阁之际特设太政大臣也。若百姓、千品、万官、亿丑、兆民，则又阶级制度之确征也。《国语·楚语》云：百姓、千品、万官、亿丑、兆民，经入畡数以奉之。《郑语》曰：先王合十数以训百体，出千品具万方。百姓者，当时之贵族也。十数者，贾注谓自王以下人有十等。盖用《左传》申无宇说，大约五行家言多奉明夷之说，明夷，日也，日之数十，故有十时以当十位，以十相乘故有百姓、千品、万官、亿丑、兆民，此则当日之阶级制度也。与当日官制无涉，章氏《訄书》稍误。

夏代官制近则唐虞，《书序》云：羲和湎淫，而《吕氏春秋》复言夏太吏终古，是夏有司天之官也。《通典》言：契，玄孙之子，微为夏司徒，冥为夏司空。《佚周书》言：我先王世后稷以服事虞夏。《诗》疏引王肃注云：相土为夏司马。《月令》注云：夏之士曰大理。是夏之五官，一曰司徒，二曰司马，三曰司空，四曰后稷，五曰大理，而以秩宗为司天之官。观《洪范》言八政，司寇与师分列，此夏廷兼设大理、司马之确证，与虞制合。司马于大理者不同。又《国语》注云。冥为水官。此亦夏代以五行名官之证，若《甘誓》言，乃召六卿，此指六军之将而言，郑君《尚书》注以六官释之，不足信也。殷代官制具载于《戴记·曲礼》篇，首言天子建天官，先六太，为治天事之官，按《曲礼》云：天子建六官，先六太，太宰、太宗、太史、太祝、太士、太卜，典司六典。盖敬天明鬼为殷人立国之俗，《王制》亦言殷制，其言曰，冢宰斋戒受质，则殷太宰亦事神之官矣。而《佚周书·商誓解》有太史比小史者，而复有《殷祝解》一篇，则史、祝皆殷代之高官矣。故墨子尊殷制，屡言祝史卜宗诸官。若太士疑即太师，士与师二字音近，故《周礼》有太师之官。与郯子首述五鸟历正之官相似。次言天子之五官，为治民事之官，《曲礼》云：天子之五官曰司徒、司马、司空、司冠、司士，典司五众。盖此全用少皞之制也，其易后稷为司七者，则以夏代中叶后稷失官之故，故以司士代之。与郯子继述五鸠鸠民之官相符。复有六府六工，以阜民财利器用，《曲礼》又云：天子之六府曰司土、司木、司水，司草、司器、司货，典司六职，天子之六工曰土工、金工、石工、木工、兽工、草工，典制六材。与郯子卒述五工九农相同。是殷代官制与周制殊。郑君注《曲礼》亦云，此殷制也。《郑志》崇精问焦氏曰：郑云三王同六卿，此云五官何也，焦氏答云，殷立天官，与五行其取象异耳，是司徒以下法五行，立太宰即为六官。案，焦氏言司徒以下法五行是也，谓合太宰成六官则非也。特夏殷二朝皆以三公参五事，见《说苑》引伊尹言，案：《书·立政》言夏室大竞曰宅乃事、宅乃牧、宅乃准。宅乃事即司空也，宅乃牧即司徒也，宅乃准即司马也，是夏代以司空、司徒、司马为三公之确证。殷制本之，故《立政》篇又言成汤用三有宅也。又《王制》篇言大司徒、大司马、大司空斋戒受质，百官以其成质于三官，大司徒、大司马、大司空以百官之成质于天子。《王制》所言亦殷制三官，即三公也，若《孟子》言禹荐益于天，《尚书》言伊尹为阿衡，则夏殷之世亦设首相矣。自公以下官制，咸以三数相乘，有九卿以参三公，有大夫以参九卿，有列士以参大夫，故大夫之数二十有七，列士之数八十有一。《说苑·君道》篇汤问伊尹曰，三公九卿二十七大夫，知之有道乎？《臣术》篇引伊尹曰，三公所以参五事也，九卿所以参三公也，大夫所以参九卿也，列士所以参大夫也。其语最明。其所以定为夏殷之制者，《月令》正义云，书传，三公领九卿，此夏制也。伏生《尚书大传》云，古者天子三公，每一公三卿佐之，每一卿三大夫佐之，每一大夫三公佐之。许君《五经异义》云，今尚书夏侯欧阳说，天子三公九卿二十七大夫八十一元士凡百二十，是三公九卿二十七大夫八十一元士今文家皆以为古制也。郑君亦云昏义言，天子立三公九卿二十七大夫八十一元士者，盖谓夏制也。注《王制》亦同。故知此制为夏、殷二代之制也。又汉儒说《公羊》者，多举殷制，董子《春秋繁露》曰，三臣而成一慎，故八十一元士为二十七慎，以持二十七大夫，二十七大夫为九慎，以持九卿，九卿为三慎，以持三公，三公为一慎，以持天子。《白虎通义》亦云，一公置三卿，故九卿也，一公三卿佐之，一卿三大夫佐之，一大夫三元士佐之，则此制为夏殷之制明矣。章氏《訄书》以此为周制，其说稍误。而夏代职官百有二十，《明堂位》言夏后氏官百盖举成数言之也。殷代下士之数倍于上士，八十一元士倍其数则为一百六十一人，合公卿大夫之数则为二百零一人矣。故殷代职官其数二百。《明堂位》曰殷二百。周人以下士参上士，董子《春秋繁露》云，八十一元士，二百四十三下士，又曰天子分左右五等三百六十三人。此盖周制。故周代官数三百六十。《佚周书·度邑解》曰，厥登名民三百六十。《明堂位》曰，周三百，亦举成数言之也。特周代以前皆以五官法五行，先王以土与金木水火杂成百物，见《国语·郑语》。物有其官，故董子《繁露》有云，五行者五官也。特《繁露·五行相生》篇谓，司马法火，司营法土，司徒法金，司寇法水，司农法木。其说似误。《佚周书》言，黄帝命少昊正五帝之官，《尝麦解》此以五行名官之始也。殷人之后为宋，墨子为宋大夫，而《墨子》一书复言五行《经下》篇云五行无常胜。五官，《节葬》篇云五官六府。是五行名官之说至周犹存。周代初兴，亦采五官之制，《佚周书·大明武解》云，顺天行五官，官候厥政，此周初亦设五官之确证。又《成周解》云，在昔文考躬修五典，又云五典，一言父，典祭祀昭天，百姓若敬，二显父，证德德降为则，则信民宁，三正父，登过过慎于武，设备无盈，四机父。登失修□□，官无不敬，五口父，□□制哀节用，政治民怀。案，言父即秩宗之官也，显父即司徒之官也，正父即司寇之官也，机父即圻父，乃司马之官也，所缺一官盖即司空，此文王五官之可考者也。厥后废五行而崇阴阳，以文王传《易》之故也。阴阳家言起于河图，著于《周易》，其立说之旨，以为天秉阳而地秉阴，见《礼记·礼运》篇。由阴阳而变四时，《礼运》篇又云，夫礼必本于太一，分而为天地，转而为阴阳，变而为四时其降，曰命其官于天也。由两仪而生四象，见《周易》又虞注云，四象，四时也。周人法《周易》以立官，于是废五官之名立六官之制。《易·系辞》云仰则观象于天，俯则观法于地。《周官序》引《文纬钩》云，伏羲立易名官。而《论语谶》复言，伏羲六佐。是六官之制起于伏羲，周代之官盖法伏羲之制。然三公九卿仍沿夏殷之成法，《立政》篇言文武立政以任人、准夫、牧作三事，任人司空也，准夫司马也，牧司徒也。此周用三公之确证。《佚周书·酆保解》云，三公九卿百姓之人，亦其证也。惟敬天明鬼之风殊于殷代，《佚周书·命训解》曰，祸莫大于淫祭。故六太之官降为微职，使之受辖于六官，周变古制此其征矣。惟《荀子·正论》篇言，古者天子千官，诸侯百官，《大戴礼·千乘》篇言古代四官与虞夏商周官制均殊，今不可考矣。若畿外之官，则唐虞之时，有四岳以居于内，乃诸侯监督天子之官也，《国语·周语》称，共工从孙四岳佐禹祚，四岳国命为侯伯，赐姓曰姜氏，曰有吕。贾注云，四岳官名太岳也。《左传》云，许，太岳之后也，而许、齐同为姜姓，则太岳即四岳，乃神农之后，实一人而非四人矣。《书大传》言稣为八伯，盖八伯与四岳同皆诸侯公举之官，使之居京师，以监督天子者也。观《虞书》记立君命官必先询于四岳，则四岳殆犹德国之选帝侯欤。有牧长以居于外，乃天子监督诸侯之官也。其制始于黄帝之设监，盖中央之权渐大，故设官以制诸侯。虞分十二州，州曰十二牧，或曰十二师，盖就治民而言则谓之牧，就教民而言则谓之师，牧与师一也。而外薄四海咸建五长。亦见《汉书》，盖主五方之诸侯而兼辖夷狄者，在十二牧外。夏复九州，则曰九牧，《左传》曰贡金九牧，九牧者即九州之牧也。殷承虞制，九州之长曰牧，见《曲礼》，此亦殷制也，殷亦九州。见《尔雅·释地》。五官之长曰伯，亦见《曲礼》，五官之长即《尚书》之五长也。周承殷制，故设五侯九伯，以统辖内外之诸侯。《左传》曰：五侯九伯汝实征之。五侯即五长所以辖五方之夷狄，犹之后世之都护也。《诗》言韩侯主北貊，此其证也。九伯即九牧，以辖几州之诸侯犹之后世之都督也。此先王居中驭外之良法也。作职官原始论第七。

## 刑法原始论第八

法律之初隐含二义，一曰保护利权，一曰限制权力。观《春秋元命苞》释刑字曰，刑字从刀，从井，井以饮人，人入井争水陷于泉，以刀守之，割其情欲，欲人畏慎以全命也。《初学记》引《说文》曰：刀，守井也，饮之人入井陷之，以刀守之，割其情也。是《说文》古本与《元命苞》合，今本《说文》系改本也。斯言也，非古代制刑之原始欤？盖《元命苞》之说以泉比律法，以刀喻刑，以争水喻民人欲扩张一己之权利，因生民有欲，有欲则争，不可不设刑以防之也。且法训为平，《说文》法字下云；

刑也。平之如水，从水廌，所以触不直者去之。法字下云：今文省。廌字下，解廌，兽也，古者决讼令触不直者。是古人立法不外衡曲直以判正邪。特五帝以前未设肉刑，纬书云三皇无刑。仅有罚锾之律。《社会通铨》谓游牧种人有血锾之法，罚杀人者之家以酬血斗之值，一计死者之贵贱，二计其害所加之广狭。《说文》则字下云：等画物也，从刀从贝。贝，古之物货也。夫则字从贝从刀引申之，则为法律之义，《左传》曰毁则为贼，则即法律也。足证刑罚起源始于罚贝，则字有等差之义，由于古人用贝，其用品有高下之殊。《汉书·食货志》云：大贝四寸八分以下二枚为一朋，直二百一十六，壮贝三寸六分以上二枚为一朋，直五十，幺贝二寸四分以上二枚为一朋，直三十，小贝寸二分以上二枚为一朋，直十，不盈寸二分漏度不得为朋，率枚值五三。是为贝货五品，盖贝品有高下之殊，而古代之罚锾亦有多寡之殊，故则字从贝，复含等差之义，其偏旁从刀者，刀即法律之义也。即晳种所谓财产之刑也。若身体之刑，则三皇之世仅有鞭朴二刑。何则？草昧之民未知铸铜冶铁，而石刀木斧其锋不足以刃人，惟竹器木器之用发明稍先，竹以制鞭，木以制梃，而棰挞之刑遂为古代肉刑之嚆矢。若五刑之制始于苗民，《尚书·吕刑》篇曰，若古有训，蚩尤惟始作乱，延及于平民，罔不寇贼鸱义，奸轨夺攘矫虔，苗民弗用灵，制以刑，惟作五虐之刑，曰法，杀戮无罪，爰肆以为劓、刵、椓、黥。此五刑之制始于苗民之证。盖苗民地僻南方，首知冶铁，观《山海经》言蚩尤作甲兵，而《龙鱼河图》复言蚩尤铜头铁额，此蚩尤作铁之证。故斧钺刀锯之制兴。及黄帝削平蚩尤，采用苗民之刑法，而劓、刵、椓、黥之罚遂肇始于轩辕。降及唐虞，相沿莫革。吾观《虞书》有言五服三就，邹汉勋谓服古通伏，即大刑服斧钺，宫刑服刀，刵刑服锯，劓刑服钻，墨刑服笮也。五服三就者，服斧钺者就市，服刀者就宫，服锯与钻笮者就朝也。其说近是，惟与《国语》稍不合。而《鲁语》臧文仲申其义，释为五刑三次。一曰甲兵，则征服诸侯之刑也。二曰斧钺，则大辟之刑也。三曰刀锯，则劓刑、刵刑、宫刑也。四曰钻笮，则墨刑也。五曰鞭朴，则棰挞之刑也。此即《虞书》五刑之证。盖《吕刑》墨、劓、刑、宫、大辟称为五刑，而《国语》所言之五刑，亦称五刑。特《虞书》所言之五刑即《国语》之五刑，非《吕刑》之五刑也。足证唐虞之制不废肉刑，后儒不察，据《尚书》象以典刑之文，援《纬书》三王肉刑之说，遂谓唐虞之世有象刑而无肉刑，不亦误与？伏生《书传》云，唐虞之象刑，上刑赭衣不纯，中刑杂屦，下刑墨幪，犯墨者蒙帛，犯劓者赭其衣，犯膑者以墨蒙膑处而画之，犯大辟者布衣无领。荀子云，世俗之说以为治古无肉刑，有象刑。墨，黥；慅，婴；共，艾毕；菲，对屦；杀，赭衣而不纯。是不然矣。以为治古则人皆莫触罪耶？岂独无肉刑，亦不待象刑矣。以为人莫触罪矣，而直轻其刑，是杀人不死伤人者不刑也。罪至重刑至轻，民无所畏，乱莫大焉。案：荀子之说为古文家之祖，伏生之说为今文学之祖，而伏生之说本于慎子，慎子云：有虞氏之诛，以蒙巾当墨，以草缨当劓，以菲履当刖，以艾绊当宫，以布衣无领当大辟，此即荀子所谓世俗之说也。郑君注《书》宗古文说，谓正刑为五，加以流宥鞭朴赎，此之谓九刑，而马融注《书》则言但有其象无其刑，又言墨劓剕宫大辟五刑，其意画象与五正刑并用，盖用伏生今文家之说。《汉书·刑法志》引《书》“天讨有罪”云，因天讨而作五刑，大刑用甲兵，其次用斧钺，中刑用刀锯，其次用钻凿，薄刑用鞭朴。既用古文家之说，又因荀子所引俗说而论之，曰禹承尧舜之后，自以德衰而作肉刑，参用《纬书》三皇无文五帝画象三王肉刑之说，一似肉刑之制起于夏初，此大谬也。惟孙氏渊如信其说，而毛西河《尚书广听录》、俞正燮《癸巳类稿》皆斥其非，其说甚确。盖象以典刑者，即悬刑政之法于象纬也，象以典刑即公布法律之义，所谓使人共睹也，画象而民不犯者，犹言法律设而民不犯耳。流宥五刑者，即虞舜初立，行大赦之典也。怙终贼刑者，言罪重之人不在赦宥之列。《左传》昭公十四年，叔向云，己恶而掠美为昏，贪以败官为墨，杀人不忌为贼。《夏书》曰，昏墨贼杀，皋陶之刑也。足证皋陶制刑，亦刑大辟之法，则唐虞之世非仅用象刑明矣。伏生所言，盖由象以典刑一语而误会之耳。特肉刑之外复有流宥赎刑。《尚书》云，流宥五刑，马注云，流，放也。又曰，五流有宅，五宅三居。皆古代有流刑之证也。又曰，金作赎刑，此古代有赎刑之证也。特流刑为古代之重刑，《社会通铨》云，西卫古律有族屏之刑，族屏者，为其众所屏逐，如欧州近世之出律，使其种所居滨海，往往置编筏之上，使随流而任所之，若在山林则窜之丛莽深箐之中，其事盖相合也。与《王制》所言屏之远方终身不齿，《左传》所言投之四裔以御魑魅相类。则《尚书》所言，流共工于幽州，放驩兜于崇山，窜三苗于三危，殛鲧于羽山者，正古代所谓极重之刑矣。与后世以流刑为轻刑者不同。若赎刑之法，则古代用贝，及钱币既行，乃易贝以金，盖轻刑也。此则古代刑制之可考者也。且古代之刑酷于后世，如《夏书·甘誓》云：不用命戮于社，予则孥戮汝。是夏代之时皆行孥戮之典。至于周代，则罪人不孥，而父不慈，子不祗，兄不友，弟不恭，皆不相及，即犯重罪者，即不过殁家族为奴而已，此周刑轻于夏刑之证。《殷书·盘庚》云：我乃劓殄灭之，无遗育，无俾易种于兹新邑。是殷代之时用刑甚重，而周之于殷代顽民也仅迁之洛邑，不复加诛，此周刑轻于殷刑之证也。至穆王改肉刑为赎刑，其刑又较周初为轻。而后世之律密于古初。如皋陶之律今多失传，而郑君注《吕刑》云：夏刑大辟二百，膑刑三百，宫辟五百，劓墨各千。而《吕刑》篇则言墨罚千，劓罚千，剕罚五百，宫罚五百，大辟二百，立法较夏时为轻，而定律亦较夏时为密矣。又《左传》云，夏有乱政而作禹刑，商有乱民而作汤刑，盖禹刑汤刑者，皆增订法律公布天下以使人民共睹也，即西人所谓成文法典。若周代法令则益加密，观《周礼·秋官》可见。刑律异同，三王不相沿袭，惜夏殷刑律失传，不若周制之彰明矣。作刑法原始论第八。古代兵刑合一，故皋陶以司寇兼司马之职。《虞书》所言蛮夷猾夏，寇贼奸宄，汝作士是也。夏则士官与司马为二，观《洪范》可见，此兵刑所由分为二也。

## 学校原始论第九

上古之时未有宫室，及黄帝继兴，始制为栋宇以避风雨。《易·系辞下》。然古人宫室无多，凡祭礼、军礼、学礼以及望气、治历、养老、习射、尊贤之典，咸行于明堂，而明堂、太庙、太学、灵台咸为一地，就事殊名，惠氏《明堂大道录》曰：明堂为天子太庙，禘祭、宗祀、朝觐、耕藉、养老、尊贤、飨射、献俘、治历、望气、告朔、行政皆行于其中。其说明堂甚确。故明堂为大教之宫。蔡邕说。又案：《祭义》云，祀乎明堂，所以教诸侯之孝也，食三老五更于太学，所以教诸侯之弟也，祀先贤于西学，所以教诸侯之德也，耕藉所以教诸侯之养也，朝觐所以教诸侯之臣也。五者天下之大教也。实为蔡氏之说所自出。且明堂既为布教之地，教原于学，则一切教民之法咸备于明堂。明堂之制始于黄、炎，桓谭《新论》曰，神农氏祀明堂，而《素问》亦言黄帝坐明堂，此其证。则学校之制亦创于五帝之前，故“五帝记”为论学制之书。见《白虎通》。然古代学校咸统于明堂，故戴德以明堂、辟雍为一物，《通典》引。许慎谓明堂立于辟雍中，《五经异义》。卢植谓明堂环之以水则曰辟雍，《礼记》注。案，明堂环以水，犹今村居者之有沟以绕宅耳。辟雍者即大学也。古代只有太学在明堂之中，而明堂之外无学，及有虞氏设上庠下庠，夏后氏设东序西序，殷设右学左学，周设东胶虞庠，《王制》。而殷周于太学之外咸设四学。《祭义》曰天子设四学，蔡邕引《易传·太初》篇曰，天子旦入东学，昼入南学，暮入西学。《大戴礼》引《学礼记》，帝入东学，帝入南学，帝入西学，帝入北学，帝人中学。复言此殷周所以长有道也。据此则四学之制始于殷周，固彰彰明矣。四学在明堂四门之外，又称郊学，皇侃谓四郊皆有虞庠。即《文王世子》所谓凡语于郊也。是为学校与明堂分立之始，此郑君所由谓庙学异处也。郑君之说指三代之制言，若孔晁、颖容、贾逵、服虔、高诱、王肃谓明堂与学校为一，同实异名，则就太古之制而言之也。然庙学虽云异处，而太学仍在明堂，故魏文侯《孝经传》曰：大学者，中学明堂之位也。逸《大戴礼·政穆》篇曰：大学者，明堂之东序也。亦蔡邕引。东序即《王制》之东胶，郑注云，东胶郊太学在国中。亦名东宫。《尸子》。而养老释奠之大典，见《文王世子》篇及《乐记》篇中。干戈羽籥之教民，见《文王世子》篇。以及天子之乞言司成之论说，同上。咸行于东序之中。是殷周虽设四学，而布教之地仍以明堂为至要之区。盖大学在明堂之东，故对明堂言则称东序，又其地在四学之中，故对四学言则为中学。此上古学制之大端也。若古代教育之法，则有虞之学名曰成均。郑君引董仲舒说，谓五帝名大学曰成均。孔颖达曰，虞庠为舜学，则成均为五帝学。案：成均为五帝之学，有虞之学袭用其名，非舜学只名虞庠不名成均也。均字即韵字之古文，古代教民口耳相传，故重声教，故《禹贡》言声教迄于四海。而以声感人莫善于乐。观舜使后夔典乐，复命后夔教胄子，则乐师即属教师。凡《虞书》所谓诗言志，歌永言，声依永，律和声者，皆古代教育之遗法也。又案：《皋陶谟》篇言，予欲闻六律五声八音，在治忽，在治忽或作七始训，皆就音乐之道言也。又言，箫韶九成，凤凰来仪，则乐教为虞代所重彰彰明矣。此其所以以乐教民也。又商代之大学曰瞽宗，而周代则以瞽宗祀乐祖，盖瞽以诵诗，《左传》襄十四年。诗以入乐，故瞽矇皆列乐官，《周礼·春官》。学名瞽宗亦古代以乐教民之证。周名大学为辟雍，雍训为和，郑君说。隐寓和声之义，而和声必用乐章，观《周礼》大司乐掌成均之法以教合国之子弟，并以乐德乐舞乐语教国子，《周礼》。而春诵夏弦诏于太师，《文王世子》篇。四术四教掌于乐正，《王制》篇。则周代学制亦以乐师为教师，固仍沿有虞之成法也。又案：《文王世子》篇云，春夏教干戈，秋冬教羽籥，皆于东序。则三代学校之中非唯重乐歌，亦且重乐舞矣。又《内则》所言，十有三年，学乐诵诗舞勺成童舞象。是古人入学咸习乐舞并习乐歌，观此可证。

古人以礼为教民之本，列于六艺之首。岂知上古教民，六艺之中乐为最崇，固以乐教为教民之本哉！又案：孟子之叙乡学也，谓夏曰校，殷曰序，周曰庠，庠者养也，校者教也，序者射也。盖教字隐含二义，一为教育，一为宗教。夏代用黄帝五行之教，益以九畴，称为天锡，《书·洪范》。咸以五行概人事，与伏羲阴阳之教相争。故禹攻曹魏、屈骜、有扈以行教，《吕氏春秋·召类》篇。启以有扈威侮五行，剿灭其国，《书·甘誓》。以教诬民莫此为甚。校训为教，所以明夏代之教民咸以宗教为主也。重宗教故崇鬼神，崇鬼神故隆祭祀，教字从孝，由于祀人鬼。既崇祭祀则一切术数之学由是而生。夫明堂为古代之庙坛，且为望氛之地，而祭祀望氛之典咸近于宗教，则校训为教，所以存古代明堂行祭望氛之遗法也。又案：成伯玙《礼记外传》云，夏后氏明堂五室，象地载五行。亦夏代明堂五行之证。明堂既法五行，则学校之源出于明堂，亦必以五行为教。此学校出于明堂之证一也。乡学虽在明堂之外，然实由明堂中之太学而分。至序训为射，则古代辟雍本为习射之地，故辟雍谓之射宫，《礼记·射义》。环之以水，地名泽宫，而天子将祭必先习射于泽，以射择士。同上。盖古代以射教民，故射列六艺之一。古代选举行于学校之中，故射于泽宫以择士。商代之初，以武立国，如《诗》言武王载旆，如火烈烈，又言挞彼殷武，奋伐荆楚，《书》言伐夏伐朡，皆商代尚武之确证。故后世亦以武立国，与周不同。故习射之典为尤崇，习射之典既崇，故乡学之教民亦以射，此序所由训射也。且上古习射必于明堂，惠氏《明堂大道录》。则习射于学，所以存古代明堂习射之遗法也。此学校出于明堂之证二也。若庠之言养，义取养老，则以古代明堂兼为养老教民之地。《佚周书·大匡》篇谓，明堂所以明道，明道惟法，法人惟重老，重老惟宝。又《内则》云五帝宪，郑注云，宪，法也。与《佚周书》合。盖法训为师，《周书》孔注说。而明道所以教民。古代之所以养老者，以齿德兼尊之人可以为民之师耳。故养老与教民同地。夫养老之典始于神农，《周礼》“伊耆氏”郑注以为，古代始为蜡以息老物之王，而惠氏《明堂大道录》云，伊耆氏，先儒以为神农也，神农建明堂，即制养老之礼。其说诚确不可易。而有虞氏之时，养国老于上庠，养庶老于下庠。夏养国老于东序，养庶老于西序。殷养国老于右学，养庶老于左学。周养国老于东胶，养庶老于虞庠。《王制》。夫东序、东胶皆太学之异名，其地列明堂之中，见前。则《文王世子》所谓适东序释奠先老者，先老即学校之先师也，复言设三老五更群老席位者，三老五更群老又即学校之教师也。《白虎通义》谓三老明天地人之道，五更明五行之道。《乐记》郑注云，三老五更皆老人知三德五事者也。是古代所养之老，皆明于学术之人。故养老即以尊师，而尊师即以重学，故养老亦为天下之大教。《乐记》。而《文王世子》篇复曰，反养老幼于东序，老即学校教民之师，而幼即死政之孤，受业于学者也。然三老五更皆年老致仕之人，《礼记》郑注。大夫七十而致仕，《曲礼》。所谓七十养于学也。若周代之制，则学校普设于国中，由是舍养老太学外，而州里之间亦设乡学，以齿德兼尊者为教师，兼行养老之典。《尚书大传》云，大夫七十而致仕，老于乡里，名曰父师，士曰少师，以致乡人子弟于门塾之基，教之以学。郑注云，所谓里庶尹也，古者仕焉而已者，皆归教于闾里。又云，上老平明坐右塾，庶老坐左塾，馀子毕出，然后皆归，夕亦如之。案：上老即上文之父师，庶老即上文之少师也。则周代年老致仕之人咸负教民之职。盖古代乡学未设，故以年老致仕者为国学之师，及乡学既设，复以年老致仕者为乡学之师，而乡学之间亦沿太学养老之典，如《乡饮酒》篇所言皆乡学养老之典也。故乡学之名即取养老之义，名之为庠。然养老既与教民同地，则仍沿古代明堂之成法也。《王制》言五十养于乡，即为乡学之师也，言六十养于国，即为国学之师也。复言七十养于学，即为太学之师也，养老者所以使之施教也。此学校出于明堂之证三也。故观于学校出于明堂，则知明堂所行之典，咸为学校之所该，故古代政教之权咸出于学校。至于周代，学制日备而学术亦日昌，此则古人重学校之效也。作学校原始论第九。馀见惠氏《明堂大道录》。

## 礼俗原始论第十

《说文》禮字下云，履也，所以事神致福也，从示从豊，豊亦声。案：履字下云，足所依也，从尸，服履者也，从彳又从舟，象履形。是履礼二字本义不同，《说文》训礼为履者，则以履字有践行之义，而礼亦为人所践行耳。故《周易》"履霜"，郑注读履为礼也。案：《说文》示字下云，天垂象所以示人也，从二三，垂日月星也，观乎天文以察时变，示神事也。盖二字即上字之古文，而小字即象日月星之形，示字古文作[illegible]，一即天也，昔迦尔底亚宗教以日月星为最贵之神，以上帝为诸神之极则。西人拉克伯里氏说。迦尔底亚为中邦祖国，同上。故所奉宗教仍沿迦尔底亚之遗风。礼字从示足证古代礼制悉该于祭礼之中，舍祭礼而外，固无所谓礼制也。若礼字从豊，亦含祭礼之义，《说文》豊字下云，行礼之器也。盖古代之祭天日月星也，未制礼器，仅以手持肉而已，故祭字从夕从乙，夕，肉也，乙，手也。即捧肉以祀天日月星之义也。及民知制器而祭器之品日增，《说文》曲字下云，象器曲受物之形也。盖曲字篆文作凵，而《说文》复立匚部，训为受物之器，又谓籀文匚字作[illegible]，即曲字篆文之倒形。盖匚曲同为受物之器，匚象侧视之形，凵象正视之形，而筐、《说文》云，饭器也。筐、竹器。匴、《说文》云，小杯也。匜《说文》云，可以注酒。之属字，咸从匚，又为食器之名，与鼎俎同为祭神之物。若豊字从豆，则《诗》言于豆于登，复言上帝居歆，足证豆器为祀天之物。盖荐饮食以飨神为古代祭礼之大纲，故《礼运》言，凡礼之初，始于饮食也。《说文》训豊为行礼之器，犹言行祭之器耳。观于礼字之从示从豊，益足证上古五礼之中仅有祭礼，若冠礼、昏礼、丧礼，咸为祭礼所该。观古人行冠礼者，必行于庙门之中，《仪礼·士冠礼》篇云，筮于庙门。又曰，为期于庙门之外。又曰，至于庙门揖入三揖，皆其确证也。古人言昏礼者，必曰上以奉宗庙，《礼记·昏义》。而丧礼尤与祭礼相关，故周代宗伯为礼官，而所掌之礼，则皆祀天神人鬼地祇之礼也。即五礼之中，亦以吉礼事神为首。亦见大宗伯之职，盖五礼虽分于周，实则虞言五典五礼即吉凶军宾嘉，五礼之始也。又刘子有云，国之大事在祀与戎，《左传》成公十三年。而《礼记·祭义》篇亦曰，礼有五经，莫重于祭。此亦古代重祭礼之征。观《礼记》四十九篇，言祭之书最多。然《礼记·王制》篇又以冠、昏、丧、祭、乡、相见为六礼，乡饮礼。相见礼之起原，今不可征，试先溯冠、昏、丧、祭之起原，以见上古之礼俗焉。

一事，上古之时尚齿，齿之长者为大人，如《孟子》大人者不失其赤子之心是。而大人又为居尊位之称。如《易》大人虎变，《孟子》说大人是。齿之幼者为赤子，《孟子》

赵注云，赤子，婴儿也。而赤子又以喻愚贱之民，如《康诰》言如保赤子，上句即言惟民其毕弃咎，是以赤子喻愚贱之民人也。长幼之长又为令长之长，《说文》。是年长之人即操治民之权也。儿童之童又为童仆之童，童之本义为山不生木，而儿童之童发未全成，童仆为古代罪人，皆系髡发之民，故皆象山不生木之形。是年幼之人皆伺贱民之列也。试观欧西各国，人人咸有公民之权，即选举权及被选举权是。然限以年龄，即国政在民，亦必年逾二十始列籍公民。观于此义，而中国冠礼之起原可以知其故矣。古制冠礼，详于《仪礼·士冠礼》篇，郑君《三礼目录》解士冠礼云，童子职任居士位，年二十而冠。盖士字有二义，一指爵位言，即上士、中士、下士也，一指年龄言，乃由少而壮之人也。古代称年幼者为孺子，年稍长者为士，年已长者为君子，《管子·小问》篇云，苗之生也，眴眴然似孺子，其壮也，庄庄然似士，其成也，似君子。是孺子为人初生者之称，士为年甫壮者之称，君子则为已成人之称也。俞正燮云，士者，古人年少未冠娶之通名，引《诗》求我庶士，士如归妻，穀我士女，士曰归止，无与士耽，有依其士，厘尔女士，《夏小正》绥多士女，《孟子》绥厥士女，《荀子》妇人莫不愿得以为士为证，谓士为男子未娶之称，犹女为女子未嫁之称也。其说甚确。故士又为年稍长者之总称。凡天子诸侯大夫之子，咸得被以士名，即未命之士谓之居士，亦曰都邑之士。人于学者，则曰选士、俊士、造士，是士又为将仕未仕之称，故仕字从人从士，所以明在位之人皆年逾弱冠之人也。又《仪礼·士冠礼》《礼记·郊特牲》篇云，天子之元子，士也，天下无生而贵者也。《白虎通义》申其义云，王太子亦称士，何也？举从下升以为人无生得贵者，莫不由士起。此义稍误，天子之元子为士，所以明天子之子其年稍长者，亦名士也。盖冠礼既行，始区贵贱，若冠礼未行，则天子之子固与诸侯卿大夫士之子无异也。即《仪礼》以“士冠礼”名篇，士亦指年龄而言，犹言冠礼为年甫弱冠者所通行。非谓此礼定属于上士、中士、下士也。即士昏礼亦指年龄而言，若士相见礼，即少仪也。古代庶人最贱，无入仕之权，以庶人为苗族之民，非汉族之民，故无公民权。礼不下庶人，《曲礼》。而庶人亦无冠礼，党正虽掌六乡之冠礼，而《文王世子》亦言，公族虽为庶人冠必告，则六乡冠礼疑亦指在野之士言之，公族之有冠礼，亦特别之制。则以冠礼为入仕之阶，凡行冠礼之人皆可以入仕之人也。古代入仕咸有层迹，由贱爵而升贵爵，年少之人资望素浅，其爵必贱，年长之人资望必隆，故居贵爵，士为年甫二十之人，故入仕之初亦必居贱爵，若上士、中十、下士，亦为贱爵，则固由此义而引申之者也。许氏《五经异义》云，夏殷天子皆十二而冠，而《士冠礼》记及《郊特牲》篇皆云诸侯之有冠礼，夏之末造也，造，作也。是夏殷天子诸侯皆行冠礼。盖既行冠礼，始克居位临民，若未行冠礼，即不克居位临民，故夏殷二代无年幼在位之君，观夏殷二代君主咸传位于弟，或传兄子，则以己子未行冠礼不能胜人君之任也。亦无年幼在位之官也。虞夏尚齿较殷周为尤崇，故古者五十而后爵，无大夫冠礼。《郊特牲》。《荀子·大略》篇亦曰，古者匹夫五十而士，足证士为始仕之人。及殷代以降，官人之方，不复限之以年格，故二十即行冠礼。《礼记·冠义》篇言嫡子冠于阼，以著代也。盖古代官人，以世而袭父位者为大宗，著代者，犹言既冠以后即可世袭父位耳。又言已冠而字之，成人之道。冠而字之者，即尊者不名之义，成人之道者，犹言有公民之资格也。有公民之资格，即可有入仕之权，故《冠义》篇又言奠贽于君，言可以为人而后可以治人，见君者为臣之始也。治人者又即居官之义也。故既冠之后，即可任职居官，此古代行冠礼之微意也。其必以冠为名者，则冠字本义为冠服之冠，古代以冠服别贵贱，凡行冠礼，必服朝服玄冠，朝服玄冠者，人仕者之冠服也。故冠礼为进身之阶。而冠礼之冠，即由玄冠之冠引申，此亦古代以冠服别贵贱之证也。后世以降，童子佩鑴刺于《卫诗》，任叔之子刺于《春秋》，盖冠礼之义既沦，凡居君位居臣位者，始不以年龄为限，而年幼之人即居重位，此国政所由日乱也。反是以思，益证古人之行冠礼其立法至为深远矣。以上冠礼。

二事。昔《亢仓子》有言，凡蘧氏之有天下也，天下之人惟知有母不知有父。《白虎通义》亦同。其故何哉？盖太古之民，婚姻之礼未备，以女子为一国所公有，《社会通铨》注云，蛮夷男子于所昏图腾之男子同妻行者皆其妻也，女子于所嫁图腾之男子同夫行者皆其夫也，凡妻之子女皆夫之子女也，其同图腾同辈行，则兄弟姊妹也，与其母同图腾同辈行，则诸父诸母也。母重于父，视母而得其相承之宗。故中国妇字既为己妻之称，如《诗》“思媚其妇”是。又为普通女子之称，如《左传》“妇人也”，则妇为女子普通之称。

夫字既为夫妻之夫，又为普通男子之称。如丈夫、匹夫、猛夫是也，夫字义与民同，如《书·大诰》“民献有十夫”是也。此即男子以女子同妻行者皆其妻，女子以同夫行者皆其夫之证。且柏修门人无夫妇妃耦之言，妇人处子，语亦弗区。而中国女字既为未嫁之称，如处女、贞女是也，若《左传》言“女而不妇”，则以女字专属未嫁之称，此则三代以来所定之名也。又为已嫁之称，如《诗》言“女心悲止，征夫归止，”义言“女曰鸡鸣，士曰昧旦，”则已嫁者亦称为女，固彰彰可考矣。古无婚礼此其证也。故血胤相续咸以女而不以男，而姓字从女从生，即上古帝王亦大抵从母得姓。盖男子既行一夫多妻之制，则为女子者亦行一妻多夫之制也。且古代人民视女子为甚卑，其所谓婚礼者，有剽掠妇女之风，有买卖妇女之俗。西人《社会通铨》谓蛮夷禁令同图腾者不昏，而中国古籍亦言同姓不昏，然姓指母族之姓言，非指父族之姓言。如尧二女嫁舜，颛顼女女修为伯益之曾祖母是。其始也，以同部之人皆为同姓，故娶女必于异部之中。如神农母为有峤氏，颛顼母为蜀山氏是。又上世之民习于战斗钞暴，战胜他族，则系虏弱女以备嫔嫱，观奴字从女从又，而古文作[illegible]，即象女子械系之形，故古代妇女与奴婢同。观妇训为服，象持帚之形，《说文》。而《曲礼》亦曰：纳女于诸侯，曰备酒浆于大夫，曰备洒扫，足证古代之时以服从为足尽女子之分。上古妇人习于一妻多夫之俗，及男子之柄愈伸，恐女子之不能从一也，而防范女子之法乃日严。故一妻多夫之制革而一夫多妻之制仍习俗相沿，位愈贵者妻愈众。据《白虎通义》，惟庶人一夫一妻，而《曲礼》篇则言天子有后，有夫人，有世妇，有嫔，有妻，有妾，是庶人以上皆行一夫多妻之制度者也。又创为一与之齐终身不改《礼记》。之说，使女子终事一夫，所生子女悉从男姓，而女统之血系易为男之血系矣。故《易》言有夫妇然后有父子。虽然，剽掠妇女相习成风，其始也，剽掠他族之妇女，其继也，则剽掠本族之妇女。《礼》言阳侯杀穆侯，劫其夫人，亦古代剽掠妇女之证也。及伏羲之世，知剽劫之易启争端也，乃创为俪皮之礼。盖古代以皮为货币，此即买卖妇女之始也。吾观《仪礼·士昏礼》篇，谓纳采问名、纳吉皆奠雁，纳征之礼则用玄纁束帛俪皮，天子加谷圭，诸侯加大璋。而舅姑飨妇亦酬以束锦，此即沿俪皮为礼之遗制也。故买卖妇女之俗至周犹存。《诗》

言申人之女以夫家一物不备，持义不往，亦其证也。奠雁者，古代以畜偿值之遗法也。且买妻之俗既行，由是古代之民视妇女为财产之一。帑为金币所藏，《说文》。而称妇子亦曰帑。妃字本义为币帛成匹之称，《说文》段注。而称嫔御亦曰妃，与匈奴名奴婢为赀者岂有殊哉。中国前儒以财昏为夷虏之俗，岂知古代之民亦盛行财婚之俗哉！若夫家之财不足酬妇家之值，则赁佣妇家，以身质钱，此即赘婿之制所由起也。《汉书》注释赘婿为以身质钱，其说甚确。且据《士昏礼》篇观之，则劫掠妇女之遗义至周亦存，婿行亲迎，必以从车载，从者，此古助人夺妇者也，妇人夫门，有姆有媵咸从妇行，此古助人捍贼者也。《社会通铨》曰，欧俗嫁娶，为夫傧偿相者称良士，此古助人夺妇者也，为新妇保介者曰扶娘，此古助人捍贼者也，以此制证之，《仪礼》适与相符。其行礼必以昏者，则以上古时代用火之术尚未发明，劫妇必以昏时，所以乘妇家之不备，且使之不复辨其为谁何耳。后世相沿，浸以成俗，遂以昏礼为嘉礼之一矣。然观于《礼记·昏义》篇所言，则重男轻女之俗如言成妇顺明妇顺是。历历可稽，此后儒扶阳锄阴之说所由起也。中国女权不伸，实沿古代之遗风，惟后世益加甚耳。可不叹哉！以上昏礼。

三事。上古人民于肉体之外兼信灵魂，以为人死为鬼，今日之死安知不愈于昔日之生，《列子》。故殷《盘庚》篇曰，乃祖乃父，乃告我高后，崇拜勿祥。周《大雅》云，文王陟降，在帝左右。皆迷信灵魂不死之说也。故事死如事生，事亡如事存，《礼记·中庸》篇。古籍之说类此者甚多。又《礼记·礼运》篇记太古丧仪，析知气与体魄为二，知气在上者即灵魂也，体魄则降者即肉体也。又案：《祭义》篇孔子答宰我云，气也者，神之盛也；魄也者，鬼之盛也。又曰，众生必死，死必归土，此之谓鬼，骨肉毙于下，阴为野土，其气发扬于上为昭明，焄蒿凄怆，此百物之精也，神之著也。气即灵魂，魄即肉体。又《易》言，精气为物，游魂为变。则精气又指肉体言，游乃指灵魂言，精气为物，言人死之后，其所含之元质流为植物、动物也。游魂为变者，言人死之后灵魂不灭，仍能变化无方也。此皆古人析灵魂、肉体为二之证。与佛教、佛家言灵光，言轮回，言不生不灭，见于《楞严经》诸书，而婆罗门教亦然。耶教耶教言灵魂，言永生，曰生死我不死，皆迷信灵魂之说也。之说大抵相符。故中国古代之丧礼，皆由迷信灵魂之念而生。何则？上古之民既以灵魂为不灭，则灵魂必有所归，夫灵魂既有所归，安知人世之外不更有佛教所述之净土、耶教所述之天国乎？又安知彼地之制度服御，非一仿人世之制乎？试观《仪礼·士丧礼》《士虞礼》二篇，言丧礼之仪，有言奠脯醢醴酒、奠稻米豆实者，有言设豆笾、陈三鼎者，而葬器之中复有黍稷醢醢醴酒，此以人世之食物测鬼界之食物也；又言纳棺之物，有纯衣爵弁夷衾，而从葬之物复有疏布缁翦、缁色之布。幕席绣茵，此以人世之服物测鬼界之服物也；又葬器之中首崇明器，明器者，神明之器也。有弓矢耒耜敦槃甲胄设器。杖笠燕器。之属，而将葬之时，复有荐马荐车之礼，此以人世之服御测鬼界之服御也。盖既以死者为有知，又以死者为莫养于下也，《檀弓》。由是有殉葬之典，以妥其灵。故知丧礼之起原，实出迷信灵魂之一念也。虽然，古代之民非徒信灵魂之必有所归也，且以灵魂为无所不之，故有招魂之礼，以祝魂兮之归来。《楚辞·招魂》。《士丧礼》言，士死适室，则复者一人升东荣中屋，招以衣，三呼皋某复。此即古时招魂之典，据《礼运》言升屋而号，号曰皋某复，为上古之礼，则其礼起源甚古。所以信死者之可复归也。故葬礼既终，仍行祭礼，虽视之不见听之弗闻，一若如在其上，如在其左右，《礼记·中庸》篇。即《祭义》所谓庶或飨之，《祭统》所谓交于神明也。孔子言，因物之精，制为之极，明命鬼神，以为黔首，《祭义》。则精即灵魂，所以明丧祭之礼咸起于民信灵魂也。若《周易》叙丧礼之起原，以为古之葬者厚衣以薪，葬之中野，不封不树，丧期无数，后世圣人易以棺椁。与孟子答夷之之问者相近。不知葬礼特丧礼之一端，乃对于死者体魄所尽之礼也。古代贱体魄而重灵魂，故古不墓祭。《礼记·檀弓》。墨家侈言明鬼，复著《节葬》之篇，则古代丧礼贱视体魄明矣。惟儒家则视葬礼为甚崇耳。及圣王既作，见人民丧其亲戚，咸有怵惕凄怆之心，乃导以报本反始之义。制衰麻之服，《礼记》孔疏云，黄帝尧舜之时虽有衣裳仍未有丧服，唐虞以前丧服与吉服同，皆以白布为之也。设哭踊之仪，而三年之丧遂为天下之达丧矣。然此非上古人民所及行也，上古之民知有母不知有父，安知服丧之礼乎！且未有布帛，安有丧服吉服之殊乎，后世因人之情为之节文，此丧礼所由日繁欤！以上丧礼。

四事。《周礼·春官》，大宗伯掌建邦天神人鬼地祇之礼，是三代以前之祭礼不越天神地祇人鬼三端。又大宗伯职云，凡祀大神、享大鬼、祭大示，诏相王之大礼。大司乐职云，若乐六变，则天神皆降，乐八变，则地祇皆出，乐九变，则人鬼可得而礼。太祝职云，辨六号，一曰神号，二曰鬼号，三曰只号。凡以神社者下云，以犹鬼神祇之居，皆古人神祇鬼并言之证。然吾即上古人民之思想推之，则先祀人鬼，继祀地示，继祀天神，何则？古人之观念尚属简单，见夫众生必死，又疑死者之有知或未必果死也，而人鬼之祀以立。斯宾塞耳有言，各宗教之起原，咸起于祖先教。中国仓颉造文亦孝文为教，又《孝经》有言，夫孝德之本也，教之所由生也。盖祀先之礼为一切宗教所由生，此祭礼所由始于人鬼也。虽然，人鬼者，一族所祀之神也，若威信著于一方，及其死也，则合一境之民以祀之，是为社神，即地祇之权舆也。《说文》社字下云，地主也，从示土。《春秋传》曰，共工之子句龙为社神。《周礼》二十五家为社，而许君《五经异义》则以社是上公非地祇，郑君驳之谓，《周礼》土祇为五土之总称，即地祇也。案：郑说胜于许说，特祀句龙为社，此夏商以降之典。若上古之时，则君神不仅一人，凡威信著于一方之人，即为社方之社神，故二十五家亦为社，则以同居一地即同奉一神，后世以句龙功在天下，故令天下同祀为社神耳。今中国各村落，虽民户数十，必有一祀土神之所，即其证也。此地祇出于人鬼之证。又上古人民知有母不知有父，及女统易为男统，以先祖所自出不明，乃托为无父而生之说，又创为感天生子之言，而天祖并崇，用行禘礼。《说文》姓字下云，古者神圣母感天而生子，故曰天子。此许君用今文家说也。《五经异义》谓今文家以圣人为无父而生，古文家以圣人为有父而生。盖有父而生其说甚确，惟知母不知有父，故托为无父而生之说，如《诗》言契母感玄鸟而生契，稷母感巨人迹而生稷是也。故契稷决非高辛之子，后世以契稷为高辛之子者，非也。此古人禘礼所由起也。故禘为祀远祖之祭，如《祭法》所言，有虞氏夏后氏禘黄帝，殷人周人禘帝喾是也。又为祀天之祭，《诗》叙长发，大禘也。郑笺云，大禘郊祭天也。盖古人以天为太祖，《荀子》曰王者天太祖，注云，以天为太祖也。故即以远祖配天，《丧服小记》曰，王者稀其祖之所自出，以其祖配之。又董子《繁露》云，天为万物之本，先祖之所出也。《周礼》贾疏云，王者祀所感帝于南还，以感生祖配祭，盖感生之祖有姓名可考者也，即一代之始祖，如稷、契是也。若感生祖以上，则姓名不可征，故以感生祖为无父而生，感生者，即感天气而生，为上天之子之意也，故不王不禘。配天者即配上帝也。古人以上帝为上天操权之人，《孝经》曰，宗祀文王于明堂，以配上帝。而《中庸》复言配天，是配天即配上帝也。而上帝以外复有五帝，为五行精气之神，郑君注《周礼》“昊天上帝”云，天皇大帝也，注“五帝”云，青帝、赤帝、黄帝、白帝、墨帝，此五行精气之神也。古圣感天而生，即感太微五帝之精以生也。《大传》郑注。故祀天祀帝，咸因祀祖而推。此天神出于人鬼之证。自是以降，因祀上帝以推之，见夫日月星之丽于太空也，遂有祭日祭月祭星之典。示字从小，即象日月星，《祭法》云，王宫祭日也，夜明祭月幽宗祭星也。此其确证。又见夫四时寒暑之递迁，水旱之不时，风雨雷霜之变幻，以为咸有神以司之，而天神之入祀典者愈众矣。祭时、祭水旱、祭寒暑，皆见《祭法》，祭风师、雨师，见《周礼·宗伯》，祭雷见《五经异义》，礼霜见《易》注。因祀社神而扩之以为山陵川谷之各有神也。如《山海经》中《山经》所记泰逢熏池武罗等名是，又《尔雅·释天》有祭山祭天之典，《尧典》亦言望于山川，柴于五岳，而后世于江水、河水皆有祠。由是，土祇而外，川泽有祇，山林有祇，推之丘陵坟衍以莫不有祇，《周礼·大司乐》。即远而至于四方，四方之祭见于《曲礼·祭法》。据郑君《曲礼》注，则祭四方者，即祭五帝之神于四郊，句芒在东，祝融后土在南，蓐牧在西，玄冥在北。而《汉书·魏相传》则言东方之神太皞，南方之神炎帝，西方之神少昊，北方之神颛顼。二说虽殊，然皆以人鬼为地祇，则固无异也。近而至于中溜、道路、井灶，中溜、井灶之祀见于《祭法》，若道路之祭，即《祭法》所谓祭行也。古代咸列于五祀中。亦以为神物所司，而地祇之入祀典者愈繁矣。因祀宗祖而推之，以为古代之人，有法施于民者，有以死勤事、以劳定国者，有御大灾捍方患者，《祭法》。律以崇德报功之义，咸当别立庙坛。又意公厉之能为民患也，以为鬼有所归，乃不为厉，《左传》。故公厉之祭亦列七祀之中，《祭法》。而人鬼之入祀典者愈增矣。若物魅之类，则古人之意以为神鬼必有所凭，而凭必以物，故物魅之祭悉该入天神、地祇、人鬼之中。如稷神、马神、蚕神，非祀稷、祀马、祀蚕也，乃祀种稷之人及发明乘马蓄蚕之人也。祀蜡者亦非祀蜡也，乃合万物飨之谓也。迎猫、迎虎亦以猫虎为神所凭，犹之埃及以犬鼠鳗鱼为上帝灵魂所寄也。若冯夷为大龟海若为贝，则古代亦以为水神所凭而祭之。即《左传》所言魑魅罔两，《管子》所言涸泽之精曰庆忌，亦属于地祆之类者也。故物鬼之祭悉该入天神、地祇、人鬼三者之中。非天神、地祇、人鬼而外别有物魅之祭也。且上古之时，人鬼而外以天神为最崇，盖民有善疑之性，多以人事测天，见夫人世之有刑罚爵赏也，以为天为人民之主宰，亦宜操赏罚之权。《书》曰：天叙有德，天讨有罪。《诗》曰：皇矣上帝，临下有赫。冀赏则趋利之心生，斯祭天以祈福。《祭义》云，祭者必受其福。而《说文》福字亦从示，又禧字训为礼吉，禛字训以真受福，祯字训祥，祇字训安，福字训祝福，祈字训求福，祷字训告事求福，禬字训会福祭，而禄字、号字、祥字皆训福，其偏旁又咸从示，则古人祭以求福，益可证矣。畏罚则避害之心生，斯祭天以禳祸。观《说文》祸字从示，则古人以祸为天降明矣。又《说文》祓字训为除恶之祭，禜字或训为使灾不生，禳字训为祀以除厉殃，祟字训为神祸，故其字皆从示，则古人祭以禳祸益可证矣。古人以祸福定于天，故上帝而外有司中、命之神，《周礼·大宗伯》。并有司刑之神，《山海经》以蓐定为天司刑之神。咸列祀典。由是，本民意达于神者，有祝宗，秉天意以施于民者，复律君主。如道曰天道，心曰天心，汤言恭行天罚，启言天绝其命是。故君主兼操政教之权，而祭天之权亦专属于君主一人。特上古之时，祭礼最隆，舍祭祀而外无典礼，故礼字从示。亦舍祭祀而外无政事也。及颛顼之时，使民神异业，革家为巫史之风，《国语》。自是以降，祭祀之礼遂仅列于六礼之一矣。西儒谓祭礼盛衰与人民智愚相比例，岂不然哉！以上祭礼。

观此四端，足证上古之时礼源于俗，典礼变迁可以考民风之同异，故三王不袭礼。述礼俗原始论第十。

## 古乐原始论第十一

乐教起原甚古。乐器始于朱襄，《吕氏春秋》云，昔古朱襄之治天下也，多风而阳气蓄积，万物散解，果实不成，故士达作为五弦瑟以采阴气，以定群生。乐歌始于葛天，《吕氏春秋》又云，昔葛天氏之乐，三人操牛尾投足而歌八阕，一曰载民，二曰玄鸟，三曰遂草木，四曰奋五谷，五曰敬天常，六曰达帝功，七曰依帝德，八曰总万物之极。乐舞始于阴康。《吕氏春秋》又云，昔阴康氏之始，阴多滞伏而湛积，水道壅塞不行，其原民气郁阏而滞著，筋骨瑟缩不达，故作为舞以宣导之。而三代以来，则列乐于六艺之一，其故何哉？盖古人欲强其国，必先使全国黎庶有发扬蹈厉之风，人各有情，情动于中，斯形于声，

《乐记》。无声音以感之，则情不呈，民遏其情，则忧伤沉郁而民气日瘵，故古人作为乐歌，抑扬反复以感发人民之意志，庶百世之下闻者起。此古人制乐歌之微意也。《乐记》云，乐者音之所由生也，其本在人心之感于物也。又云，乐者乐也，君子乐得其道，小人乐得其欲。案：训乐为乐。其训最确。民惟勤劳日久，一闻声音则喜乐之情自动，此固自然之理也。故足以宣沈郁者，莫若乐歌，而足以发扬民气，亦莫若乐歌，故古人重之也。虽然，上古人民竞争日烈，兵器不可须臾离，然民不习劳则荼弱多疾，而服兵之役弗克胜，故古人又作为乐舞，使之屈伸俯仰升降止下，和柔其形体，以廉制其筋骨，庶步伐止齐，施之战阵而不愆，此古人重乐舞之微意也。由是言之，则古人重乐歌，所以宣民气也，与晳种重德育之旨同。古人重乐舞，所以强民力也，与晳种崇体育之旨同。故古人言乐，咸歌舞并言。如《商书》言，敢有恒舞于宫，酣歌于室。虽系伪古文，然亦见《墨子》，此古人歌舞并言之证。又如古人言前歌后舞，又言歌舞升平，亦其证也。而乐舞复备教民之用。观周代之时，象武为武舞，器用干戚，夏籥为文舞，器用羽籥，《礼记·内则》云，十三舞勺，成童舞象，二十舞大夏。注云，先学勺，后学象，文武之次。大夏，乐之文武备者也。《文王世子》云，春秋教干戈，秋冬教羽籥，皆于东序。注云，干戈万舞，象武也，羽籥文舞，象文也。《公羊传》云，万者何？干舞也。籥者何？籥舞也。是舞分文武之证，亦即以乐舞教民之证也。此固与学乐诵诗《内则》。及春诵夏弦《文王世子》。并重者也。且古人之重乐舞与乐歌，同出于诗歌以传声舞以象容，故古人歌诗以节舞。黄氏以周《礼书通故》云，《诗序》言，《维清》奏象舞，谓歌此诗以节其舞也。观孔子删《诗》，列《周颂》、《鲁颂》、《商颂》于篇末，颂即形容之容，《诗谱》云，颂之言容也。《释名》曰，颂，容也。又《汉书·儒林传》云，徐生以颂为礼官大夫。注云，颂读为容，而仪征阮氏复作《释颂》篇，颂为正字，容为借字。籀文作額，而《说文》训为皃。《说文》：颂，貌也，从页公声，籀文作額。又貌字下云，颂仪也。仪征阮氏谓诗有三颂，颂与样同，见《释颂》。岂不然哉。又《诗大序》有云，颂也者，美盛德之形容，以其成功告于神明。据此，则颂又为古代祀神之乐章，盖上古之时，最崇祀祖之典，欲尊祖敬宗，不得不追溯往迹，故《周颂》三十一篇所载之诗，上自郊社明堂，下至藉田祈谷，旁及岳渎星辰之祀，如《烈文》有"客闵予小子"诸篇，悉与祭礼相关，即《鲁颂·闷宫》篇亦为追礼先公而作。《商颂·常发》诸篇亦然。是颂即祀祖乐章之证，非惟用之于乐歌，亦且用之于乐舞，故《周礼·大司乐》有云，舞云门以祀天神，舞咸池以祀地祇，舞大磬以祀四望，舞大夏以祭山川，舞大蒦以享先妣，舞大武以享先祖。又言，冬日至圜丘，奏乐六变，用云门之舞，夏日至方丘，奏乐六变，用咸池之舞，宗庙奏乐九变，用九磬之舞。皆其确证。盖古人祭祀咸用乐舞，故巫为以舞降神之人。是颂列乐舞之征。在古为夏，在周为颂。商亦有之。夏、颂字并从页，象人身首之形。夏字从夂，并象足形。夏乐有九，即《周礼》所谓王夏、肆夏、昭夏、纳夏、章夏、斋夏、族夏、祴夏、骜夏之九夏也。至周犹存，祭礼宾礼皆用之，杜子春《周礼注》云，王出入奏王夏，尸出入奏肆夏，牲出入奏昭夏，四方宾客来奏纳夏，臣有功奏章夏，夫人祭奏斋夏，族人侍奏族夏，客醉而出奏骜夏。以金奏为之节。《周礼·钟师》云，以钟鼓为之节。盖以歌节舞，复以舞节音，《左传》云，夫舞所以节八音而行八风，盖以舞节音，犹之今日戏曲以乐器与歌者舞者相应也，故仪征阮氏曰，古人非舞不称奏。而篇什所陈之往迹，即为乐舞之模型。《周颂》之诗专主形容，如《维清》之诗咏象也，《酌》《桓》《般》《赉》咏大武之舞也，而象武一篇，汉儒《礼记》谓其象武王伐纣之功，则诗之有颂，所以形容古人之往迹而记之者也。颂列为舞，所以本诗歌所言之事而演之者也，犹之传奇记古人事迹而复演之为剧也。惜后人不明其故耳。是则古人之乐舞非惟振尚武之风，且欲使天下之民观古人之象以发思古之幽情，其作用较乐歌为尤巨，岂仅饰为美术之观哉！惜秦汉以降，古乐沦亡，后世只有乐歌，未兴乐舞，而古人歌舞并崇之旨遂无有识之者矣。惟朱子注《论语》“成于乐”句，谓歌咏所以养其性情，舞蹈所以养其血脉。稍知此意。作古乐原始论第十一。乐歌之作，近人知之者多，故详于乐舞，于乐歌之起源则从略。

# 财政原始论第十二

上古之时，舟车未通，道路阻塞，民老死不相往来。《老子》，又无怀氏之时，民老死不相往来，见《帝王世纪》。然人必假物以为用，《荀子》。而所产之物复各不同，上古时代之物产，如羽革角骨属于动物，草木果谷属于植物，玉石铜铁属于矿物。又据《山海经》观之，则古代中国之地出铜之山计四百六十七，出铁之山计三千六百九十，而金玉、水玉、白玉、赤金、白金、沙、石、玞石、丹臒、青臒、石涅所产尤多，旁及草木鸟兽之类，随地而殊。此各地产物不同之证也。又即《禹贡》观之，则漆丝织文产于兖州，盐丝枲松石产于青州，夏翟孤桐浮磬蠙珠纤缟产于徐州，筱荡瑶琨金锡齿革羽毛织贝橘柚产于扬州，砥砺砮丹竹木𫄨组产于荆州，漆枲𫄨纻纤纩磬错产于豫州，璆铁银缕砮磬织衣产于梁州，球琳琅玕产于雍州，此九州物产不同之证也。各以所有易所无，而贸易以兴。然贸易既兴不过以物易物而已，无所谓钱币也。因铜器铁器未发明之故。嗣因以物易物，易启争端，乃以牛为易中之品，故中国物字从牛，又为一切器具之总称，则古代商业以牛计值彰彰明矣。《旧约》言犹太与他国交易，以牛易烟草。中国古代当亦若此，盖游牧时代之制也。故今蒙古及青海、西藏与他土交易，尚有以牛计值者，亦其证也。又东方近海，水族孳生，滨海之民食鸁蜕而衣卉服。《淮南子》。郊野之区畜牧蕃息，上古之时，民事田猎，及野畜之性渐驯，易为家畜，如牛马羊豕是也，遂成畜牧之时代。故畜字从玄从田，言家畜乃田猎时所余之物也。居山之民食禽兽而衣羽皮。以鸁蜕为食，故即以贝为财。《说文》云，古者货贝而宝龟，观财、货、宝诸字，其偏旁悉从贝，则古代之民以藏贝之多寡分别贫富彰彰明矣。故贝字为财产之代表。以羽皮为衣，故即以皮为币。观三代之时聘享用皮币，共分五等，见《周礼·春官》。又伏羲之时定婚姻之礼，俪皮为币，此即卖买妇女之俗。皮即古人之财也。又《孟子》言太王事狄人以皮币，犹之后世之纳金乞和耳。且《史记·平准书》言，汉武之时有白鹿皮币，缘以藻绘，值四十万。此即古代以皮为币之旧制也。非惟用之以通财，亦且用之以计富，故则字亦从贝。此即古代财政之滥觞也。

及黄帝之时，铜铁之用发明，乃作为刀币，黄帝之时，范金为货，作金刀五币。见《史记》诸书。高阳氏谓之金，高辛氏谓货，商谓之布，金言其质，刀象其形。货字从贝，乃沿古代用贝之称者也。布与币同，币字从巾，仍沿古代用皮之称者也。盖黄帝之时，铜铁之用既已发明，故始知铸钱。以御轻重。《易》言，神农使日中为市，致天下之民，聚天下之货，交易而退，各得其所。盖斯时仍以物易物而已。若《书》言懋迁有无化居，盖斯时之民即用刀币以定价矣，此商业所由发达而市价所由公平也。虞夏以来，复分黄金、上币。白金、中币。赤金下币。为三等，贾逵说。以便人民之交易。然当时之民鲜以金玉为财产者，或以家畜为财产；故蓄积之蓄从畜得声。而《礼记·曲礼》亦云，问庶人之富，数畜以对。又据《孟子》，则古代之民每户皆畜鸡豚狗彘，今山东、河南各省富民牲畜多于贫民，而蒙古亦然，此即以家畜多寡计贫富之证也。盖此仍游牧时代之遗风也。或以田谷为财产，故富字从田，而私字、利字悉从禾，则古代之民舍耕耘而外固无致富之方，舍稼穑而外亦别无蓄藏之物。如《诗》言黍稷稻粱，农夫之庆是也。又蓄积之积字，亦从禾，亦其证也。盖此仍耕稼时代之故习也。《诗》又言握粟出卜，《孟子》言以粟易械，汉儒亦言贵粟，则古人非惟以谷为蓄藏，抑且以谷为交易之物矣。即用贝之风，亦未尽革，观卖买二字从贝，则知古人以贝偿值矣。观货财二字从贝，则知古人恃贝为生矣。然此皆人民之财，非国家之财也。及君长既设，职官日繁，由是，以天下之财治天下之事，不得不取财于民。且君臣助民施治，亦不得不以禄代耕，此古代人民所由有纳税纳赋之责。纳税者即纳粟也，古人称为粟米之征，《孟子》。故租税二字悉从禾。又《禹贡》言，甸服之中分为纳总、纳铚、纳秸、纳粟、纳米五种。汉儒以为禹承尧制，则古代之时皆行纳粟之制，故《禹贡》详言九州之运道，即古代运粮之道路也。

夏代以来，九州人民咸纳一定之税额，《禹贡》分九州之田为九等，每夫受田五十亩，于五十亩之中五亩所入者为贡，所纳之额，较数岁之中以为常。殷人每夫授田七十亩，复合八家以耕公田，公田所入悉以纳税，而私田则不征。见《王制》。此计田亩所纳之财也。《国语》言藉田以力而砥其远迩，即指此言。纳赋者亦纳贝也，故赋字从贝。其制不外计口算钱，如每户人口若干，即纳若干之税，至汉以下皆行此制。与后世地丁税相同。近世归丁于粮，始免此税。夏代之制，分九州之赋为九等，见《禹贡》。纳赋之多寡，悉凭井田之高下以为差，用《禹贡》郑注说。盖以井田制立，不能尽人而为兵，乃使之纳财以免役，即以人民所纳之财制为车乘兵甲，以备丘甸出军之用。其制四井为邑，四邑为丘，四丘为甸。甸出马四匹、兵车一乘、兵士百人，所谓计田赋出兵车也。此计户口所纳之财也。《国语》言赋里以人，量其有无，即指此言。税以足食，赋以足兵，故赋字又从武。集人民之公财为国家之公财。嗣因贱商垄断市利，人以为贱，就征其税，《孟子》。此即征商之始，亦即后世榷税之权舆也。然此皆国家之公财，非君主之私财。及君权益尊，而仓廪府库视为一己之私，由是人民纳贡，观《禹贡》一篇，则九州之中于田赋以外咸贡物产，盖此皆人民对天子所纳之物也。观贡字之义可见。又《左传》言，大禹之时贡金九牧。则诸侯亦纳贡天子矣。异域输珍，异域输珍之事大抵见于《王会》篇，然观《说文》之说宾字也，训为所敬之人，从贝宀声，盖古代以远人为宾，而远人之来皆因贡纳，而贡纳必以财宝，故其字从贝。咸为君主一人之私产。然利为上下相交征，故古代之时即以贫富区贵贱，观贵贱二字悉以贝字为偏旁，非古代富者必贵贫者必贱之证哉！观《洪范》之言五福也，言富不言贵，所以明富者之必贵也。《洪范》之言六极也，言贫不言贱，所以明贫者之必贱也。故贵即该于富之中，贱即该于贫之中。盖上古之时，在位者皆富民，而居下位者皆贫民也。此虽制度不均，然上古之时，富民为众人所共服，尊以重位，其势不得不然也。是古人非不重视财政矣。至于周代理财之术日精，观《周礼》太宰、小宰诸职可以见矣。及周代以后，贫民嫉视富民，遂贱视财产，复鄙利字而不言。如《孟子》言何必曰利，董子言正其谊不谋其利是也。此则后儒之思想，实则古人不若是也。作财政原始论第十二。

## 兵制原始论第十三

上古之民，以狩猎为生，及生口日滋，地力养人者不足，不得不出于相争，而兵事以起。然古代兵民未分，人莫非兵。故师训为众，又训为兵。区分部属咸表以旂旗，故民之同属一旗者，即为同族，与满蒙编兵卒为八旗者相同。及井田制立，不能尽人为兵，乃计田赋出兵车。观夏少康有田一成即有众一旅，《左传》。盖井十为通，通十为成，司马法。成方十里，《左传》贾注。成三百家出革车一乘徒二十人，司马法。盖司马法所言成出革车一乘系夏代之制，又言甸出兵车，则系周代之制也。百乘为同，《考工记》。同出革车百乘，王畿之地百同，得百里之地万区，面积方千里。则出车万乘，此即相土乘马之法也。《左传》言，有田一成，有众一旅，旅为五百人，此指居民之数言，非即军人之数言也。至军队之组织，则五人为伍，百人为卒，五百人为旅，二千五百人为师，一万二千五百人为军，天子六军，夏殷皆同，观《书·甘誓》，郑注皆同。是古代之兵制皆有定额。且上古之时，非惟军有定额也，即每军之中亦有一定之长官。洪荒之世酋长即为军帅，故《易》言武人为予大君。守土之官即统兵之官，军政民政未加区画于其间。及天子无暇专征，乃别立军师，故夏代六军之制每军各有长官，亦名六卿，以统军吏即士吏，《甘誓》郑注。而中央政府又设司马以统之。盖兵与民分，故兵政亦与民政分立也。特兵民虽分，然国有大役，仍可籍农人以为兵，故寓兵于农，复行狩猎之礼，于农隙讲武事，上古之时为狩猎时代，后世帝王仍沿此制，用行田狩之礼，即春苗、秋蒐、冬狩是也。此亦军礼之一端，所以于农隙讲武事，使人人不忘武事也，其旨甚善。此同人人有服兵之责也。观三代之时，人民二十与戍事，六十还兵，《五经异义》说。《王制》有言，六十不与服戎，则年未六十，固无一人可辞戎事也。与暂种征兵之法大抵相符。故古代人尽知兵，习射之典行于学校之中，致兵学日昌，如神农黄帝力牧风后鬼容区，咸有兵书。至于商末，而吕望遂为兵学大家矣。冶铸兵器之术亦渐次发明。上古之时兵器用骨角羽皮，继用竹器木器玉器石器，至黄帝之时始知用铜铁，此兵器进化之阶级也。此五帝三王所由能排斥异族恢廓版图以振华夏之声威也。后世以降，兵民分途，而所谓兵者乃出于民之外，士不知兵，兵不悦学，此武功所由不竞也。夫岂古人尚武之旨哉！作兵制原始论第十三。

# 汉宋学术异同论

## 总 序

昔周末诸子辨论学术，咸有科条，故治一学辨一事，必参互考验以决从违。《礼记·中庸》篇之言曰："故君子之道本诸身，征诸庶民，考之三王而不谬，建诸天地而不倍，质诸鬼神而无疑，百世以俟圣人而不惑。"《管子·七法》篇曰："义也、名也、时也、似也、类也、比也、状也谓之象。"此即名学之精理。而《庄子·天下》篇亦曰："古之为道术者，以法为分，以名为表，以参为验，以稽为决，其数一二三四是也。"是则古人析理，必比较分析辨章明晰，使有绳墨之可循，未尝舍事而言理，亦未尝舍理而言物也。故推十合一谓之士，《说文》。不易之术谓之儒。《韩诗外传》。汉儒继兴，恪守家法，解释群经，然治学之方，必求之事类以解其纷，如《释名序》及郑康成《三礼序目》所言是也。立为条例以标其臬。如《春秋繁露》曰：知其分科条别贯所附，明其义之所审。何氏《公羊解诂序》曰：隐括使就绳墨。而贾逵、颍容治左氏，咸先作条例。或钩玄提要而立其纲，如郑康成《诗谱序说》。或远绍旁搜以觇其信。如许君《说文序》及《郑志》说。故同条共贯切墨中绳，犹得周末子书遗意。及宋儒说经，侈言义理，求之高远精微之地，又缘词生训，鲜正名辨物之功，故创一说或先后互歧，此在程朱为最多。立一言或游移无主。宋儒言理，多有莽无归宿者。由是言之，上古之时，学必有律。汉人循律而治经，宋人舍律而论学，此则汉宋学术得失之大纲也。

近世以来，治汉学者咸斥宋儒为空疏，江郑堂曰：濂洛关闽之学不究礼乐之原，独标性命之旨。焦理堂曰：宋儒言心言理如风如影。钱竹汀曰：训诂之外，别有义理，非吾儒之学也。然近世汉学诸儒解经，多有条例，如戴东原之类是也。咸合于汉人之学派。而治宋学者，复推崇宋儒，以为接正传于孔孟。即有调停汉宋者，亦不过牵合汉宋，比附补苴，以证郑朱学派之同。如陈兰甫、黄式三之流是也，崇郑学而并崇朱学，惟不能察其异同之所在，惟取其语句之相同者为定，未必尽然也。若阮芸台《儒林传序》则分汉宋为两派。夫汉儒经说虽有师承，然胶于言词立说，或流于执一。宋儒著书虽多臆说，然恒体验于身心，或出入老释之书，如张朱二程皆从佛学入门。故心得之说亦间高出于汉儒。宋儒多有思想穿凿之失、武断之弊，虽数见不鲜，然心得之说亦属甚多。是在学者之深思自得耳。故荟萃汉宋之说，以类区别，稽析异同，讨论得失，以为研究国学者之一助焉。

## 汉宋义理学异同论

近世以来，治义理之学者有二派。一以汉儒言理平易通达与宋儒清净寂灭者不同，此戴、阮、焦、钱之说也。一以汉儒言理多与宋儒无异，而宋儒名言精理大抵多本于汉儒，此陈氏、王氏之说也。夫学问之道有开必先，故宋儒之说多为汉儒所已言。如太极、无极之说，濂溪所倡之说也，然秦汉以来悉以太极为绝对之词，《说文》云：惟初太始，道立于一，造分天地，化成万物。即由太极生阴阳之说。郑君注《周易》亦云极中之道，淳和未分之气也。而无极之名亦见于《毛传》，《维天之命》篇引孟仲子说。濂溪言无极而太极，即汉由无形而生有形之说耳。何休《公羊解诂》云：元者气也，无形以起，有形以分。赵岐《孟子章句》云：大道无形而生有形。本原之性、气质之性，二程所创之说也，见《二程遗书》中，不具引。大约谓本原之性无恶，气质之性则有恶。然汉儒言性亦以性寓于气中。如郑君注《礼运》“故人者天地之德”节云：言人兼此气，性纯也。又注“故人者天地之心”节云：此言兼气性之效也。

又《乐记注》云：气，顺性也。《春秋繁露》亦曰：凡气从心，此即朱子注《中庸》“天命之谓性”所本。惟宋儒喜言本原之性，遂谓人心之外别有道心，此则误会伪书之说矣。觉悟之说，本于《说文》诸书，《说文》云：斆，觉悟也，从教冂，冂，尚矇也，学，篆文斆省。《白虎通》云：学之为言觉也，以觉悟所不知也。郑君注《礼记》云：学不心解，则忘之矣。又曰：思而得之则深。惟觉悟由于治学，非谓觉悟即学也。及宋儒重觉，遂以澄心默坐为先，此则易蹈思而不学之弊矣。案：汉儒之说最易与宋明之言心者相混。《释名》云：心纤也，所识纤微，无物不贯也。即朱子“心聚众理”说所本。《说文》云：圣，通也。《白虎通》云：圣，通也，明无所不照。此即朱子“虚灵不昧豁然贯通”说所本。赵岐《孟子章句》云：圣人亦人也，其相觉者，以心知耳。即阳明“以知觉为性”说所本。《孟子章句》云：欲使己得其原本，如性自有之性也。即朱子“明善复初”说所本。赵岐《孟子章句》云：学必根原，如性自得，物来能名，事来不惑。郑君注《乐记》云：物来则又有知。此即程子“思虑有得不假安排”之说。若夫郑君注《礼记》言人情中外相应，即程子“感寂”说所从出也。汉儒注《周易》曰：君子以明，自照其德。即延平“观心”说所从出也。特汉儒之说在于随经随释，而宋儒则以澄心默坐标宗旨耳。汉儒言理主于分析，《白虎通》曰：礼义者，有分理。而宋儒言理则以天理为浑全之物，复以天理为绝对之词，戴东原曰：宋儒言理，以为如有物焉，得于天而具于心，因以意见当之，其说是也。然朱子《答何叔京书》则言，浑然仍具秩然之理，是朱子亦以理为分析之物矣。故程朱言事事物物皆有理可格。此则宋儒解理之失矣。朱子言天即理，性即理，此用郑君之说而误者。郑君注《乐记》云：理犹性也。注《檀弓》云：命犹性也。笺《毛诗》云：命犹道也。犹为拟词，即为实训。此宋人训诂之学所由误也。又如欲生于情私生于欲，此亦宋儒之说也。然汉儒说经，亦主去欲，《说文》“情”字下云：人之阴气有欲者。赵岐《孟子章句》云：情主利欲也。此即宋儒欲生于情之说。又《说文》云：欲，贪欲也。郑君注《乐记》曰：欲谓邪淫也。又曰：穷人欲，言无所不欲。又云：心不见物则无欲。又曰：善心生则寡于利欲。又笺《毛诗》曰：人少而端悫，则长大无情欲。《尚书大传》曰：御思心于有尤，郑注云：尤，过也。止思心之失者，在于去欲有所遇欲者。是汉儒不特言欲，抑且言无欲矣。特宋儒著书，遂谓天理与人欲不两立，此是宋儒释欲之非矣。若夫宋儒主静之说，虽出于淮南，然孔氏注《论语》已言之。孔安国《论语注》曰：无欲故静。又郑君《诗笺》曰：心志定，故可自得。宋儒主一之说，虽出于文子，然毛公作《诗传》已言之。《毛传》云：执义而用心固。《韩诗外传》亦曰：好一则博。又汉儒言仁，读为相人耦之仁，郑君注《中庸》云：仁，相人耦也。即曾子“人非人不济”之义也。近于恕字之义。

《说文》云：仁，亲也，从人二。又云：恕，仁也，惠仁也。是汉儒言仁，皆主爱人之义，故仁必合两人而后见也。张子《西铭》本之。至程朱以断私克欲为仁，程子言：爱非仁已，与汉儒之说相背。且断私克欲可训为义，不可训之为仁。则与汉儒之言仁相背矣。惟《释名》云：克，刻也：刻物有定处，人所克，念有常心也。近于宋儒克欲之说，惟不指仁德而言。汉儒言敬皆就威仪容貌而言，《说文》云：恭，肃也。敬，肃也。忠，敬也。肃，持事振敬也，从聿在㞋上，战战兢兢也。《释名》云：敬，警也。郑君注《檀弓》云：礼主于敬。又注《少仪》云：端悫所以为敬也。是敬字皆就整齐严肃言。朱子《家礼》本之，至程门以寂然不动为敬，如杨龟山、李延平、谢上蔡之类是。则与汉儒之言敬相背矣。盖宋儒言理，多求之本原之地，故舍用言体，与汉儒殊。然体用之说汉儒亦非不言也。《说文》"德"字下云：外得于人，内得于己，从直心。言德兼内外，即宋儒体用之说。又郑君笺《毛诗》云：内有其性，又可以有为德也。亦与《说文》相同。特宋儒有体无用，董子言性有善端，而赵岐亦言寻其本性。宋儒本之，遂谓仁有仁体，性有性体，道有道体，以体为本，以用为末。致遗弃事物，索之冥冥之中，而观心之弊遂生。且下学上达，汉儒亦非不言也。孔安国注《论语》云：下学人事，上知天命。郑君注《儒行》云：初时学其近者小者以从人事，自以为可则狎侮之，至于先王大道性与天命，则遂扞格不入，迷惑无闻。此其确证。特汉儒由下学入上达，而象山、慈湖遂欲舍下学而言上达耳。推之，知几之说出于《说文》，《说文》云：几，微也。即周子"几善恶"、朱子"几者动之微"所本。扩充之说出于赵岐，赵岐《孟子章句》曰：人生皆有善行，但当充而用之耳。存养之说出于《繁露》，周末世硕言：性以养性为主，而《繁露》亦曰：性可养而不可改。《韩诗外传》云：中心存善而日新之。赵岐注《孟子》云：能存其心，养育其正性，是为仁人。慎独之说出于郑君，郑君注《中庸》云：慎独者，慎其闲居之所为也。则宋儒之说孰非汉儒开其先哉。即程朱言鬼神亦本郑说。乃东原诸儒于汉学之符于宋学者，绝不引援，惟据其异于宋学者，以标汉儒之帜。于宋学之本于汉学者，亦屏斥不言，惟据其异于汉儒者，以攻宋儒之瑕。是则近儒门户之见也。然宋儒之讥汉儒者，至谓汉儒不崇义理，则又宋儒忘本之失也。此学术所由日歧欤。

# 汉宋章句学异同论

汉儒说经，恪守家法，各有师承，或胶于章句，坚固罕通，即义有同异，亦率曲为附合，不复稍更。然去古未遥，间得周秦古义，且治经崇实，比合事类，详于名物制度，足以审因革而助多闻。宋儒说经不轨家法，土苴群籍，悉凭己意所欲出，以空理相矜，亦间出新义，或谊乖经旨而立说至精。此汉宋说经不同之证也。大抵汉代诸儒惑于神秘之说，轻信而寡疑，又谲诈之徒往往造作伪经以自售其说，如张霸伪作《百两篇》，若杜林《漆书》决非伪。刘歆增益《周官经》刘歆于《左氏传》亦稍有所增益。是也。若宋代诸儒则轻于疑经，然语无左验，与阎氏疑《古文尚书》之有左验者不同。多属想像之辞。如《易》有《十翼》，著于《汉志》，故《汉志》言：《易》十二篇。而宋儒欧阳修则疑“十翼”之名始于后世。继其说者并不信《说卦》三篇，而元人俞玉吾则并谓“序卦”“杂卦”之名始于韩康伯，咸与《汉志》《隋志》不符，而“三坟”为唐人伪作，郑樵转信其书，此宋学不可解者一也。《尚书》有今文、古文，而古文则系伪书，虽吴棫、朱子、王应麟渐知古文之伪，若元人吴澄亦以古文为伪。然程张诸子并疑今文，张子谓《金縢》文不可信，而朱子亦稍疑伏生之通今文。而元儒王柏遂本其意作《书疑》，王柏举《大诰》《洛诰》咸疑其伪。近儒斥为邪说，江郑堂。曾为辨诬，此宋学不可解者二也。毛公、郑君皆谓《诗序》作于子夏，而朱子作《诗传》则屏斥诗序，独玩经文，南轩仁山皆守朱说，郑渔仲亦主不用《诗序》之说，惟马端临则力言《诗序》不可废。至王柏著《诗疑》，则又本朱子之意，斥郑卫之诗为淫奔，删诗三十余篇，并删《野有死麇》。此宋学不可解者三也。汉儒说《春秋经》皆凭三传，各守家法，如说“公羊”者不杂“左氏”、“穀梁”，说“左氏”者不杂“公羊”是。至唐赵匡、啖助、陆淳始废传谈经，而三传束置高阁。有宋诸儒，孙、孙觉。张、张载。苏、苏轼、苏辙。刘刘敞。咸说《春秋》，支离怪诞，而泰山安国之书亦移经就己，太山尊王发微，主于定名分，胡氏《春秋传》主于别华夷。即杂糅三传复排斥三传之非，其不可解者四也。若子由、永叔、五峰咸疑《周官》，君实、李觏、冯休咸疑《孟子》，立说偏颇，殆成风习。且《孝经》经文十八章，自汉唐以来从无异议，而朱子说经，辄据汪氏、端明。何氏可久。之妄说改窜删削，指为误传。于刘炫伪造之古文，反掇拾丛残列为经文。于伪者既信其为真，于真者复疑其为伪，此诚宋儒说经之大失矣。且宋儒说经非仅疑经蔑古已也，于完善之经文且颠倒移易，以意立说。改《周易·系辞》者有程子，改《易·系辞》“天一地二”一节于“天数五地数五”一节之上，后世读本从之。改《尚书·洪范》、《康诰》者有东坡，东坡改《书·洪范》“王省惟岁”节于“五曰历数”之下，又改《康诰》“惟三月哉生魄”节于《洛诰》“周公拜手稽首’，之上。改《论语·乡党》、《季氏》篇者有程朱，程子改《乡党》“必有寝衣”节于“斋必有明衣布”节之下，朱子改《季氏》篇“诚不以富”二句十“民到于今称之”之下。而临川俞氏改易《周官》，妄生穿凿，著《复古篇》谓司空之属分寄五官，取五宫中四十九官以补冬官之缺。此说一倡，而元儒清源邱氏又以序官置各官之首，而临川吴氏以及明人椒邱何氏于周官皆妄有移易，几无完书。及朱子尊崇《学》《庸》，列为“四书”，复妄分章节于《大学》《孝经》，则以为有经有传，朱子分《大学》为经一章传十章，复改《康诰》曰“节于未之有也”、“下瞻彼淇澳”二节于“止于信”之下，于《中庸》复分为三十一章，以《孝经》首七章为经，馀皆为传。王柏继之，而附会牵合无所不用其极矣。王柏作《二南相配图》、《洪范经传图》。于《洪范》妄分经传，复作《重定中庸章句图》，金仁山、胡允文诸人多崇奉其妄说。盖宋儒改经，其弊有二。一曰分析经传，二曰互易篇章。虽汉儒说经非无此例，如费直以《易·十翼》释上下经，此即合传于经之例也。若夫郑君“《十月之交》四篇为刺厉王诗”，以及河间王以《考工记》补《冬官》，马氏增《月令》三篇于《小戴》，皆移易经文篇次者也。然汉儒立说皆有师承，即与古谊不同，亦实事求是，与宋儒独凭臆说者不同。自宋儒以臆说改经，而流俗昏迷不知笃信好古，认宋儒改订之本为真经，不识邹鲁遗经之旧，可谓肆无忌惮者矣。惟朱子作《易本义》，追复古本，《易》古经为王弼所乱，朱子用吕大防之说，追复古本十二篇之旧，与汉《艺文志》合。而论次“三礼”，则以《仪礼》为本经，朱子以《仪礼》为本经，其说出郑君

“《周礼》为本，《仪礼》为末”之上。皆与“班志”相合。此则宋学之得也。盖宋代之时，治经不立准绳，故解经之书竞以新学相标。又理学盛行，“故注释经文亦侈言义理，疏于考核，例非汉儒之例，如程大昌谓《诗》无风体，而刘氏胡氏等复重定《春秋》之例是。说非汉儒之说，如程朱以《大学》为曾子所作，以《中庸》为孔门传心法之书，咸与汉儒之说不合，而所注各书，或以史书释经，或以义理说经。图非汉儒之图，如《易》有先后天图、《易数钩隐图》，《诗》有《二南相配图》，皆不足据，惟程大昌《禹贡地理图》、苏轼《春秋指掌图》、杨复《仪礼图》稍为完善。而传注之中复采摭俗说，武断支离，由于不精小学。易蹈缘词生训之讥，近儒斥之，诚知言也。

## 汉宋象数学异同论

汉儒信谶纬，宋儒信图书，谶纬亦称图书，《公羊疏》曰：问曰六艺论，言六艺者图所生也，《春秋》，言依百二十国史。何答曰：王者依图书行事，史官录其行事，言出图书，岂相妨夺。俞理初曰：百二十国史仍是图书，古太史书杂处，取《易》于河图，则河图余九篇，取《洪范》于洛书，则洛书余六篇，皆图书也。此谶纬亦可称图书之证也。均属诬民之学。特谶纬、图书，其源同出于方士。上古之时天人合一，爰有史祝之官兼司天人之学。凡七政五步十二次之推测，星辰日月天象之变迁，咸掌于冯相、保章，则太史之属官也。及东周之际，官失其方，苌弘以周史而行奇术，如射狸首是。老子以史官而托游仙，史职末流流为方士。若赵襄获符、秦王祠雉以及三户兴楚之谣、五星兴汉之兆，皆开谶学之先。然卢生人海求仙归，奏亡秦之谶，则谶书出于方士明矣。至于西汉，儒道二家竞为朝廷所尊尚，由是方士之失职者，以谶纬之说杂糅六经之中，如公玉带献明堂之图，栾大进封禅之说是也。而兒宽之徒复援饰经术以自讳其本原，此谶纬原于方士之证也。若宋人图书之学出于陈抟，抟以道士居华山，从种放、李溉游，搜采道书，得九宫诸术，倡太极河洛先天后天之说，作《道学纲宗》。其学传之刘牧，牧作《易数钩隐图》，而道家之说始与《周易》相融。周茂叔从陈抟游，隐师其说，马贵与曰，晁氏曰，朱震言程颐之学出于周敦颐，敦颐得之穆修，亦本于陈抟。景迂云、胡武平、周茂叔同师鹤林寺僧寿涯，其后武干传于家，茂叔则授二程，此周子学术出于陈抟之证。作《太极图说》，宋代学者皆宗之。夫太极之名、图书之数、先天后天之方位，虽见于《易传》，然抟、放之图，纵横曲直，一本己意所欲出，似与《易》旨不符。近世诸儒坚斥宋人图书之说，宋林栗以易图为后人依托，非画卦时所本有。俞琰作《易外别传》，以邵子先天图阐明丹家之旨，元吴澄、明归有光亦皆著说争辨，元延祐间天台陈应润作《爻变义蕴》，确指陈邵之图为参同炉火之说，以为道家假借《易》理以为修炼之用。厥后胡渭作《易图明辨》，黄宗炎作《图书辨惑》，毛奇龄作《图书原舛》，皆斥之甚力，此后遂成为定论矣。以陈邵图书系属方士炼修之别术，虽指斥稍坚，然宋儒图书出于方士则固彰彰可考矣。

谶纬图书既同溯源于方士，然河洛之说，汉儒亦非不言也。孔安国、扬雄以图书俱出伏羲世，为刘牧说所本。刘歆则言图出伏羲时，伏羲以之作《易》，书出禹时，禹法之以作《洪范》，与孔扬之说迥殊。又虞翻注《易传》"易有太极"节云：四象，四时也，两仪谓乾坤也。而陈邵《易图》亦谓太极分为两仪，由两而四，两数叠乘，以成六十四卦之数，由两而四，而八，而十六，而三十二，而六十四。实与古说相符，非徒方士秘传之说也。宋儒若欧阳修、有《论九经请删正义中谶纬札子》，以谶纬非圣人书。魏了翁、重定《几经正义》，尽删谶纬之言。王伯厚讥《宋书·符瑞志》引谶纬。晁以道亦曰：使纬书皆存，犹学者所弗道，况其残缺不完，于伪之中又伪者乎？盖宋人不喜纬书殆成风习也。虽深斥纬书，然朱子注《论语》"河不出图"，注云：河图，河中龙马负图，此引纬书中之说也。注《楚辞》"昆仑天阙"，注云：昆仑者，地之中也，地下有八柱。亦本纬书。亦未尝不引纬书也。

盖汉代之时，以通谶纬者为内学，惟孔安国、毛公皆不言纬，桓谭、张衡尤深嫉之。范蔚宗云：桓谭以不喜谶流亡，郑兴以逊辞仅免，贾逵能附会文字差显，世主以之论学，悲矣哉。宋代之时，以通图书者为道学。汉人言谶纬并兼言灾异五行，宋人言图书并兼言《皇极经世》。汉人灾异五行之说，于《易》有孟氏、需氏从田王孙受《易》，得易家候阴阳灾变书，梁邱氏以为非田生所传，然染邱氏亦言灾异，惟丁宽《易》不言阴阳灾变之说。京氏，京氏之学出于焦延寿，延寿尝从孟喜问故，著《易林》。于《书》有夏侯氏、喜言"洪范五行传"，以之言灾异。刘氏，于《诗》有翼氏、后氏，皆齐诗也，称说五际六情，与“诗纬”推度灾纪历枢之说合，盖齐诗家法如此。于《春秋》有董氏、眭氏，咸以天变验人事，迄于东汉不衰。若《皇极经世书》作于邵子，其学出于阴阳家。昔邹衍之徒侈言五德，以五行之盛衰验五德之终始，邵子本之，故所作之书亦侈言世运。大抵以阴阳五行为主，由阴阳五行而生世运之说，由世运之异而生帝皇王霸之分。但彼之所言世运，仍主古盛今衰之说，与进化之公例相为反背也。又邵子于汉儒之学，最崇扬雄。邵子曰：洛下闳改《颛帝历》为《太初历》，扬子云准《太初》而作《太玄》，凡八十一首，九分共三卦，凡五隔四，四分之则，四分当一卦，卦气始于中孚，故首中卦。又云：子云既知历法又知历理。又云：子云作《太玄》，可谓知天地之心矣。又邵子诗云：若无扬子天人学，焉有庄生内外篇。此皆邵子推崇子云之证也。故程子曰：尧夫之学大抵似扬雄。盖邵子之学虽由李挺之绍陈抟之传，然师淑扬雄，则仍汉学之别派也。且邵子之说本于汉儒者，一曰卦气之说。夫卦气之说，始于焦赣京房，谓卦气始于中孚，以四正卦分主四方，以坎、离、震、兑分主四方，应二至二分之日，谓四时专主之气，春木夏火秋金冬水，每卦各值一日，以观其善恶。其余六十余爻别主一日，凡三百六十日。《易纬图》相同。子云《太玄》本之。朱子曰：《太玄》都是学焦延寿推卦气。案：京焦言卦气，以中孚为冬至之初，颐上九为大雪之末。《太玄》亦以中为阳气开端节，即以中孚为冬至初之说也。《养有》《踦赢》二赞即以颐上九为大雪之末也，以《易》卦气为次序而变其名，朱子之说是也。而邵子之言卦气也，亦用六日七分之说，蔡西山云：康节亦用六日七分，此其证也。此宋学之源于汉学者一也。两汉诸儒皆主六日七分之说，自扬雄、马融、郑玄、宋虞、陆范皆主其说，皆言卦气始于中孚。孔颖达从之。一曰九宫之说。夫九宫之法见于《乾凿度》，郑君注纬亦信其言，张平子力排图谶，不废九宫风角之占，而陈抟喜言九宫，邵子之书亦兼明九宫之理，毛西河以九宫始于张角，实则汉学亦有此一派。此宋学之源于汉学者二也。夫卦气之占九宫之法，语邻荒渺，说等无稽，然溯其起原，则两汉鸿儒已昌此说，安得尽引为宋儒之咎哉？且宋儒象数之学出于汉儒者，非仅卦气九宫已也。即河洛之图亦然。《易纬河图数》云：一与六共宗，二与七同道，三与八为朋，四与九为友，五与十同途。而宋儒之绘河图洛书也，实与相符。如河图之象，一六同在北，三八同在东，二七同在南，四九同在西，而五则居中。又刘歆有言河图洛书相为经纬，八卦九章相为表里，则又宋儒图书相为用之说所从出也。宋儒谓八卦之水火水金土即《洪范》之五行，图之五十有五，即九畴之子目也。又谓图书皆所以发明《易》理。虽孔安国、刘歆、关朗皆以十为图，以九为书，与刘牧之说不同，刘牧以十为书，以九为图，别为一说。然朱子作《易学启蒙》仍主汉儒孔刘之说，蔡元定亦然。则宋学亦未能越汉学范围也。又如纳甲之说，朱子所深信也，朱子曰：如纳甲法，坎纳戊，离纳已，乾之一爻属戊，坤之一爻属已，留戊就已，方成坎离，盖乾坤属大父母，坎离是小父母也。然郑君注《易》已言之。互体之说，亦朱子所深信也，朱子自言晚年从《左传》悟得互体。然虞翻注《易》已言之。惟陈邵先天互体之说实不可信。即太极阴阳之说亦为汉儒所已言，郑君注“易有太极”云；极中之道，淳和未分之气也。此即宋儒以太极为元浑之物之说也。又《说文》“一”字下云：惟初太极，道立于一，造分天地，代成万物。此即周子《太极图说》所谓太极生阴阳，由阴阳以生万物之说也。又何氏《公羊解诂》云：元者，气也，无形以起，有形以分，造起天地，天地之始也。其说亦与《易》注及《说文》相同。特宋儒以太极标道学之帜耳。又周子《太极图说》谓阳变阴合而生五行，大约宋儒于马融“四时生五行”之说排斥最深，目为曲说。此亦许郑之旧说也。郑氏《尚书大传》注曰：天变化为阴为阳，覆成五行。又《说文》曰：五，五行也，从二，阴阳在天地间交午也。皆五行生于阴阳之说也。特阴阳五行古学分为二派，汉儒宋儒均失之耳。若夫先天后天之言，汉唐以前初无是说，乃陈邵臆创之谈。邵子又谓：有已生之卦有未生之卦，而朱子申之曰，自震至坤为已生，自巽至坤为未生，则又牵说卦传，以就圆图之序，可谓穿凿附会无所不至者矣。而天根月窟之说尤属无稽，黄黎洲曰：邵子所谓天根者，性也，月窟者，命也，性命双修，老子之学。康节自诉其希夷之传，而其理与《易》无与，则亦自述其道家之学，而其说于《易》无与也。说者求之《易》而欲得其三十六宫者，可以不必也。黄氏之说最确。甚至改定新历，亦邵子事。创造新图，以圣贤自拟，此其所以招近儒之指斥也。

特汉儒之学多舍理言数，宋儒之学则理数并崇，而格物穷理亦间迈汉儒。试详举之。邵子之言曰：天依形地附气，或问尧夫曰：天何依？曰：天以气而依于地。地何附？曰：地以形而附于天。则其说又稍误，不若此语之确。又曰：其形也有涯，其气也无涯。程子曰：天气降而至于地，地中生物者，皆天之气也。又曰：凡有气莫非天，有形莫非地。张子曰：虚空即气，减得一尺地，便有一尺气。朱子曰：天无形质，但如劲风之旋，升降不息，是为天体而实非有体也。地则气之渣滓，聚成形质，但兀然浮空而不堕耳。此即岐伯大气举地之说也。见《素问》。与晳种空气之说大约相符。此宋人象数学之可取者一也。张子之言曰：地对天，不过天特地中之一物尔，所以言一而大谓之天，二而小谓之地。案：唐孔颖达云：天是太虚，本无形体。但指诸星转运以为天耳。天包地外，如卵之裹黄。其说亦确。又曰：地有升降，地虽凝聚不散之地，然二气升降其相从而不已也。阳日上地日降，而下者虚也，阳日降地日进，而上者盈也，此一岁寒暑之候也。至于一昼夜之盈虚升降，则以海水潮汐验之为信。黄瑞节注《正蒙》，谓地有升降，人处地上如在舟中，自见岸之移，不知舟之转也。又谓地乘水力与元气相为升降，气升则地沉，而海水溢上则为潮，气降则地浮，而海水缩下则为汐。其说亦精。朱子亦曰：天地四游，升降不过三万里，其说稍讹。此即郑君地有四游之说，《考灵曜》注云：地盖厚三万里，春分之时地渐渐而下，至夏至时地之上畔与天中平，夏至之后地渐渐而上，至冬至时上游，地之下畔与天中平，自冬至后渐渐向下。盖郑注误日为天。与晳种地球公转之说大抵相同，此宋人象数学之可取者二也。程子之言曰：月受日光，日不为亏，然月之光乃日之光也。朱子之言曰：月在天中，则受日光而圆，月远日则其光盈，近日则其光损。又日月无盈缺，人看得有盈缺，晦日则日与月相叠，至初三方渐渐离开。其说是也。又曰：纬星皆受日光，此即张衡日蔽月光之说，张衡曰：火外光，水含景，月光生于日之所照，魄生于日之所蔽，当日而光盈，就日而光尽，众星被耀，因水转光，当日之冲，光常天合者，蔽于地也。是为暗虚在星，星微月过，则食，日之薄地，其明也。与晳种月假日明之说互相发明，此宋人象数学之可取者三也。邵子曰：日月之相食，数之交也，日望月则月食，月掩日则日食。是日月食不为灾异，在北宋时邵子已知之矣。然宋人象数之学精语尤多，周子言：动而生阳，动极复静，静而生阴，静极复动，又谓一动一静，互为其根。非即效实储能之说乎？案：动而生阳，即西人辟以出力之说，所谓效实也。静而生阴，即西人翕以合质之说，所谓储能也。故周子之语甚精。张子言：聚亦吾体，散亦吾体，知死生之不亡，可与言性，非即不生不灭之说乎？聚散虽不同而原质仍如故，即不生不灭之说也。又谓两不灭则一不可见，一不可见则两之用息，非即正负相抵之法乎？物有二即有对待，故佛家言三世一时，众多相容。张子此言与代数正负相等则消之法同。而邵子《观物》内篇曰：象起于形，数起于质，名起于言，意起于用，其析理尤精远出周张之上。象起于形者，即《左传》“物生而后有象”也，物之不存，象将安附？数起于质者，即《左传》“象而后有滋，滋而后有数”是也。凡物之初，皆由一而生二，而后各数乃生。名起于言，如《尔雅》之指物皆曰谓之是也。意起于用，即古人所谓思而后来行也。以穆勒名学之理证之，则象即物之德也，数即物之量也，言即析词之义也，用即由意生志、由志生为之义也。故其理甚精。又以水火土石为地体，邵子曰：太柔为水，太刚为火，少柔为土，少刚为石；水火土石交而地之体尽。张子亦曰：水火土石，地之体也。以代《洪范》之五行，此则深明地质之学。地质之学已启其萌，此则宋儒学术远迈汉儒者矣，与荒渺不经之说迥然殊途。若汉人象数之学，今多失传，然遗文犹可考。试详析之，约分三派。附《周易》者为一派。孟喜、京房、郑玄、荀爽之流注释《周易》咸杂术数家言，一曰游魂归魂之学，出于《易传》“游魂为变”一语，说最奇诞。一曰飞伏升降之说，亦孟京之学，宋衷、虞翻皆信之。一曰爻辰之学，张皋闻曰：乾坤六爻上应二十八宿，依气而应谓之爻辰。钱竹汀渭：费氏有《周易分野》一书，为郑氏爻辰之法所从出。陈兰浦曰：郑氏爻辰之说实不足信。故李鼎祚《集解》刊削之。一曰消息之学，陈兰浦曰：十二消息卦之说必出于孔门，《系辞传》云：往者屈，来者信，原始反终，通乎昼夜之道，皆必指此而言之。故郑、荀、虞三家注《易》皆用此说也。说经之儒皆崇此说。此一派也。附历数者为一派。刘洪作《乾象术》，大抵为谈天象之书。郑康成作《天文七政论》，并为刘氏《乾象术》作注。郑兴校《三统术》，李梵作《四分术》，推之，霍融作《漏刻经》，刘陶作《七曜论》，论日月五星。甄叔遵作《七曜本起》，张衡作《灵宪算罔论》，又作《浑天仪》一卷。虽推步之术未若后世之精，然测往推来足裨实用。张衡之说最为有用。此一派也。附杂占者为一派。何休作《风角注训》，风角者，谓候四方四隅之风以验事物之吉凶。王景作《大衍元基》，景以六经所载皆有卜筮，而众书杂淆，吉凶相反，乃参稽众家数术之书，冢宅禁忌堪舆日相之属，适于时用者，集为《大衍元基》。以及景鸾作《兴道论》，抄“风角”杂书，列其占验。徐岳作《术数纪遗》，莫不备列机祥，自矜灵秘。然说邻左道，易蹈疑众之诛。此又一派也。汉人此派之学，别有《图宅说》及《太平清领书》。《图宅说》者，以五行五姓五声定宫室之向背，王充《论衡》引之。《太平清领书》者，专以五行为主，乃道家之书也，若夫许峻《易林》、《易决》、《易杂占》诸书，亦属此派者也。

盖汉人象数之学，舍理言数，仍为五行灾异学之支流，乃近世巨儒表佚扶微，摭拾丛残标为绝学，而于宋学之近理者转加排斥，虽有存古之功，然荒诞之言岂复有资于经术。此则近儒不加别择之过也。

## 汉宋小学异同论

上古之时，未造字形先造字音，及言语易为文字，而每字之义咸起于右旁之声，故任举一字，闻其声即可知其义，凡同声之字，但举右旁之声，不必拘左旁之迹，皆可通用。盖造字之源，音先而义后，字音既同，则字义亦必相近，故谐声之字必兼有义，而义皆起于声，声义既同，即可相假。况字义既起于声，并有不必举右旁为声之本字，即任举同声之字，亦可用为同义。故古韵同部之字其义不甚悬殊。周代以降，汉宋诸儒解文字者各不同。汉儒重口授，故重耳学。宋儒竞心得，故重眼学。汉儒知字义寄于字音，故说字以声为本。宋儒不明古韵，惟吴才老略知古韵。昧于义起于声之例，故说字以义为本而略于字音。由今观之，则声音训诂之学固汉儒是而宋儒非也。何则？《尔雅》一书，凡同义之字声必相符。如《释诂》篇，哉、基、台三字，皆训为始，然皆与始音相近。洪、庞、旁、弘、戎五字，皆训为大，而其音咸相近。皆音同则义通之证也。而东周之世，达才通儒咸以音同之字互相训释，如孔子作《易传》云：乾，健也；坤，顺也。其证一。《论语》云：政者，正也。其证二。又言：貊之为言恶也。其证三。《尔雅》释草木鸟兽，如蒺藜为茨扁，竹为蓄，皆以切语为名，而蓄、菖、萑、蓷之类，复以音近之字互释。其证四。《中庸》云：仁者，人也；义者，宜也。其证五。馀证尚多。其解释会意者仅“反正为乏”、《左传》宣十五年。“止戈为武、”宣十二年。“皿虫为蛊”昭元年。数语耳。是字义寄于字音，故义由声起，声可该义，义不可该声。汉儒明于此例，观孔鲋作《小尔雅》，多以同音之字互训以证。古人义起于音，而许君作《说文》，所列之字亦以形声之字为较多，而假借一门，咸以音同相假用，即转注一门，亦大抵义由声起，如莱、莿、拈、掫、火、焜、妹、媦之类，字义既同，而其字又一声之转，盖二字互训，上古只有一字，后以方言不同造为两字，故音义全同也。犹之《尔雅》训哉、基、台三字为始也。又，《说文》于谐声之中，复析为亦声、省声二目。亦声者，会意之字，声义相兼者也。亦声之例有二：一为会意字之兼声者，亦为形声字之兼意者；一为在本部兼声与义，而在异部则其义迥别也。然以会意字之兼声者为正例。省声者，谐声之字，以意为声者也。如“萠”字下云：明省声，明字会意而萠字兼从之得声是也。馀类推。是会意之字亦与谐声之字相关。若象形、指事二体，亦多声义相兼。如龙字、能字皆系象形之字，而龙从肉，童省声，能字从肉，亦系省声，其证一。若指事之字，则尹字从君得声是也，其证二。是《说文》一书虽以字形为主，然说字实以字音为纲矣。即刘熙《释名》，区释物类，以声解字，虽间涉穿凿，然字义起于字音，则固不易之定例也。扬雄《方言》详举各地称谓事物之不同，亦多声近之字。且马郑说经明于音读，用“读为”、“读若”之例，以证古字之相通。然汉儒异读，咸取音近之字以改易经文，则用字之法音近义通，汉儒固及知之也。宋人治《说文》者，始于徐铉。铉虽工篆书，然校定《说文》，昧于形声相从之例，且执今音绳古音，于古音之异于今音者，则易谐声为会意。如《说文》：隸取枲声，徐以枲为非声，不知枲从台声。《诗》“隸天之未阴雨”，今本作迨，亦从台声也。轘取睘声，徐以睘为非声，当从环省，不知古人读睘如环。《诗》“独行睘睘”《释文》本作茕茕，与睘声相转，故多假借通用。熇取高声，徐以高为非声，当从嗃省，不知嗃亦从高，且《说文》无嗃字，徐氏新增此字，盖嗃、熇字通，不当展转取声也。赣从竷，省声，徐以竷为非声，按《诗》“坎坎鼓我”，《说文》引坎作竷，坎空音近，故赣竷二字音亦不殊。䶑取樵声，读若酉，徐云：樵，侧角反，音不相近，不知樵从焦声，平入异而声相通。郑玄谓秦人犹摇声相近，亦糕音近酉之旁证也。是古音相通之例徐氏未及知也。

自是以降，吴淑治《说文》学，取书中有字义者千余条撰《说文互义》，《宋史·吴淑传》。舍声说义自此始矣。及荆公作《字说》，偏主会意一门，于谐声之字亦归入会意之中，牵合附会，间以俗说相杂糅，而罗愿作《尔雅翼》，陆畋作《埤雅》，咸奉《字说》为圭臬，而汉儒以声解字之例遂无复知之者矣。惟郑樵解武字，以武字非会意，当从亡从戈，亡字系谐声，亦误讹杂出，不足信也。且《说文》以比类合谊，以见指抝解会意，盖会与合同，而谊义又为通用之字，合谊即会意之正解。所以合二字之义而成一字之义也。而宋人解会意之会为会悟，此其所以涉于穿凿也。又如程伊川之解雹字也，谓雹字从雨从包，是大气所包住，所以为雹。不知雹字从包得声，乃谐声而非会意也。朱子之解忠恕也，引“中心为忠”“如心为恕”之说，其说虽本孔颖达，然忠字从中得声，恕字从如得声，亦谐声而非会意也。古字义寄于声，故声义相兼，何得舍字声而徒解字义与？惟朱子注《论语》“侃侃誾誾”、注“时习”、注“非礼勿视”、注《孟子》“自艾”、注“不屑就”、注《周易》“天下之赜”、注《诗》、注“近王舅”，皆引《说文》而比字之音，亦用《群经音辨》之说，乃宋儒之稍通小学者。惟王观国以卢字田字为字母，《学林》云：卢者字母也，田者字母也。义云：凡省文者，省其所加之字也，俱用字母，则字义该矣。说甚精。王圣美治字学，演其义以为右文，《梦溪笔谈》云：王圣美治字学，演其义以为右文，又谓凡从戋之字皆以戋字为义。张世南谓文字右旁亦多以类相从，《游宦纪闻》谓：从戋之字皆有浅小之义，从青之字亦皆有精明之义。明于音同义通之例。近世巨儒如钱、钱塘欲离析《说文》系之以声。黄，黄春谷谓字义咸起于声音。姚，姚文田作《说文声系》。朱，朱骏声作《说文通训定声》，定声悉以字之右旁为纲。解析《说文》咸用其意。是六书造微之学，宋人犹及知之。特俗学泥于会意一门，而精微之说遂多湮没不彰耳。王船山《说文广义》全以会意解古字，特较荆公《字说》为稍优。近代以来小学大明，而声音文字之源遂历数千年而复明矣，此岂宋儒所能及哉！

# 南北学派不同论

## 总　论

中国群山发源葱岭，蜿蜒而东趋，黄河以北为北干，江河之间为中干，大江以南为南干。盖两山之间必有川，则两川之间亦必有山。中国古代，舟车之利甫兴而交通未广，故人民轻去其乡，狉狉榛榛，或老死不相往来。《礼记·王制》篇有云，广谷大川，民生其间者异俗。盖五方地气有寒暑燥湿之不齐，故民群之习尚悉随其风土为转移。观《史记·货殖传》《汉书·地理志》以及王船山《黄书·宰制》篇可见。俗字从人，由于在下者之嗜欲也。《王制》曰：中同戎蛮五方之民皆有性也，不可推移。即俗字的解。义俗字从谷，欲字亦从谷，则以广谷大川民生其间者异制之故也。风字训教，《诗大序》云：风，讽也，教也。此其证。由于在上者之教化也。《诗大序》云：上以风化下。而古代大师有陈诗观风之典。

汉族初兴，肇基西土，沿黄河以达北方，故古帝宅居悉在黄河南北。厥后战胜苗族，启辟南方，秦汉以还，闽越之疆始为汉土。故三代之时，学术兴于北方，而大江以南无学。魏晋以后，南方之地学术日昌，致北方学者反瞠乎其后。其故何哉？盖并青雍豫古称中原，文物声名洋溢蛮貊，而江淮以南则为苗蛮之窟宅。及五胡构乱，元魏凭陵，虏马南来，胡氛暗天，河北关中沦为左衽，积时既久，民习于夷，而中原甲姓避乱南迁，冠带之民萃居江表，流风所被，文化日滋，其故一也。又古代之时，北方之地水利普兴，殷富之区多沿河水，故交通日启，文学易输。水道交通有数益焉，输入外邦之文学，士之益也；本国物产输入外邦，商之益也，船舶交通朝发夕至，行旅之益也；膏腴之壤资为灌溉，农之益也；故越南澜沧江，印度恒河、印度河，埃及尼罗河，美国米希失必河，皆为古今来商业发达之地。后世以降，北方水道淤为民田，如河南山东古代各水道今皆不存，惟有故道耳。而荆吴楚蜀之间，得长江之灌输，人文蔚起，迄于南海不衰，其故二也。故就近代之学术观之，则北逊于南，而就古代之学术观之，则南逊于北，盖北方之地乃学术发源之区也。试即南北学派之不同者考之。

## 南北诸子学不同论

东周以降，学术日昌，然南北学者立术各殊，南方学派起于长江附近者也，而北方学派则起于黄河附近者也。以江河为界划，而学术所被复以山国泽国为区分。山国泽国四字，见《周礼·掌节》。山国之地，地土垅瘠，阻于交通，故民之生其间者，崇尚实际，修身力行，有坚忍不拔之风。泽国之地，土壤膏腴，便于交通，故民之生其间者崇尚虚无，活泼进取，有遗世特立之风。此说本之那特硁《政治学》诸书。故学术互异，悉由民习之不同。如齐国背山临海，与大秦同，即罗马国。故管子、田骈之学以法家之实际而参以道家之虚无，田骈、慎到皆法家而尚清净，管子亦为法家而著《白心》诸篇。若邹衍之谈瀛海，则又活泼进取之证也。由于齐地近地有海舶之交通，故邹衍得闻此说。西秦三晋之地，山岳环列，其民任侠为奸，雕悍少虑，见《汉书·地理志》。故法家者流起源于此，如申不害。韩非子。商君是也。申不害、韩非皆韩人，商君为卫人，而李悝亦为魏人，尸子为商君师。盖国多奸民，非法不足以示威，峻法严刑岂得已乎。鲁秉周公之典则，习于缛礼繁文，苏子由《商论》已有此说。故儒家亲亲尊尊之说得而中之。宋承殷人事鬼之俗，民习于愚，故庄子言野人负昕，梦蕉得鹿，制不龟之药，皆曰宋人。而孟子之言揠苗也，亦言宋人，盖宋人当战国时，其民最愚，故诸子以宋人为愚人之代表也。故墨子尊天明鬼之说得而中之。又按《汉书·地理志》，言宋地重厚好蓄藏，即墨子节葬节用说所出。俞理初有《墨学论》以墨学为宋学。盖山国之民，修身力行则近于儒，坚忍不拔则近墨，此北方之学所由发源于山国之地也。

楚国之壤，北有江汉，南有潇湘，地为泽国，故老子之学起于其间。从其说者大抵遗弃尘世，渺视宇宙，如庄、列是也。以自然为主，以谦逊为宗，《中庸》曰：宽柔以教，不报无道，南方之强也。如接舆、沮溺之避世，许行之并耕，此即由老子“归真反朴”而生者。宋玉、屈平之厌世，《楚辞》言“远游”，言“指西海以为期”，言“登阆风而绁马”，虽为寓言，然足证荆楚民俗之活泼进取矣。溯其起源，悉为老聃之支派，此南方之学所由发源于泽国之地也。由是言之，学术因地而殊，益可见矣。

厥后交通频繁，北学由北而输南，南学由南而输北。孔学起源于东鲁，自子夏设教西河，而儒学渐被于河朔，故魏文重其书，荀卿赵人。传其学，三晋之士盖彬彬矣。然秦关以西为儒术未行之地，则以民群朴质，与儒家崇尚礼文者不同。又当此之时，子羽居楚，子游适吴，儒教渐被于南，然流传未普，观陈良北学中国，得孔子之传，而其徒陈相卒倡并耕之说，非孔学不宜于泽国之证哉？法学起于三晋，及商君、韩非人秦，其学遂行于雍土，则以关中民俗与三晋同，非法不克治国也。墨学虽起于宋，然北至晋秦，如《吕览》言墨子、钜子事秦王犯罪是。南至郑楚，故庄子言南方之墨者。皆为墨学所流行，即孟子所谓其言遍天下也。老学起源荆楚，然学派所行，仅及宋郑，庄子宋人，列子郑人。偶行于北，辄与北学相融，故韩非、慎到之流合黄老刑名为一派，非老学不宜于山国之证哉？乃后儒考诸子学术者，只知征子书之派别，不识溯诸子之源流。此诸子之道所由日晦也，惜夫！

## 南北经学不同论

经术萌芽于西汉，诸儒各守遗经，用则施世，舍则传徒，一经有一经之家法。家法者，即师说之谓也。至于东汉，士习其学，各守师承，而集其大成者实为郑康成氏。特当此之时，经生崛起于河北，江淮以南治经者鲜。三国之时，经师林立，而南人之说经者有虞翻、包成、韦昭，然师法相承仍沿北派。又当此之时，有杜预、王肃、王弼诸人，亦大抵北人。以义理说经，与汉儒训诂章句学不同。魏晋以降，义疏之体起，而所宗之说，南北不同。北儒学崇实际，喜以训诂章句说经。南人学尚夸夸，喜以义理说经。《魏书·儒林传》之言曰，汉代郑玄并为众经注，服虔、何休各有所说，玄《易》《书》《礼》《论语》《孝经》，虔《左氏春秋》，休《公羊传》，盛行于河北，王弼《易》亦间行焉。旧作王肃注。由是言之，北方经术乃守东汉经师之家法者也。又《隋书·儒林传叙》云，南北所治章句，好尚互有不同，江左《周易》则王辅嗣，《尚书》则孔安国，《左传》则杜元凯，河洛《左传》则服子慎，《尚书》《周易》则郑康成，《诗》则并主于毛公，《礼》则同遵乎郑氏，惟不言何休《公羊》。南人约简得其精华，北学深芜穷其支叶。河洛即北方，江左即南方。是南方经术乃沿魏晋经师之新义者也。盖北方大儒抱残守阙，不尚空言，耻谈新理，自徐遵明倡明郑学，以《周易》《尚书》教授，《北齐书·儒林传叙》云，经学诸生出自魏末大儒徐遵明门下，遵明讲郑康成所注《周易》以传卢景裕及崔瑾。又云《尚书》之业徐遵明兼通之，授李周仁等，并郑康成所注，非古文也。旁及服氏《春秋》。北齐《儒林传叙》云，河北诸儒能通《春秋》者并服子慎所述，亦出徐生之门。徐氏而外，习《毛诗》者有王基，见《诗疏》所引。习“三礼”者有熊安生，见《周书》。莫不抑王而伸郑，此北方郑学所由大行也。

江左自永嘉构祸，古学消亡，见《经典释文》，魏、隋《儒林传叙》文中。故说经之徒喜言新理。厥后王弼《易》学行于青、豫，《北齐书》云，河南及青徐之间儒生多讲王辅嗣《周易》，师训盖寡。费甝《书疏》传入北方，《北齐书》云，北方诸生略不见孔氏注解，自刘光伯、刘士元得费甝疏，乃留意焉。而南学由南输北矣。崔灵恩著《左氏条义》，伸服难杜，《梁书·崔灵恩传》：先习《左传》服解，不为江东所行，乃改说杜义，常申服难杜，著《左氏条解》以明之。陆澄议置《易》国学，王郑并崇，《南齐书·陆澄传》云，国学议置郑王《易》，澄谓，王弼玄学所宗，郑亦不可废。推之戚衮授书元绍，授北方《仪礼》《礼记》疏于刘元绍，见《陈书》。严植之私淑康成，治郑氏《礼》《周易》《毛诗》，见《梁书》。而北学由北输南矣。观李业兴使梁辨论经义，分析南北，见《魏书·李业兴传》，如答箫衍问儒玄，答朱异问南郊，皆辟玄伸儒，辟王伸郑。非南北经学不同之确征哉？及贞观定五经义疏，南学盛行而北学遂湮没不彰矣。如《周易》用王弼注，《尚书》用伪孔传，《左传》用杜预注，皆南学而非北学也。悲夫！

## 南北理学不同论

自周末以来，道家学术起于南方，迨及东晋六朝，南方学者崇尚虚无，祖述庄老以大畅玄风。又南方之疆与赤道近，稽其轨道与天竺同，中国南方之地在赤道北二十度至三十度之间，印度北部亦然，故学术相近。自达摩入中国，以明心见性立教，不立文字，别立禅宗，大江以南有昭明太子、刘灵预、陆法和咸崇其说，由唐至宋流风不衰，北宋之初有杨亿、杨杰、张平叔，皆信禅宗。故南方之学术皆老释之别派也。

北宋以来，南北名儒竟以理学相标尚，然开其先者实惟濂溪周子。濂溪崛起湘粤，道州人。受学陈抟，著《太极图说》，并著《通书》四十篇，以易简为宗，《通书》第六篇曰：天地岂不易简，岂为难知。以自然为主，如《通书》第十篇言"顺化"，三十"拟议"及二十三篇称颜子是。以无言垂教，见《圣蕴》《精蕴》两篇。以主静为归，如《通书·圣学》《慎动》两篇是，又《圣学》篇曰，一为要，即老氏抱一之旨。虽缘饰《中庸》《大易》，然溯厥渊源，咸为道家之绪论。故知几通神，见《通书·诚几德》篇、《圣蕴》篇、《思》篇、《动静》篇、《乾损益》篇。即老氏赞玄之说也，存诚周子之言诚，即言静也。见《诚上》《诚下》两篇中。窒欲，《圣学》篇曰无欲则静。即庄生复性之说也。是为南方学派之正宗。及河南二程受业濂溪，复性之说也。是为南方学派之正宗。及河南二程受业濂溪，复参考王通、韩愈、孙复之言，故南学北学两派相融。今观二程遗书以格物为始基，如明道言"论学必要明理，"伊川言"今人杂信鬼怪只是不烛理"，言"凡一物须先穷致其理"，言"一草一木有理可格”是。以仁道为总归，如二程以仁统礼义智，而明道《识仁说》、《伊川语录》答论仁数条亦言之。涵养必先主敬，如伊川言“人道莫如敬”，言“敬是涵养”，言“主一之谓敬”是。进学必在致知。如明道言“学以知为本”，而伊川亦言“学先于致知”。即言诚言静亦稍异于濂溪，如明道言成必兼言敬，伊川亦言不可把虚静唤做敬。而持躬严谨尤近儒家。然以天理为绝对之词，明道言天理二字由己体贴出来，而《语录》“寂然不动”条，“尽心知性”条、“视听思虑”条以及《伊川语录》“性即理”条、“心有善恶”条，皆以天理为绝对之词，此即道家太空之说。致涵养之弊流为观心，如明道言洗心藏密，言洒扫应对便是形上，言悟则句句皆是为理，伊川言心是贯澈上下看，言只有所向便是欲是也。盖二程植躬整齐严肃，故提撕收敛，至以静坐为工夫，其弊则流为观心，此闭邪窒欲太过之故也。进学之余易为废学，如明道言恍然神悟不是智力，以谢上蔡读书为玩物丧志，伊川言理会文意者滞泥不通，言作文害道，已启陆王学派之先。而乐天知命，如明道言茂叔使之寻孔颜乐事，以及伊川答鲜于侁之问皆是。知化穷神，如明道言默而识之，伊川论屈伸往来是。尤与濂溪学术相合。盖南学渐杂北学矣。故程门弟子立说，多近于禅宗。如游酢、杨时、吕微仲、邢和叔入于禅，皆见二程语录，而程伊川至涪，归叹日，学者皆流入异端矣。盖二程学术虚实兼尚，故弟子多学其虚空一派，渐与禅学相融。横渠崛起关中，由二程而私淑濂溪。故书中多称濂溪。然关中之民敦厚崇礼，故横渠施教亦以礼乐为归，如《正蒙》三十篇，《王褅》篇之言礼，《乐器》篇之言乐是也。旁澈象纬律历之术，如《参两》篇、《天道》篇是。于名数质力之学，咸契其微，《正蒙》一书多几何之理，如言“两不灭则一不可见”诸条是也。且知地球之说。与阴阳家相近。其学多出邹衍。此皆北学之菁英也。然立说之旨，不外知性知天穷鬼神之术，见《天道》篇。明生死之源，见《天道》篇。“动物”，出于庄列。上溯太极太虚之始，见《天道》篇、《神化》篇，其说亦出于《列子》中。此知天之学也。居敬穷理，见《大心》篇中。由诚入明，见《诚明》篇。以求至正大中之极，见《中正》篇。此知性之学也。极深研几，间符《大易》，惟存心至公，流为无欲，如张子言，无所为而为之，谓之人欲。观化之极，自诩通微，如《参两》篇、《天道》篇屡蹈此失。则又老释之绪余，程子、张子皆从老释入手。濂溪之遗教也。此亦南学北行之证。康节之学舍理言数，其学以阴阳五行为主，由阴阳五行而生世运之说，由世运之说而生王霸之分。然观物察理咸能推显阐幽，如《观物外篇》曰：象起于形，教起于质，名起于言，意起于用。其理最精。与汉儒京翼之言相似，乃北学之别标一帜者也。其子伯温始稍杂周程之说。

及女真构祸，北学式微，而程门弟子传道南归，其最著者厥惟龟山、杨时。上蔡。谢良佐。上蔡之学虽杂禅宗，如言“常惺惺”，复言“用心于内”。然殚见洽闻为程门弟子之冠。故程子讥其玩物丧志。康侯从上蔡游，胡安国也。其子五峰传其学，胡弘。皆以博学著书著闻。如康侯注《春秋》，五峰作《知言》。南轩张氏受业五峰，以下学立教，知南轩言“非下学之外别有上达”，又言“致知力行，皆是下学”。以致知力行为归。龟山夷犹淡旷，见蔡世远文。以慎独主静为宗，如言静中看喜怒哀乐未发时气象。一传而为豫章，罗仲素。再传而为延平，李侗。其学以默坐澄心为本，守程子体认天理之传，以为心体洞然即可反身自得，见《延平答问》。盖南轩近北学，而延平则为南学也。考亭早年泛滥于佛老之学，见朱子《答汪尚书书》《答孙近甫书》《答江元适书》，复有《读道书》《斋中读经》二诗。及从延平问道，讲明性情之德，皆从发端处施功，乃渐悟佛老之非。见《朱子年谱》及《延平行状》庚辰、壬午、癸卯、丁丑、戊寅、己卯与延平书，与刘平南书、答许顺之书、答程钦国书中。由中和旧说一变而悟未发之真，皆以涵养为宗旨。虽为学稍趋平实，而默坐澄观仍属蹈虚之学。见《太极说》《养观说》《易寂感说》《仁说》，答许顺之书、刘平甫书诸篇是也。朱子之初于延平之说亦不甚信，及延平殁，乃深信其言，见陆陇其与某君书。朱子晚年复以延平澄心静坐为不然，见廖德明录。及从南轩于湘南，丁亥、戊子两年。而治学之方，始易以察识为先。以涵养为后，见戊子与程允夫书，答裘夫书，答何叔京书，与石子重书，乙酉答罗参议书。由蹈虚之学加以征实之功。迨及晚年，力守二程之说，以为涵养莫如敬，进学在致知。以南轩之说为不然，见己丑答张钦夫书，庚寅答张敬夫书，己丑答林择之书，答胡广仲书，吴晦叔书，己丑答程允夫书。若夫答游诚之书及陈淳所录“择善固执”一节，皆力主程子此二语。故施教之方，必立志以定其本，知性以明其要，如答陈超宗书，林德久书以及与陈器之论“太极是性”书是。主敬以持其志，如《敬斋箴》，答陈允夫书论可欲之说，答何叔京书论持敬之说，答潘昌叔书、周舜弼书论敬字，答吕子约书、余正叔书论日用工夫，答杨子德书论太极，以及《语类》卷十一以读书体认天理为敬，卷十二言主一为敬，复言主一不可泥，复言心无不敬，卷四十四言敬以直内，卷九十一言主一无适，皆主敬之说也。穷理以致其知，如《论书之要》《沧洲精舍谕学者》《读唐志》《读大纪王氏续说》《福州经史阁记》，答王子合、张元德、孙敬甫诸书，以及《语类》卷十五论“穷理格物”数条，卷十八论“穷理务实”数条是也。而《大学补传》及《或问》一篇言之尤详，皆穷理之说也。力行以践其实，如《王梅溪文集》、《李丞相奏议后序》，以及答曾景建书、答韩尚书书、陈睿仲书，《语类》卷八论“正心诚意”，卷十一论“仁义礼智”，四十三论“恭敬忠”是也。教人也周，用力也渐，朱子教人最恶躐等，以逐次渐进为宗，如癸巳答王季和书，答陈师德书，丙午答刘季随书，庚戌答周南仲书，甲寅后答林退思书，乙卯答曾景建书，丙辰答孙敬甫书，戊午答林正卿书，以及陈淳所录语录是也。盖力主平易，不主高远虚空之说。于涵养主静之说亦有微词。如壬寅后答陈睿仲书，戊申后答方宾王书，皆疑涵养之说。丙辰答张元德书，己未答熊梦北书，皆斥主静。故王白田言：朱子不言主静。而讲学之余不废作述，如《四书集注》、《诗》、《易传》、《纲目》、《家礼》、《小学》之类。于典章、如《禘祫议》《郊坛说》《明堂说》诸篇是。声律、如答吴士元、廖子晦书是。音韵如答杨元范书是。之学，咸能观其会通，博观约取，盖纯然北学之支派矣。己未以还，益崇下学，如教陈北溪“下学穷理”是。惟虞流入于虚灵。王阳明《朱子晚年定论》多误会。然涵养之说未尽涤除，朱止泉与王尔缉书，与王子中书，以及《朱子语类》论之甚详。故收藏敛密用心于内，如答王子合书论“心犹明镜”，答刘季章书论“简约明白”是。提撕省察以察事物之本原，如言浑然之中万理毕具，已近陆王“观心”之说矣。或反观内省自诩贯通，如《大学补传》而一旦豁然贯通，已主觉悟之说。又如答黄子耕书言脱离事物名字，答李叔文言放心不须注解，答吕子约言心在腔子裹，言就本原理会，皆近于佛学者也。虽由实入空与陆王异，朱子晚年盖以疲精神于书册，故渐生厌薄之心，故其诗曰：“书册埋头无了日，不如抛却去寻春”。然观心之说，仍无异于延平，如言精义入神，是其说颇近于道家。故解析经文犹杂禅宗之说。如注《论语》“曾子省身”章，引蔡氏用心于内之论。注《大学》首章言虚灵不昧明善复初之说。注《论语》“子在川上”章言形容道体，而注“子欲无言”章，亦颇杂佛书之说，故杨震、顾亭林、戴东原、钱竹汀诸儒皆力斥之。盖朱子虽崇实学，然宅居南土，渐摩濡染，易与虚学相融，故立学流入玄虚，如言“洒然证悟”是。与佛老之言相近，较周程之学大抵相符。皆虚实参用之学也。

当此之时，与朱子并行者，厥惟金溪陆氏，即陆子静、陆子寿也。讲学鹅湖，与考亭之言迥异，如陆氏以“先后天”非作《易》之旨，以“无极主静”为老子之学，以程子“主静知行合一”非孔孟之言，朱子屡作书辨之，而子寿则始从程学入，后改从子静之说，而子静亦深斥朱学。重涵养而轻省察，象山曰：涵养是主翁，省察是奴仆。乐简易象山少年读“有子”章，即疑其言支离。而极高明，废讲学而崇践履，见朱子答南轩书，故朱学为道问学，而陆学则为尊德性。以诠心为主，以乐道为宗，直捷径情，象山之学恶支离而好直捷，厌烦碎而乐径省，故反约而遗博学。颖悟超卓，李光地曰：陆子穷理必深思力索，以造于昭然而不可昧，确然而不可移。甚至以六经为注脚，以章句为俗学，稍及读书格物，则谓之破碎支离。见象山与孙季和书、胥必先书、傅克明书，致孙濬书以及论曹立之、胡季随皆是。虽束书不观易流虚渺，陆子之尚虚非真尚虚也，如言：实理苟明自有实行实事，吾生平学问非他，只是一实。则陆子非不崇实。然陆学擅长之处亦有三端，一曰立志高超，如象山教人以扩充四端为先，以人人皆可为尧舜，又言先立乎大则小者不能夺，又言人不可沈埋卑陋凡下处，又言即不识一字亦须还我堂堂的做个人。其立志如此。二曰学求自得，如象山言语之学问只是在我，又言自立自重不可随人脚跟学人言语，又言听人议论必求其实乃已。三曰不立成心，如言此道与溺于意见之人言确难，又言荆公变法不可非。综斯三美，感发齐民，顽廉懦立，信乎百世之师矣。盖考亭之学近于曾子、子思，后儒以陆学近于曾子，恐非。律以佛学，则宗门中渐悟之派也。荆溪之学近于曾皙、琴张，律以佛学，则宗门中顿悟之派也。非南学殊于北学之征与？荆溪弟子有杨敬仲、袁和叔、沈叔晦、舒元质，讲学四明，东南人士闻风兴起，若魏益之、黄仲山、徐子宜、陈叔向，见《叶水心文集》，不具引。咸以颖悟自矜，与荆溪之言默相印证，盖皆禅学之绪余也。当此之时，两浙之间有金华学派，有永嘉学派，渊源悉出于程门。吕荣公从二程游，而子孙世传其学以至于东莱。永喜之学出于周恭叔，恭叔为程门弟子，再传则为陈、叶。金华学派以东莱为大师，永嘉学派以止斋、水心为巨擘。然东莱之学斥穷理而尚良知，如言知之者良知也，忽然识之是为格物。又言闻见未澈当以悟为则，且斥伊川“物各付物”之说。水心之文表禅宗而穷悟本，水心作《宗记序》，虽以悟道即畔道为非，又言予病学者徒守一悟而不知悟本。故朱子以水心、荆川读佛书为非。推其意旨，近陆远朱。惟永嘉学派崇尚事功，侈言用世，复与永康学派相同，其故何哉？盖南方学者咸负聪明博辩之才，或宅心高远思建奇勋，及世莫予知，则溺志清虚以释其郁勃不平之气，如东坡由纵横入黄老，以及近世汪罗之徒皆因壮志未酬，遁入佛学。或崇尚心宗，证观有得，以为物我齐观死生齐等，故济民救世矢志不渝。如明颜山农之游侠，金正希等之殉节是。此心性事功之学所由咸起于南方也。

及南宋末叶，陆学渐衰，而为朱子之学者，或解遗经，如蔡沈、王柏是。或崇典制，如真西山。或尚躬行，如黄勉斋。各择性之所近以一节自鸣。然斯时朱学尚未北行也，及姚枢、许衡得朱氏遗书，是为北人知朱学之始。见孙夏峰《元儒江汉先生太极书院记》。然尺步绳趋，偏执固滞以自锢其心思，此则倡主敬涵养者末流之失也。

由远迄明，数百年间专主考亭一家之说。渑池、曹月川。河东薛敬轩。椎轮伊始，泾野、吕仲木。三原王右渠。风教渐广，大抵恪守考亭家法，躬行礼教，言规行矩，然自得之学旷然未闻，此明代北学之嚆矢也。及康斋受业河东，始有吴学，吴与弼。敬斋受业康斋，因有胡学，胡居仁。咸执守河东绪言，是为北学南行之始。白沙之学亦出康斋，然以虚为本，以静为基，以怀疑为进德之门，见与张廷实书，义语录云，疑者进道之萌芽。以无欲为养心之要，养端倪于静中，以陈编为糟粕，以何思何虑为极则，黄梨洲言，白沙之学以未尝致力而应用不遗为实得。以勿忘勿助为本，然不为外物所撄，以求合自然之则，盖远希曾点近慕濂溪，与康斋之恪守北学者迥然异矣。白沙弟子遍两粤，惟甘泉湛氏以体认天理为宗，谓人心之用贯彻万物而不遗，亦惟心之说也。惟排斥主静，见答余督学书及语录。不废诵读之功，见答仲鹖书。较之白沙，稍为近实。阳明崛起浙东，用禅宗之说而饰以儒书，以为圣人之道，吾性自足不假外求，如言物理不外于吾心是。以知觉为性，以知觉之发动者为心，以心为湛然虚明之物，故周彻洞贯之余即可任情自发，感寂无两机，显微无二致，即心是理，即知是行，舍实验而尚怀疑，如不主钻研考索。存天理而排人欲，故以扞格外物为格物。然立义至单，弗克自圆其说。厥后东廓主戒惧，双江主归寂，念庵主无欲，咸祖述良知之学，而稍易其词。然阳明既殁，吴越楚蜀之间讲坛林立，余姚学派风靡东南，龙溪、心斋流风尤远。从其学者大抵摭拾语录，缘释入儒，以率性为宗，以操持为伪，以变动不居为至道，以荡弃礼法为自然，甚至土苴六籍，刍狗圣贤，以为章句不足守，文字不足求，典训不足用，义理不足穷，如何心隐、李卓吾、陶石蒉是。与晋人旷达之风相似。然流俗昏迷，至理谁察，得讲学大师随机立教，直指本心，推离还源，如寐得觉，故奋发兴起感及齐氓。如泰州学派中农工商之兴起者甚众，咸自命为圣人云。此虽阳明讲学之功，然二王龙溪、心斋。化民成俗之勋岂可殁与？此皆明代南方之学也。当此之时，淮汉以南咸归心王学，惟整庵罗氏、作《困知记》，以主敬穷理为主，不尚顿悟，主循序之说。东莞陈氏作《学蔀通辨》，排陆尊朱，排陆学正所以排王学。守程朱之矩矱，遏王学之横流，复有闽人蔡虚齐亦排王说。然以寡敌众与以卵投石相同，非北学不适于南方之证哉？惟北方巨儒谨守河东三原之学，若后渠、崔铣，河南人，以程朱为宗，力辨程学之非虚，作《士翼》及《松窗寝言》。柏斋、何塘，河南人，力斥理出于心之说，作《儒学管见》《阴阳管见》及语录。心吾吕坤，亦河南人，亦主张程朱之说，作《呻吟语》诸书。咸砥励廉隅，敬义夹持，不杂余姚之说。复有平阳曹子汴、河南吕维祺亦主北学。王门弟子仅玄庵、穆孔晖，山东人。季美尤时熙，河南人。数人，复有张后觉、孟秋宇，皆山东人，孟化鲤、杨东明，皆河南人。然大抵尊闻行知，未能反躬自得。黄氏《明儒学案》曰：北方为王学者独少，玄庵既无问答受业阳明，阳明言其无求益之心，其后趋向果异。即有贤者亦不过迹象闻见之学，自得者鲜矣。湛门弟子仅少墟冯氏一人，冯从吾，字仲好，号少墟，陕两人，甘泉之再传弟子。然躬行实践，排斥虚无，如《疑思录》言格物即是讲学，不可谈玄谈空，而《论学书》亦言重工夫重省察。易与北学相淆，非复甘泉之旨，非南学不适于北方之证哉？

明代末叶，南方学者若伯玉、金炫，武进人，多杂佛学。鱼山、熊开元，嘉鱼人，亦喜佛学，后为僧人。正希、金声，徽州人，作《诠心应事》篇。懋德、蔡维立，昆山人。震青朱天麟，昆山人。咸皈依佛法，复以忠义垂名。黄陶庵诸人亦然。而高、顾诸儒讲学东林，力矫王学末流之失，以工学近于禅，故以“无善无恶心之体”为非。弘毅笃实，取法程朱，然立说著书虽缘饰闽洛之言，实隐袭余姚之旨。如梁溪先生言心无一事之谓敬，而与管登之书复曰，以觉包理而理乃在外，而《静坐说》一篇亦指吾心为性体。陆陇其言梁溪一派看得性仅明白，却不认得性中条目，此语近之。又忠宪解格物，以反求诸身为主，又言人心明即是天理，与王氏之旨有何异乎？蕺山之学出自东林，以诚意为宗，以慎独为主，以改过为归，而良知之说益臻平实，不杂玄虚，然改过之说出于阳明之格非，今读蕺山《人谱》已与袁氏《功过格》无异，特人弗知耳。慎独之言出于东廓之戒惧，而诚意之旨亦与念庵无欲相同，惟守身严肃足矫明儒旷放之风，故从其学者或主考亭，如张考夫、沈畇、应枽谦是。或主阳明，如沈求、黄梨洲是。两派分歧，纷纭各执。时方学者有孙夏峰、李二曲，夏峰讲学百泉，持朱陆之平，不废阳明之说，故《理学宗传》于宋儒兼崇朱陆，于明儒兼崇薛王罗顾，而《岁寒集》有曰，朱陆不同岂可相非，又伸阳明无善无恶之旨，盖亦唯心学派也。从其学者多躬行实践之士，然仲诚、孔伯仍主陆王。仲诚之学多言存心，故唐氏《学案识小》列之心宗，孔伯上夏峰书亦主二曲之学，言晚年则囿于习俗改从程朱，耿介亦主心宗。至颜李巨儒以实学为天下倡，而幽豫之士无复以空言相尚矣。二曲讲学关中，指心立教，不涉见闻，如《二曲语录》言读经取其正大简易直截，又言道理从闻见入者足障灵源，又言周程朱薛乃孔门曾卜学派，惟陆陈吴王及龙溪心斋近溪海门乃邹孟学派，其为学也，不靠见闻，反己自认，又作《消极说》以静坐遏欲为宗，又有答门人论学书，亦盛称知觉。近于龙溪、心斋之学。然关中之地有王尔缉、李天生，皆敦崇实学，王尔缉为二曲弟子，然崇紫阳之学，见与张伯行论朱子之学书。天生亦崇实学，观天生与孙少宰书可见。克己复礼，有横渠讲学之遗风，是南学由南输北，辄与北学相融。自是以还，昆石、云一刘原渌及姜国霖。标帜齐东，彪西、闇章范镐鼎及李闇章。授徒汾晋，咸尊朱辟陆，以居敬穷理为宗，齐晋之间遂为北学盛行之地矣。南方之儒嫉王学之遗实学也，亦排斥余姚若放淫词，然舍亭林、道威、晚村外，时吴中有王寅旭，越中有张考夫，湘中有王船山，赣中有谢秋水，皆排斥王学以程朱为指归者。若陆陇其、李光地、杨名时，咸缘饰朱学，炫宠弋荣，与宋明讲学诸儒异趣。而东林子弟如高愈、高世泰、顾培之属是也。讲学锡山，吴中学者多应之，如朱用纯、张夏、彭珑是也。大抵近宗高顾远法程朱，然重涵养而轻致知，尊德性而道问学，近于龟山、延平之旨，观朱柏庐答徐昭法书以及张氏《小学瀹注》诸书可见。与北方学派不同。至此以还，淮南、徽、歙之间，咸私淑东林之学，淮南学者以朱止泉为最著，然治心之说与吴中同。朱止泉治朱学，纯取朱学之虚处。惟徽、歙处万山之间，异于东南之泽国，故闻东林之绪论者，咸敦崇礼教，如施璜、吴慎是。或致知格物，研精殚思，如双池、慎修是，二公皆治朱学者。与空谈心性者迥别。当此之时，吴越之民虽崇桐乡张氏之学，从蕺山入程朱者。然证人学会、姚江书院启于越东，讲学之旨大抵宗蕺山而祧阳明，倡其说者有钱、德洪。沈、国谟，字求如。曾、宗圣。史孝成，字子虚。诸子，沈氏弟子有韩仁父、名孔当，学稍趋实。邵子唯、名曾可。劳麟书，名史，近于王心斋之化民。邵氏世传家学，至念鲁廷采。而集其大成，谓人心之伪，伏于孔孟程朱，又言束书一切不观，馀说甚多。以觉悟为宗，与海门、近溪之言相近。若向璇等则为考夫之别派。又吴中之地前有钱氏，见钱竹汀所作行状。后有尺木，其学杂糅儒佛，与大绅、汪缙。台山罗有高。相切磋，而大江以南习陆王之学者以数十计，如唐甄、黄宗羲、全榭山主王学，李穆堂主陆学，其最著者也。复有程云庄等亦信王学。岂非南方之地民习浮夸好腾口说，固与北人之身体力行者殊哉？晚近以来伪学日昌，南北讲学之风尽辍，而名节亦曰衰矣。

## 南北考证学不同论

近代之儒所长者固不仅考证之学，然戴东原有云，有义理之学，有词章之学，有考证之学，则训诂典章之学皆可以考证一字该之。袁子才分著作与考据为二，孙渊如作书辨之，谓著作必原于考据，则亦以考据该近代之学也。若目为经学，则近儒兼治子史者多矣，故不若考证二字之该括也。

宋元以降，士学空疏，其寻究古义者，宋有王伯厚，明有杨慎修、焦弱侯。皆南人而非北人。伯厚博极群书，掇拾丛残，实为清学之鼻祖。《玉海》一书特备应词科之用，《困学纪闻》稍精，然语无裁断，特足备博闻之助耳。慎修、弱侯咸排斥宋儒，慎修通文字、地舆、谱牒之学，惟语多复杂，谊匪专门。弱侯观书多卓识，与郑渔仲相类。惟穿凿不足观。殆及明季，黄宗羲崛起浙东，稍治实学，通历算乐律之学，著书甚多。其弟子万斯大推究礼经，作《学礼质疑》《仪礼商》及《礼记偶笺》。以辩论擅长，然武断无家法。时萧山毛氏黜宋崇汉，于五经咸有撰述，作《仲氏易》《推易始末》《春秋占筮书》《易小帖》四书以说《易》，作《古文尚书冤词》以说《尚书》，作《毛诗写官记》《诗札》以说《毛诗》，作《春秋传》《春秋简书刊误》《春秋属词比事记》以说《春秋》，于《礼经》撰述尤多。牵合附会，务求词胜。德清胡渭作《禹贡锥指》《洪范正论》，精于象数胡氏不信汉儒“灾异”，亦不信宋儒“先天后天图”。舆图之学，惟采掇未精。吴越之民闻风兴起，治《礼经》者有蔡德晋、作《礼经礼传本义》及《通礼》。盛世佐、作《仪礼集编》。任启运，作《礼经章句》。治《毛诗》者有朱鹤龄、作《毛诗通义》，博采汉宋之说，博而不纯。陈启源，作《毛诗稽古》篇，亦无家法，惟详于名物典章。治易学者有吴鼎、作《易例举要》《易象集说》。陈亦韩，多论《易》之文。治《春秋》者有俞汝言、作《春秋平义》《四传纠正》二书。顾栋高，作《春秋大事表》，虽多善言，然体例未严，无家法可称。咸杂糅众说，不主一家，言淆雅俗，瑜不掩瑕，譬若乡曲陋儒冥行索途，未足与于经生之目，此南学之一派也。若当涂徐文靖以及桐城说经之士，皆此派之支流。又东南人士喜为沈博之文，明季之时，文人墨客多以记诵擅长，或摘别群书广张条目，以供獭祭之需。秀水朱彝尊尤以博学著闻，虽学综四部，然讨史研经尚无途辙。浙人承其学者，自杭世骏、于两《汉书》、《文选》皆有撰择，亦稍治二礼，惟语无心得。厉鹗、作《辽史拾遗》《南宋杂事诗》，淹博而不通经术。全祖望学术出于黄梨洲，编《宋元学案》，尤熟于明末史事，而《经史问答》亦精。咸熟于琐闻佚事，博学多闻，未能探赜索隐，惟祖望学有归宿，馀咸无伦次。口耳剽窃，多与说部相符，然皆以考古标其帜。

及经学稍昌，江南学者即本斯意以治经，由是有摭拾之学，复有校勘之学。摭拾之学掇次已佚之书，依类排列，单词碎义，博采旁搜。出于王伯厚之《辑诗考》《郑氏易》。校勘之学考订异文，改易殊体，评量于字句之间，以折衷古本。先是武进臧琳当康熙时。作《经义杂记》，以为后儒注经疏于校雠，多讹文脱字，致失圣人之本经，阎百诗《经义杂记序》。于旧文之殊于今本者，必珍如秘笈，以正俗字之讹；于古义之殊于俗训者，必曲为傅合，以证古训之精。虽陈义渊雅，然迂僻固滞，适用者稀。东吴惠氏亦三世传经，周惕、士奇虽宗汉诂，然间以空言周惕作《诗说》《易传》，士奇作《易说》《春秋说》，说多空衍而采掇亦未纯。说经。惠栋作《周易述》，并作《左传补注》，执注说经，随文演释，当于引申，寡于裁断，此指《周易述》言。而扶植微学亦有补苴罅漏之功。此指《左传补注》言。栋于说经之暇，复补注《后汉书》，兼为《精华录》《感应篇》作注，所撰笔记尤多。博览众说，融会群言，所学与朱、杭相近，而《九经古义》甄明佚诂，亦符臧氏之书。弟子余萧客辑《古经解钩沈》，网罗放失，掇次古谊，惟笃于信古，语鲜折衷，无一词之赞。若钱大昕、王鸣盛之流，虽标汉学之帜，然杂治史乘，钱作《廿二史考异》并拟补辑《元史》，王亦作《十七史商榷》，采掇旧闻，稽析异同，近于摭拾。校勘之学，惟大昕深于音韵、历算，学多心得，如《论反切七音》，皆甚精卓。一洗雷同剿说之谈。钱大昕亦治摭拾之学，所辑古书甚多。惟塘坫之学稍精绝，塘精天算，坫精地舆，侗绎以下无足观矣。鸣盛亦作《尚书后案》，排摘伪孔，扶翼马郑，裁成损益，征引博烦，惟胶执古训，守一家之言，而不能自出其性灵。江声受业惠栋，作《尚书集注音疏》，其体例略同《后案》。王昶亦以经学鸣，略涉藩篱，未窥堂奥，惟金石之学稍深。作《金石萃编》，集金石学之大成，然亦摭拾校勘之学。若孙星衍、洪亮吉，咸以文士治经学，鲜根柢，惟记诵渊雅。星衍杂治诸子，精于校勘。曾刊刻《孙子》《吴子》《司马法》《六韬》《穆天子传》《抱朴子》诸书，又为毕沅校《墨子》《吕氏春秋》《山海经》，明于古训，解释多精。亮吉旁治地舆，勤于摭拾。曾补辑《三国疆域志》，晋齐梁《疆域志》即所辑，亦摭拾之学也。亮吉作《左传诂》，星衍作《尚书古今文注疏》，精校详释，皆有扶微捃佚之功。继起之儒咸为群经作疏，《尔雅》疏于邵晋涵，《国语》疏于董增禄，龚丽正亦为《国语》作疏。《毛诗》疏于陈奂，《左传》古注辑于李贻德，大抵汇集古义，鲜下己见，义尚墨守，例不破注，遇有舛互，曲为弥缝，惟取精用弘，咸出旧疏之上，殆所谓述而不作、信而好古者与！与摭拾校勘之学殊涂同归。摭拾之学集古说成一书，而为义疏者亦引群书证一说，校勘之学校正文字之异同，为义疏者亦分析众说之同义，特有拓充不拓充之殊耳。而东南治校勘之学者，前有何焯、齐召南，皆文士也。后有卢文弨、顾千里、卢校诸子，顾校《毛诗》《仪礼》最精，所校群书不下十余种。钱泰吉，所校《汉书》最精。虽别白精审，然执古改今，义多短拙。观方氏《汉学商兑》所举数条可见。治摭拾之学者，以臧庸、辑《孝经考异》《月令杂说》《乐记注》《子夏易传》《诗考异》《韩诗异说》《尔雅古注》《说文古音考》《卢植礼记解诂》《蔡邕明堂月令章句》《王肃礼记注》《圣证论》《帝王世纪》《尸子》诸书。洪颐煊孙星衍之书多其手辑，馀所辑甚多。为最著，虽抱残守缺，然细大不捐，未能探悉其本义，或疲精殚思以应富贵有力者之求而资以糊口。如顾、臧、洪皆是也。斯时吴中学者有沈彤、褚寅亮、纽树玉，所著之书咸短促不能具大体。越中学者有丁杰、孙志祖、梁履绳，以一得自矜，支离破碎，然咸有存古之功。若袁枚、赵翼之流，不习经典，惟寻章摘句，自诩淹通，远出孙洪之下。此南学之又一派也。及惠、洪、顾、赵友教扬州，而南学渐输于江北。如江藩为余氏弟子，汪中与孙洪友善，而贾稻孙、李惇之流咸与汪氏学派相近。

时皖南学者亦以经学鸣于时，皖南多山，失交通之益，与江南殊，故所学亦与江南迥异。先是宣城梅文鼎精推步之学，著书百余万言，足裨治历明时之用。婺源汪绂兼治汉学宋学，又作《物诠》一书，善于即物穷理，故士学益趋于实用。江永崛起穷陬，深思独造于声律、音韵、历数、典礼之学，咸观其会通，长于比勘，弟子十余人以休宁戴震为最著。戴氏之学，先立科条，以慎思明辨为归，凡治一学立一说，必参互考验，曲证旁通，以辨物正名为基，以同条共贯为纬。论历算则淹贯中西，初治西法，后复考究古算经，通《九章》之学，所著以《勾股割圜记》为最精。论音韵则精穷声纽，作《转语》二十章，近于字母之学，而解字亦以声为本。论地舆则考订山川，戴氏考地舆皆以山川定城邑，见《水地记》。咸为前人所未发。而研求古籍复能提要钩玄，心知其意，凡古学之湮没者，必发挥光大，使绝学复明，如校古算经之类是也。凡古义之钩棘者，必反复研寻，使疑文冰释，如《春秋即位改元考》诸篇是。凡俗学之误民者，必排击防闲，使卮言日绝。如《孟子字义疏证》是。且辨彰名物，以类相求，则近于归纳；如《学礼》篇考古代礼制，各自为篇是也。会通古说，匡违补缺，如《尔雅》《说文》诸书，皆不墨守。则异于拘墟；辨名析词，以参为验，则殊于棱模；实事求是，以适用为归，观《与是仲明书》可见，又作《璇玑玉衡图》《地舆图》皆合于准望。则异于迂阔；而说经之书简直明显，尤近汉儒。戴氏既殁，皖南学者各得其性之所近，治数学者有汪莱，作《衡斋算学》。治韵学者有洪榜，作《示儿切语》，厥后有诰尤深韵学。治“三礼”者有金榜、作《礼》笺。胡匡衷，作《仪礼释官》。以凌廷堪、作《礼经释例》。胡培翚作《仪礼正义》。为最深，歙人程瑶田亦深于“三礼”之学，作《宗法小记》诸书。作《考工创物小记》《磬折古义》，以证工学必原数学，复作《水地小记》，多祖述上海徐氏之书，明于测量之法，而释谷、作《九谷考》。释虫尤足裨博物之用，可谓通儒之学矣。

戴氏弟子舍金坛段氏外，段氏治《说文》精锐明畅，于古本多所改易，则仍戴氏校定《毛诗》《春秋经》之例也。《六书音韵表》亦由心得。以扬州为最盛。高邮王氏传其形声训故之学，兴化任氏传其典章制度之学。王氏作《广雅疏证》，其子引之申其义，作《经传释辞》《经义述闻》，发明词气之学，于古书文义诎诘者，各从条例明析辨章，无所凝滞，于汉魏故训多所窜更。任氏长于“三礼”，知全经浩博难罄，因依类稽求，博征其材，约守其例，以释名物之纠纷，所著《深衣释例》《释缯》诸篇，皆博综群书，衷以己意，咸与戴氏学派相符。仪征阮氏友于王氏、任氏，复从凌氏、廷堪。程氏瑶田。问故，得其师说。阮氏之学主于表微，偶得一义，初若创获，然持之有故，言之成理，贯纂群言，昭若发蒙，异于饾饤猥琐之学。甘泉焦氏与阮氏切磋，其论学之旨，谓不可以注为经，不可以疏为注，于近儒执一之弊排斥尤严，观理堂家训，以摭拾之学为拾骨学，以校勘之学为本子学，排斥甚力。又以执一之学足以塞性灵，文集中斥之屡矣。所著《周易通释》掇刺卦爻之文，以字类相属，通以六书九数之义，复作《易图略》《易诂》，惟《易章句》体例仿虞注，无甚精义。发明大义，条理深密，虽立说间邻穿凿，然时出新说，秩然可观，亦戴学之嫡派也。焦氏《论语通释》出于戴氏《孟子字义疏证》。

自阮氏以学古跻显位，风声所树，专门并兴，扬州以经学鸣者凡七八家，是为江氏之再传。黄承吉研治小学，以声为纲，其精微之说与高邮王氏相符。凌曙治董子《春秋》、郑氏《礼》，以礼为标，缕析条分，亦与任氏之书相近。时宝应刘台拱治学亦洁静精微。先曾祖孟瞻先生受经凌氏，与宝应刘宝楠切劘至深，淮东有二刘之目，治《左氏春秋》，而宝应刘氏亦作《论语疏证》。并世治经者又五六家，是为江氏之三传。盖乾嘉道咸之朝，扬州经学之盛，自苏常外，东南郡邑莫之与京焉，遂集北学之大成。

江淮以北，当康雍之交有山阳阎若璩，阎氏虽籍太原，实寄居山阳。灼见古书之伪，开惠、江、王、孙之先。别有济阳张尔岐，作《仪礼郑注句读》，依经为训，章别句从。邹平马骕作《左传事纬》《绎史》，博引古籍，惟考订多疏。自是厥后，治算学者有淄川薛凤祚，其精密略逊梅氏。治小学、金石学者有山阳吴玉搢、作《金石存》《说文引经考》及《别雅》。莱阳赵曾、深于金石。偃师武亿，作有《经读考异义证》、《偃师金石考》。咸有发疑正读之功，曲阜孔氏得戴氏之传，治《公羊春秋》严于择别，于何氏解诂时有微词，与株守之学不同。时山东学者有周昌年、孔继涵、李文藻，不若巽轩之精。而曲阜桂氏、栖霞郝氏咸守仪征阮氏之传，探究《尔雅》、郝氏作《尔雅正义》。《说文》，桂氏作《说文义疏》。解释物类，咸以得之目验者为凭，桂氏治《说文》往往引现今物类以解之，于山东、云南之草木鸟兽征引尤多，可谓博物之学矣。郝氏《尔雅》亦引今证古，得之目验，与剿袭陈言旧说者不同也。桂氏诠释许书，虽稍凝滞，而郝氏潜心雅学，注有回穴，辄为理董，与孔氏治《公羊春秋》相同。郝氏又治《山海经》。又大名崔述长于考辨，订正古史，辨析精微，善于怀疑，而言皆有物，咸与江北学派相似，而齐鲁幽豫之间遂为北学盛行之地矣。

要而论之，吴中学派传播越中，于纬书咸加崇信，惠栋治《易》杂引纬书，且信纳甲爻辰之说，其证一也。张惠言治虞氏《易》，亦信纬学，其证二也。王昶《孔庙礼器碑跋》谓纬书足以证经，其证三也。孙星衍作《岁阴岁阳考》诸篇，杂引纬书，其证四也。王鸣盛引纬书以申郑学，其证五也。嘉兴沈涛以五纬配五经，且多引纬书证经，其证六也。馀证甚多。而北方学者鲜信纬书。惟旌德姚配中作《周易姚氏学》，颇信谶纬，馀未有信纬书者，江北学者亦然。徽州学派传播扬州，于礼学咸有专书，如江永作《礼经纲目》《周礼疑义举要》《礼记训义择言》《释官补》，戴震作《考工记图》，而金、胡、程、凌于《礼经》咸有著述，此徽州学者通三礼之证也。任大椿作《释缯》《弁服释例》，阮元作《车制考》，朱彬作《礼记训纂》，此江北学者通三礼之证也。而孔广森亦作《大戴礼补注》。而南方学者鲜精礼学。如惠栋《明堂大道录》《禘说》，皆信纬书，惠士奇《礼说》亦多空论，若沈彤《仪礼小疏》、褚寅亮《仪礼管见》、齐召南《周官禄田考》、王吗盛《周礼军赋说》，咸择言短促，秦蕙田《五礼通考》亦多江戴之绪言，惟张惠言《仪礼图》颇精，然张氏之学亦受金榜之传，仍徽州学派也。北人重经术而略文辞，徽州学派无一工文之人，江北学者亦然，与江南殊。南人饰文词以辅经术，如孙、洪皆文士，钱、王亦文人，卢、顾亦精于文辞，此其证也。此则南北学派之不同者也。昔《隋书·儒林传》之论南北学也，谓南人简约得其菁英，北人深芜穷其支叶。今观于近儒之学派，则吴越之儒功在考古，精于校雠，以博闻为主，乃深芜而穷其支叶者也；徽扬之儒功在知新，精于考核，以穷理为归，乃简约而得其菁英者也。南北学派与昔迥殊，此固彰彰可考者矣。

自是以后，江北、皖南虽多缀学方闻之彦，皖南学者，如俞正燮之淹博，贯穿群言，包世荣之精纯，研治诗礼，皆颇可观。江北学者，如汪喜荀之学近于焦、阮，薛传钧深明小学，沈龄作《方言疏》，陈逢衡治《佚周书》《竹书纪年》《山海经》，梅毓治《穀梁》，薛寿治《说文》《文选》，亦足与前儒竞长。若夫丹徒汪芷治郑氏《诗》，丹徒柳兴宗治范氏《穀梁》，句容陈立治何氏《公羊》，山阳丁晏遍治群经，海州许桂林通历算，为甘泉罗士林之师，然皆得江北经儒之传授者也。然精华既竭，泄发无余，鲜深识玄解，未能竞胜前儒。江淮以北治小学者，有安丘王筠、著《说文释例》《说文句读》。河间苗夔、精声韵学。日照许瀚、商城杨铎，治小学金石学。治地学者有大兴徐松、作《汉书西域传补注》诸书。平定张穆，作《蒙古游牧记》诸书。咸沈潜笃实，所著之书亦大抵条举贯系，剖析毫芒，惟朴僿蹇冗，质略无文。江南学者仍守摭拾校勘之学，揭《说文》以为标，攘袂掉臂，以为说经之正宗。如湖州姚文田、严章甫、严徐卿、姚谌、程庆余，上虞朱芹仁和邵友莲，咸治小学，若赵一清之流，亦精校勘之学，惟张履治三礼，汪日祯治历法，而朱骏声治《说文》，皆有心得，稍有可观。然违于别择，昧厥源流，务于物名，详于器械，考于诂训，摘其章句，不能统其大义之所极，用《中论》语。虽依傍门户，有搜亡补佚之功，然辗转稗贩，语无归宿，甚至轻易古书，因讹袭谬，而颠倒减省离析合并一凭臆断，且累言数百，易蹈辞费之讥，碎细卑狭，文采黯然，承学之士渐事鄙夷。由是有常州今文之学。

先是，常州之地有孙、洪。黄、仲则。赵、味辛。诸子，工于诗词骈俪之文，而李兆洛、张琦复侈言经世之术，又虑择术之不高也，乃杂治西汉今文学，以与惠、戴竞长。武进庄存与喜治《公羊春秋》，作《春秋正辞》，于六艺咸有撰述。有《易说》《八卦观象系辞传论》《尚书既见》《毛诗说》《周官记》《周官说》《乐说》，以《周官记》为最精深。大抵依经立谊，旁推交通，间引史事说经，一洗章句训诂之习。深美闳约，雅近淮南，则工于立言；重言申明，引古匡今，如《春秋正辞》"楚杀郤宛"一条是。则近于致用。故常州学者咸便之。然存与杂治古文，如治《毛诗》《周官经》是。不执守今文之说，如"卫辄"一条则斥"公羊"。其兄子庄述祖亦遍治群经，作有《尚书古今文考证》《毛诗口义》《诗记长编》《乐记广义》《左传补注》《五经疑义》《论语别记》。发明夏时、《归藏》之义，作《小正经传考释》以发明改元郊禘之义。以为《说文》"始一终亥"即古《归藏》，为六书条例所从出。复杂引古籀遗文，分别部居，作《古文甲子》篇《说文古籀疏证》。以蔓衍炫俗，故常州学者说经必宗西汉，解字必宗籀文，摧拉旧说，以微言大义相矜。庄氏之甥有武进刘逢禄，长州宋翔凤咸传庄氏之学。刘氏作《公羊何氏释例》，并作《解诂笺》及《答难》。鳃理完密，又推原左氏、穀梁之得失，难郑申何，复作《论语述何》《夏时经传笺》《中庸崇礼论》，议礼决狱，皆比傅公羊之义，由董生《春秋》以窥六经家法。又谓《虞易》罕通大义，作有《虞氏变动表演》《六爻发挥旁通表》《卦象阴阳大义》《虞氏易言补》，皆申明虞注，则以虞注为全书也。《毛诗》颇略微言，初尚毛学，后改治三家《诗》。马、郑注书颇多讹谬，作《尚书古今集解》，颇匡马郑。《左传》别行，不传《春秋》，作《左氏春秋考证》。别作《纬略》一书稍邻恢诡。宋氏之学与何氏略同，作《拟汉博士答刘歆书》，又作《汉学今文古文考》，谓《毛诗》《周官》《左氏传》咸非西汉博士所传，而杜、贾、马、郑、许、服诸儒皆治古文，与博士师承迥别，而今文古文之派别至此大明。又以"公羊"义说群经，如《论语发微》之类是。以古籀证群籍，以为微言之存，非一事可该，大义所著，非一端足竞，会通众家，自辟蹊径，且崇信谶纬，兼治子书，发为绵渺之文，以虚声相煽，东南文士多便之。别有邵阳魏源、仁和龚自珍皆私淑庄氏之学，从刘逢禄问故。源作《两汉经师今古文家法考》，其大旨与宋氏同，谓西汉之学胜于东汉，东汉之学兴而西汉博士之家法亡矣。谓西汉微言大义之学隳于东京，且排斥许、郑，并作《董子春秋发微》，复有《诗古微》，说《书》宗《史记》《大传》，上溯西汉今文家言，以马、郑之学出于杜林《漆书》，并疑《漆书》为伪作，虽排击马、郑，亦时有善言，说《诗》恪宗三家，特斥《毛诗》，然择术至淆，以穿穴擅长，凌杂无序，易蹈截趾适履之讥。如《书古微》以言《禹贡》数篇为最精，至于信黄石斋之《洪范》，改易经文，于《梓材》增入"伯禽"，增妄说也。《诗古微》不知韩、齐、鲁师说各自不同，并举齐观，此其大失。邹汉勋与源同里，治经亦时出新义，惟不恪信公羊，《韵论》《历考》最精，余亦朴实敦确，惜多缺佚。湘潭王闿运亦治《公羊春秋》，复以《公羊》义说五经，长于《诗》《书》，绌于《易》《礼》。其弟子以资州廖平为最著，亦著书数十种，其学输入岭南而今文学派大昌，此一派也。自珍亦治《公羊》，笃信"张三世"之例，作《五经大义终始论》，杂引《洪范》《礼运》《周诗》，咸通以三世之义。又作《五经大义答问》以主"张三世"之义。说诗颇信魏说，非毛非郑，并斥序文，又有陈乔枞作《三家诗遗说》《齐诗翼氏说疏证》。又喜治《尚书》，作《太誓答问》，以今文《太誓》为伪书，虽解说乖违，然博辩不穷，济以才藻，殊足名家，而《左传》《周官》亦以己意抉真伪。其子龚澄复重订《诗经》，排黜《书序》，并改订各字书，尤点窜无伦绪。仁和邵懿辰初治桐城古文，继作《礼经通论》，以《礼经》十七篇为完书，以《佚礼》为伪作，又作《尚书大意》，以马、郑所传逸书为伪撰，转信伪古文为真书，可谓颠倒是非者矣。惟德清戴望受业宋氏之门，祖述刘、宋二家之意，以《公羊》证《论语》，作《论语注》二十卷，欲以《论语》统群经，精诣深造，与不纯师法者不同，此别一派也。别有仁和曹籀、谭献等皆笃信龚氏学。

当此之时，江北学者亦见异思迁，泾县包慎言慎言生居扬州。作《公羊历谱》，又以《中庸》为《春秋》纲领，欲以《公羊》义疏证《中庸》，未有成书。宝应刘恭冕初治《论语》，宝楠作《义疏》未成，恭冕续成之。继作《何休注论语述》，掇刺解诂引《论语》者以解释《公羊》，复作《春秋说》一书，亦颇信三科之义。丹徒庄棫棫亦生长扬州。作《大圜通义》，组合《周易》《公羊》之义，汇为一编，体例略师《繁露》，自矜通悟，然诞妄愚诬，于说经之书为最劣，拾常州学派之唾余，以趋时俗之好尚，此南方学派输入江北者也。而江北之学亦有输入南方者，一曰闽中学派，一曰浙中学派。闽中士学疏陋，自陈寿祺得阮氏之传，殚深三礼疏证、五经异义，条鬯朴纯，里人陈金城、陈庆镛、王捷南传其学，后起之士有林鉴堂、作《孔子世家补订》《孟子列传纂》诸书，刻有《竹柏堂丛书》。刘端，端于礼学为尤精，是为闽中之正传。浙中自阮氏提倡，后有临海金鹗，作《求古斋礼说》，其精审亚于江、戴。定海黄式三遍治群经，作《论语后案》，其子以周亦作《经训比义》，虽时杂宋儒之说，然解释义理多与戴、阮相符。与陈澧稍别。以周又作《礼书通故》，集三礼之大成。瑞安孙贻让深于训诂典章之学，作《周官正义》，亦集周官学之大成。别有德清俞樾以小学为纲，疏理群籍，恪宗高邮二王之学，援顺经文之词气，曲为理绎，喜更易传注，间以臆见改本经，精者略与王氏符，虽说多凿空，然言必有验，迥异浮谈。即钱唐诸可宝、黄岩王棻，解经亦宗古训，不惑于今文流言，是为浙学之别派。此皆江北学派输入南方者也。

然岭南、黔中仍沿摭拾校勘之学，岭南之士列阮氏门籍者，虽有侯康、曾钊、林伯桐，然以番禺陈澧为最著。澧学钩通汉宋，以为汉儒不废义理，宋儒兼精考证，惟掇引类似之言，曲加附合，究其意旨，仍与摭拾之学相同，然抉择至精，便于学童。若桂林龙翰臣、以韵学为最精。朱琦、南海朱次琦，咸学兼汉宋，与澧差同。而陈澧、朱次琦各以其学授乡里弟子咸数十人，至今未绝。此岭南学派之大略也。黔中之学始于遵义，郑珍校定《汗简》诸书，复作《说文新附考》《说文逸字》，长于校勘，亦兼治仪礼。其子小尹亦长小学，独山莫犹人精六书形声之学，其子友芝善鉴别宋本古籍，作《唐说文木部笺异》，以考二徐未改之书，章疏句栉，有补掇之功。遵义黎庶昌近承郑氏、莫氏之学，曾乘轺日本，搜讨秘籍，刻《古佚丛书》，使亡书复显。贵阳陈矩亦于日本得古书多种，刊以行世。此黔中学派之大略也。

要而论之，南方学派析为三，炫博骋词者为一派，如万斯大、毛奇龄之类是。摭拾校勘者为一派，昌微言大义者为一派。北方学派析为二，辨物正名者为一派，格物穷理格物者。格物类也。穷理者，穷实理也。与宋明虚言格物穷理者不同。者为一派。惟徽州之儒于正名辨物外，兼能格物穷理，若江北及北方之儒，则大抵仅能正名辨物而已。然咸精当。虽学术交通，北学或由北而输南，南学亦由南而输北，然学派起源夫固彰彰可证者也。黄、惠、江、庄，谓非儒术之导师欤？且南北学派虽殊，然研覃古训，咸为有功于群经。惟阴阳灾异之学最为无稽，摭拾校勘之学虽无伤于大道，然亦废时玩日之一端也。此近儒考据之精所由，非汉魏以下所能及也，惟有私学无官学，有家学无国学。岂不盛哉！

## 南北文学不同论

夫声律之始，本乎声音。发喉引声，和言中宫，危言中商，疾言中角，微言中徵羽，商角响高，宫羽声下，高下既区，清浊旋别。善乎《吕览》之溯声音也，谓涂山歌于候人，始为南音，有娀谣乎飞燕，始为北声。则南声之始，起于淮汉之间，北声之始，起于河渭间。故神州语言虽随境而区，而考厥指归，则析分南北为二种。大抵北方语言，河西为一种，则陕甘是也。河北为一种，则山西、直隶以及山东、河南之北境是也。河南为一种，则山东、河南及江苏、安徽北境是也。界乎南北之间者，则淮南为一种，则江苏、安徽之中部及湖北东境是也。汉南为一种，则湖北中部、西部及四川东部是也。南方语言则分五种。金陵以东为一种，则江苏南境、浙江东北境是也。金陵以西为一种，则安徽南部及江西北部是也。湘赣之间为一种，则湖南全省及江西南境是也。推之闽广各为一种，广西、云贵为一种。然论其大旨，则南音北音二种其大纲也。陆法言有言：吴楚之音时伤清浅，燕赵之音多伤重浊。此则言分南北之确证也。大抵时愈古则音愈浊，时愈后则音愈清，地愈北则音愈重，地愈南则音亦愈轻。声能成章者谓之言，言之成章者谓之文。古代音分南北，如《说苑·修文》篇言：舜以南风，纣以北鄙之音，互相不同。又《家语》言：子路鼓瑟，有北鄙杀伐之声。而《左传》又青：楚钟仪鼓琴操南音。亦古代音分南北之证。河济之间古称中夏，故北音谓之夏声，《左传》襄公二十九年。又谓之雅言。《论语》言：子所雅言，雅即夏也。江汉之间古称荆楚，故南音谓之楚声，或斥为南蛮鴃舌。《孟子》。荀子有言，君子居楚而楚，居夏而夏。夏为北音，楚为南音，音分南北，此为明征。余杭章氏谓夏音即楚音，不知夏音乃华夏之音。汉族由西方人中国，以黄河附近为根据，故称北方曰华夏，而南方之地则古为荒服，安得被以华夏之称，不得以楚有夏水，而夏楚音近，遂以夏音即楚音也。章说非是。

声音既殊，故南方之文亦与北方迥别。大抵北方之地土厚水深，民生其间，多尚实际。南方之地水势浩洋，民生其际，多尚虚无。民崇实际，故所著之文不外记事析理二端。民尚虚无，故所作之文或为言志抒情之体。中国古籍以六艺为最先，而《尚书》《春秋》记动记言，谨严简直；《礼》《乐》二经例严辞约，平易不诬，记事之文此其嚆矢。《大易》一书索远钩深，精义曲隐，析理之作，此其权舆。若夫兵农标目，医历垂书，炎黄以降，著述浩繁，如兵家始于黄帝鬼容区，农家始于神农，医家始于神农、黄帝及岐伯者人，历学亦始于容成，皆见于《汉志》，实为上古之书。然绳以著书之律，则记事析理实兼二长，此皆古代北方之文也。因古帝皆都北方，而南方则为苗族之地。惟《诗》篇三百则区判北南，雅颂之诗起于岐丰，而国风十五太师所采，亦得之河济之间，故讽咏遗篇，大抵治世之诗从容揄扬，如《周颂》及《大雅》《小雅》前半及《鲁颂》《商颂》是。衰世之诗悲哀刚劲，如《小雅》中《出车》《采芑》《六日》以及《秦风》篇皆刚劲之诗也，而《小雅》《大雅》之后半则为悲哀之诗。记事之什雅近典谟，如《七月》篇历叙风土人情而笃，《公刘》诸篇皆不愧诗史。北方之文莫之或先矣。惟周召之地在南阳、南郡之间，此韩涛说，予案《周南》言汉广，言汝坟，则周南之地当在南阳南部之东，《召南》言汝沱，则召南之地当在南阳南部之两，盖文王兼牧荆、梁二州，故国风始于周召。故二南之诗感物兴怀，引辞表旨，譬物连类，比兴二体厥制益繁，构造虚词不标实迹，与二雅迥殊。至于哀窈窕而思贤才，咏汉广而思游女，屈宋之作，于此起源。《鼓钟》篇曰，以雅以南，非诗分南北之证欤？毛传云，言为雅为南也，舞四夷之乐，大德广所及，又言南夷之乐曰“任”，盖以雅为中国之乐，以南为四夷之乐也。不知北方之诗谓之雅，雅者北方之音也。南方之诗谓之南，南者南方之音也。此音分南北之证，非以南夷之乐该四夷之乐也。

春秋以降，诸子并兴，然荀卿、吕不韦之书最为平实，刚志决理，辁断以为纪，其原出于古《礼经》，孔孟之言亦最平易近人。则秦赵之文也，故河北关西无复纵横之士。韩、魏、陈、宋地界南北之间，故苏张之横放，苏秦为东周人，张仪为魏人。韩非之宕跌，非为韩人。起于其间。惟荆楚之地僻处南方，故老子之书其说杳冥而深远，老子为楚国苦县人。及庄、列之徒承之，庄为宋人，列为郑人，皆地近荆楚者也。其旨远，其义隐，其为文也纵，而后反寓实于虚，肆以荒唐谲怪之词，渊乎其有思，茫乎其不可测矣。屈平之文音涉哀思，矢耿介，慕灵修，芳草美人，托词喻物，志洁行芳，符于二南之比兴，观《离骚经》《九章》诸篇皆以虚词喻实义，与二雅殊。而叙事纪游遗尘超物荒唐谲怪，复与庄、列相同。故《史记》之论《楚辞》也，谓：蝉蜕秽浊之中，浮游尘埃之外，皭然涅而不污，推此志也，虽与日月争光可也。南方之文此其选矣。又纵横之文亦起于南，如陈轸、黄歇之流是也。故士生其间，喜腾口说，甚至操两可之说，设无穷之词，以诡辩相高。故南方墨者以坚白异同之论相訾，见《庄子》。虽其学失传，然浅察以炫词，纤巧以弄思，习为背实击虚之法，与庄、列、屈、宋之荒唐谲怪者，殆亦殊途而同归乎？观班固之志艺文也，分析诗赋，屈原赋以下二十五家为一种，陆贾赋以下二十一家为一种，荀卿赋以下二十五家为一种，盖屈原、陆贾籍隶荆南，贾亦楚人。所作之赋一主抒情，一主骋辞，皆为南人之作。荀卿生长赵土，所作之赋偏于析理，则为北方之文。兰台史册固可按也。

西汉之时，文人辈出，贾谊之文刚健笃实，出于韩非；晁错之文辨析疏通，出于《吕览》，而董仲舒、刘向之文咸平敞通洞，章约句制，出于荀卿。盖西汉北方之文实分三体，或熔式经诰褒德显容，其源出于雅、颂，颂赞之体本之；或探事献说重言申明，其源出于《尚书》，书疏之体本之；或文朴语饰不断而节，其源出于《礼经》，古赋之体本之。如孔臧、司马迁、韩安国之赋是。又淮南之旨虽近庄、列，然衡其文体，仍在荀、吕之间，亦非南方之文也。惟小山《招隐士》篇出于屈宋。若夫史迁之作，排奡雄奇，书为记事，文则骋词。而枚乘、司马相如咸以词赋垂名，然恢廓声势开拓窔突，殆纵横之流欤？如枚乘《七发》、相如《子虚赋》《上林赋》是也。至于写物附意，触兴致情，如相如《长门赋》《思大人》、枚乘《菟园赋》是也。则导源楚骚，语多虚设。子云继作，亦兼二长，如《羽猎赋》《河东赋》出于纵横家者也，若《反离骚》诸作则出于楚骚者也。例以文体，远北近南。东京文士，彪炳史编，然章奏书牍之文，咸通畅明达，虽属词枝繁，然铨贯有序，论辨之文亦然。如班彪《王命论》、朱穆《崇厚论》是。若词赋一体，则孟坚之作虽近扬马，然征材聚事，取精用弘，《吕览》类辑之义也，蔡邕之作似之。平子之作，杰格拮搽俶佹可观，荀卿《成相》之遗也，王延寿之作似之。即有自成一家言者，亦辞直义畅，雅懿深醇，如荀悦《申鉴》、王符《潜夫论》是。盖东汉文人咸生北土，且当此之时，士崇儒术，纵横之学屏绝不观，骚经之文治者亦鲜，故所作之文偏于记事析理，如《幽通》《思玄》各赋以及《申鉴》《潜夫论》之文，皆析理之文也。若夫《两都》《鲁灵光》各赋则记事之文。而骋辞抒情之作，嗣响无人，惟王逸之文取法骚经，王为南郡人。而应劭、王充，南方之彦，劭为汝南人，充为会稽人。故《风俗通》《论衡》二书近于诡辩，殆南方墨者之支派欤？于两汉之文别为一体。盖三代之时，文与语分，排偶为文，直言为语。东汉北方之文，词多并俪，句严语重，乃古代之文也；南方之文多属单行，语词浅显，乃古代之语也。建安之初，诗尚五言，七子之作虽多酬酢之章，然慷慨任气，磊落使才，造怀指事不求纤密，隐义蓄含余味曲包，而悲哀刚劲洵乎北土之音。气度渊雅逊东汉，而魄力则过之，孔融、曹操之诗尤为悲壮。

魏晋之际，文体变迁，而北方之士侈效南文。曹植词赋，涂泽律切，忧远思深，其旨开于宋玉；及其弊也，则采摘艳辞，纤冶伤雅。嵇、阮诗歌，飘忽峻佚，言无端涯，其旨开于庄周，及其弊也，则宅心虚阔，失所旨归。左思诗赋，广博沈雄，慨慷卓越，其旨开于苏、张；及其弊也，则浮嚣粗犷，昧厥修辞。北方文体至此始淆。又建安以还，文崇偶体，西晋以降，由简趋繁。凡晋人奏议之文、论述之文皆日趋于偶，日趋于繁，与东汉殊。然晋初之文羹元尚存，雕几未极。如杜预、荀勖、傅玄咸吐词简直，若张华、潘岳、挚虞始渐尚铺张，三张二陆文虽遒劲，亦稍入轻绮矣。诗歌亦然。故力柔于建安，句工于正始，此亦文体由北趋南之渐也。江左诗文溺于玄风，辞谢雕采，旨寄玄虚，以平淡之词寓精微之理，故孙、孙绰。许、许珣。二王，王羲之、王献之。语咸平典，由嵇阮而上溯庄周，此南文之别一派也。惟刘琨之作，善为凄戾之音而出以清刚，孙楚、卢询之作亦然。郭璞之作，佐以彪炳之词而出以挺拔，北方之文赖以不堕。晋宋以降，文体复更，渊明之诗仍沿晋派，至若慧业文人，咸崇文藻，镵雕云风，模范山水。自颜、谢诗文舍奇用偶，鬼斧默运，奇情毕呈，句争一字之奇，文采片言之贵，情必极貌以写物，辞必穷力以追新。谢元晖亦然。齐梁以降，益尚艳辞，以情为里，以物为表，赋始于谢庄，诗昉于梁武。简文及元帝之诗亦然。阴、何、吴、柳，阴铿、何逊、吴均、柳恽。厥制益工，研炼则隐师颜、谢，妍丽则近则齐、梁。子山继作，掩抑沈怨，出以哀艳之词，由曹植而上师宋玉，此又南文之一派也。惟范云、任昉文诗渊懿，江总、沈约亦无轻靡之辞，乃齐梁文士之杰出者。鲍照诗文，义尚光大，工于骋势，然语乏清刚，哀而不壮，大抵由左思而上效苏、张，此亦南文之一派也。梁陈以降，文体日靡，至陈后主而极矣，即刘孝标、刘彦和、陆佐文之文，亦多清新之句。惟北朝文人舍文尚质。崔浩、高允之文，咸硗确自雄。温子升长于碑版，叙事简直，得张、蔡之遗规。卢思道长于歌词，发音刚劲，嗣建安之佚响。如《蓟北歌词》诸作是也。子才、伯起，邢邵、魏收。亦工记事之文，岂非北方文体固与南方文体不同哉？自子山、总持江总身旅北方，而南方轻绮之文渐为北人所崇尚。又初明、沈炯。子渊王裒。身居北土，耻操南音，诗歌劲直，习为北鄙之声。而六朝文体亦自是而稍更矣。

隋炀诗文远宗潘陆，一洗浮荡之言，惟隶事研词尚近南方之体。杨、薛之作间符隋炀，吐音近北，摛藻师南，故隋唐文体力刚于颜、谢，采缛于潘、张，折衷南体北体之间而别成一派。唐初诗文与隋代同，制句切响，言务纤密，虽雅法六朝，然卑靡之音于焉尽革。四杰继兴，文体益恢，诗音益谐。自是以降，虽文有工拙，然俳四俪六，益趋浅弱。惟李、杜古赋，词句质素，张陆奏章，析理通明。唐代文人瞠乎后矣。昌黎崛起北陲，易偶为奇，语重句奇，闳中肆外，其魄力之雄，直追秦汉，虽模拟之习示除，然起衰之功不可没也。习之、持正、可之咸奉韩文为圭臬，古质浑雄，唐代罕伦。子厚与昌黎齐名，然栖身湘粤，偶有所作，咸则庄骚，谓非土地使然欤？若贞观以后，诗律日严，然宋、沈之诗以严凝之骨饰流丽之词，颂扬休明，渊乎盛世之音。中唐以降，诗分南北，少陵、昌黎体峻词雄，有黄钟大吕之音。若夫高、适。常、建。崔、颢。李，颀。诗带边音，粗厉猛起。张、籍。孟、郊。贾、岛。卢，仝。思苦语奇，缒幽鑿险，皆北方之诗也。太白之诗才思横溢，旨近苏、张。"乐府"则出《楚辞》。温、李之诗缘情托兴，谊符楚骚。储、孟之诗清言霏屑，源出道家。皆南方之诗也。晚唐以还，诗趋纤巧，拾六代之唾余，自郐以下无足观矣。

宋代文人，惟老苏之作间近昌黎，欧、曾之文虽沈详整静，茂美渊懿，训词深厚，然千弱之讥，曷云克免？岂非昌黎之文固非南人所能效哉？小苏之文愈伤平弱，介甫文虽挺拔，然浑厚之气亦逊昌黎。若东坡之文出入苏、张、庄、老间，亦为南体，苏门四子更无论矣。北宋诗体初重西昆，派沿温、李，苏诗精言名理有东晋之风。此出于道家，若欧、王之诗于北宋亦为特出。西江一体虽遒峭坚凝，一洗凡艳，然雄厚之气远逊杜、韩，岂非杜、韩之诗亦非南人所克效欤？南宋诗文多沿古制，惟同甫、水心文体纵横，放翁、石湖诗词淡雅。一近张、苏，一近庄、列。然咸属南人，若真、魏之文，缜密端悫，诚哉中流之砥柱矣！若夫东莱之文、稼轩之词亦近纵横，朱子之文雅近真、魏。

金元宅夏，文藻黯然。惟遗山之诗则法少陵，存中州之正声。子昂卑卑，非其匹也。自元以降，惟剧曲一端区分南北，若诗文诸体咸依草附木未能自辟涂辙，故无派别之可言。大抵北人之文，猥琐铺叙以为平通，故朴而不文；南人之文，诘屈雕琢以为奇丽，故华而不实。当明代中叶，七子之诗雄而不沈，归、茅之文密而不茂。至于明季，几社、复社之英发为文章，咸感愤淋漓，悲壮苍凉，伤时念乱，音哀于子山，气刚于同甫。虽间失豪放，然南人之文兼擅苏、张、屈、宋之长者，自此始也。明社既墟，遗民佚士睠怀故都，或发绵渺之文，如吴梅村之诗、毛西河之文是。或效轶荡之体，如侯、魏之文，阎、万之诗是。咸有可观。大抵黎洲之文冗长，惟亭林诗文为最佳。船山之文则又明文之杰出者矣。清代中叶，北方之士咸朴僿蹇冗，质略无文，南方文人则区骈散为二体。治散文者，工于离合激射之法，以神韵为主，则便于空疏，以子居、皋闻为差胜。此所谓桐城派也，余咸薄弱。治骈文者，一以摘句寻章为主，以蔓衍炫俗，或流为诙谐，以稚威、容甫为最精。稚威之文以力胜，容甫之文以韵胜，非若王、袁之矜小慧也。若夫诗歌一体，或崇声律，如赵执信及后世扬州诗派是。或尚修词，如宋琬之流是。或矜风调，前有施、王，后有袁枚，皆宗此派。派别迥殊，然雄健之作概乎其未闻也。故观乎人文亦可以察时变矣。

# 清儒得失论

昔扬子《法言》有言，周之人多行，秦之人多病。幼诵其言，辄心仪之。因以证核往轨，盱衡近俗，则明人多行，略与周同，清人多病，略与秦同。何者？明庭虽屈辱臣节，然烈士殉名，匹夫抗愤，砥名励行，略存婞直之风。及考其学术，大抵疏于考古，切于通今，略于观书，勤于讲学，释褐之士，莫不娴习典章，通达国政，展布蕴蓄，不贰后王，或以学植躬，勇于信道，尊义轻利，以圣自期。故上起公卿下迄士庶，非才猷卓越者，即愚无知之士。虽江陵之徒敢悍精敏，专事威断，然保民固圉，功参管、葛。而立朝之臣，其清亮亦多可师法，及秉鞭方面，则又子惠烝黎，称为循吏。下至草泽迂生，犹能敦庞近古，陶物振俗，功在觉民。虽迂滞固执不足就变，然倡是说者莫不自信为有用，若夫不求致用而惟以求是为归，或假借经世之说以钓声名，则固明代所无也。及夫蛮夷猾夏，宗社丘墟，上者陨身湛族百折不回，其次亦笃守苦节洁身远引，荐绅效贞，士女并命，渫血断脰，鼎镬如饴。下逮氓隶，志节皭然，天命虽倾，其所披泄亦足申浩气于天壤。

清代之学迥与明殊。明儒之学用以应事，清儒之学用以保身。明儒直而愚，清儒智而谲。明儒尊而乔，清儒弃而湿。盖士之朴者惟知诵习帖括，以期弋获，才智之士，惮于文网，迫于饥寒，全身畏害之不暇，而用世之念汩于无形。加以廉耻道丧，清议荡然，流俗沈昏，无复崇儒重道，以爵位之尊卑判己身之荣辱。由是儒之名目贱，而所治之学亦异。然亦幸其不求用世，而求是之学渐兴。夫求是与致用，其道固异。人生有涯，斯二者固不两立。俗儒不察，辄以内圣外王之学求备于一人，斯不察古今之变矣。

及计清代学术之变迁，则又学同旨异。创始之人学以为己，而继起之士学以殉人。当明清之交，顾、黄、王、颜，各抱治平之略，修身践行，词无迂远，民生利病，了若指掌，求道德之统纪，识治乱之条贯，虽各尊所闻，要皆有以自植。唐甄、胡承诺、陈瑚、陆世仪辈，亦能求民以言，明得失之迹，哀刑政之苛，虽行事鲜所表见，然身没而言犹立。若王源、魏禧、刘献廷，术流杂霸，观其披图读史，杯酒论兵，系情民物，穷老而志不衰，有足多者。时讲学之儒有沈昀、应抝谦、张履祥，抗节不渝，事违尘枉。孙奇逢、傅山以侠入儒，耻为口屈，苦身厉行，顽廉懦立。李颙、吕留良亦耻事二姓，然濡染声气之习未能洁清，盖已蹈明季之风矣。若夫东林子弟，讲学锡山，派衍于吴中，学传于徽歙，道被于淮南，从其说者躬行礼教，行必中虑，虽出处语默，不拘一操，未闻有倾慕显达者。至若刘、姜标帜于齐东，范、李授徒于汾晋，易堂九子标名于南赣，证人学会继迹于越东，虽北人尚躬行，南人腾口说，尊朱崇陆，各异指归，然恂恂善导，义归训俗，信乎特立之士矣。

梨洲之学传于四明，万经、全祖望辱身□廷，生平志节犹隐约于意言之表。李塨受学习斋，而操行弗逮。汤斌亦受学夏峰，然覥颜仕门，官至一品，贻儒学之羞。时陆陇其兴于浙，拾张、吕之唾余，口诵洙泗之言，身事毡裘之主，惟廉介之名与汤相埒。自此以降，而伪学之风昌。前有二魏，后有李光地，为学均宗考亭。裔介、光地尤工邪佞，鬻道于□，炫宠弋荣，盖与宋明诸儒异趣。自是□廷利用其术而以朱学范民，则宰辅之臣均以尊朱者备其位。前有朱轼、张玉书，后有董、何、翁、杜。由康雍以迄道咸，为相臣者以百计，大抵禹步舜趋，貌柔中谲，同乎流俗，合乎污世，易耿介为昌披，以谦挹为躁进，然曲学阿世咸借考亭以自饰。惟孙嘉淦、杨名时、陈鹏年引谊侃侃，不少充诎，庶几虎豹在山，藜藿不采，雷鋐、彭鹏亦位卑言高，矫立风节，白沙在泥，不与俱黑，此之谓矣。若李绂笃信陆学，蹈危陵险，不克捍于强御。谢济世、蔡挺亦敦厉名实，不屈威武，然皆摈抑不伸，或衣赭而关三木者有焉。当是时，学昌于下，虑有二端。吴中之地，前有钱民，后有彭绍升，彭学杂糅儒释，与汪罗相切磋，盖负聪明博辩之才，宅心高远，及世无知己，则溺志清虚以抒郁勃，隐居放言，近古狂狷。此一派也。桐城方苞善为归氏古文，明于呼应顿挫之法，又杂治宋学以为名高，然行伪而坚，色厉内荏。姚鼐传之，兼饰经训以自辅。下逮二方，犹奉为圭臬，东树硁硁，尚类弋名，宗诚卑卑，行不副言，然昌言讲学亦举世所难能。此一派也。由前之派则肆而不拘，由后之派则拘而不肆。然肆者恣情而远虑，拘者炫伪以媚时，得失是非亦无以相过矣。

若夫词章之彦。宗派各殊，桑海之交，诗分三类。豹人之流，意有所郁，莫能通其志，不平之唱托之啸傲，郁苍莽之奇响，作变徵之哀音，子房、鲁连之志也。翁山之流，词藻秀出，流连哀思而忠厚恻怛，有《下泉》《匪风》之思，《骚经》《九歌》之遗也。若野人卜宅于东淘，贞父潜纵于石臼，择荒寒寂寞之境以自鸣其诗，澹雅之音起轶尘壒，冥鸿在天弋人何篡，靖节、表圣之俦也。若是之流，咸为高士。时龚、王、钱、吴以亡国大夫欲汲引后进，以盖己愆，主持风会，后人小子竞趋其门。王、施、二宋亦风雅好事，主盟坛坫，以游燕饰吏治，篇题觞咏，藻绘山川，文墨交游之士，乐其品题冀增声价，如蚁附膻，沈溺而不知反，虽故老遗民亦或引之为知己。躁进之风开，亡国之念塞，而文章之士多护李陵，著述之家恒称谯叟，名污口籍，曾不少羞，谓非数子作之俑欤！

康熙之初，□□虑反侧之未安，乃广开制科以收众誉。应其选者，大抵涉猎书史博而不精，谙于词章尤工小品。此数子者非不抱故都之痛，沽肥遁之称，然晚节不终，顿改初度，簪裾拜跪之场，酒色征逐之习，虽才藻足以自泽，然高蹈之踪易为奔竞，摭华弃实，迥异初心。乾隆初年，士应制科之选，兼精记诵，所学尤卑。别有鄙陋之夫，失身权贵，以文词缘其奸，或伺候贵显之门，奔走形势之途，盖季长颂西第，务观记南园，昔为正直所羞，而今世以为恒法。潘耒以下蹈此者多，以钱名世为尤佞。其尤侧媚者，或以赏鉴，或以博闻得侍中用事，颂扬□后，比于赓歌。徐乾学最显贵，而高士奇、何焯、陈梦雷次之。若张照之书翰，齐召南之地舆，亦足应□后之需以备顾问，与宅情词藻之士殊途同归。自赵执信之流以疏狂见摈，落魄江湖，放情诗酒，绮罗丝竹，大昌任达之风。后人慕其风流，竞言通脱，吐言止于轻薄，赋咏不出桑中。及袁枚、赵翼、蒋士铨以文辞欺人，诱惑后生伤败风化，故为奇行以耸公卿，既乐其身兼以招权而纳贿，文人无行，是则豺虎所不食矣。杭世骏则较彼等为高。时王昶、沈德潜以达官昌其诗，提倡宗派，互相訾嗷。曾燠、卢见曾以文学饰簿书，宾礼华士，粉饰承平。广陵二马物力滋殖，崇尚文雅，酬答篇章，流风所染，作者景从，短轴长篇，以代羔雁。其尤下者若王昙之流，既肆其行，兼纵其文，卮言伪体，外强中干，抑又不足论矣。夫文士自轻既若此，故有识之士多薄文士而不为，乃相率而趋于考证。

始考证之学发原顺治、康熙间，自顾炎武、张尔岐艰贞优愤，一意孤行，所谓风雨如晦，鸡鸣不已。顾氏身历九边，思以田牧建伟业。张居济阳，亦以兵法勒乡人。及夫大厦既倾，志士伊郁，乃以说经自勉，而其志趋于求是。顾精音韵兼治金石，张注《礼经》句读精审。时皖南之士有梅文鼎，东吴之滨有王锡阐、朱鹤龄、陈启源，长淮之域有张弨、吴玉瑨，皆跧伏乡井，甘守湛冥，然学业无与证，志气亦鲜所发抒，复以时值讳匿，易婴□忌，由是或穷历数，或研训故、形声，夷然守雌以全孤竹之节。自此以还，苏常之士以学自隐，耻事干谒。武进臧琳树汉学以为帜，陈义渊雅，虽间流迁滞，然抱经以终，近古隐佚。东吴惠氏三世传经，周惕、士奇虽稍稍显贵，然饰躬至肃。栋承家学，守一师之言以授弟子，确宗汉诂，甄明佚训，萧然物外，与世无营，虽一馆卢氏，然钓名市美匪志所存。弟子江声、余萧客均师其行，终身未尝应童子试，亦不通姓名于显宦之门。信乎沈潜之士矣。与顾、张并世者，有阎若璩、胡渭、毛奇龄。阎、胡之生稍晚。阎辩伪书，胡精水地，毛辟紫阳，虽务求词胜，然咸发前人所未言。阎、胡以博学鸣，为清臣徐乾学司编纂。阎行尤卑，至为潜邸食客。毛氏少从义师避仇亡命，及举制科，骤更其操，至以平滇颂□□。又梅文鼎之裔有梅瑴成，挟文鼎之书佐清治历，而李光地、王兰生又以律吕音韵之奥见重于清，以曲技之才致身公辅。王兰生之职稍卑。而干世乞赏之流，遂以学术为进身之具矣。

乾隆之初有顾栋高、吴鼎、陈亦韩，以乡曲陋儒口耳剽窃，言淆雅俗，冥行索途，转以明经婴征辟，擢官司业，号为大儒，故汉学犹不显于世。及四库馆开，而治汉学者踵相接。先是，徽歙之间汪绂、江永均治朴学，永学尤长于经，旁及天文、音律，然刻苦自厉，研经笃行，自淑其躬以化于其乡。戴震继之，彰析名物，以类相求，参互考验，而推历审音确与清廷立异。观其作《声韵考》，力破七音，盖痛心于《康熙字典》之妄者。震经学既为当世冠，第少不自显，亦兼营负贩以济其贫，应试中式，犹以狂生称于京师。会钱大昕荐之，得赏庶吉士，盖出不意，然终身示尝感大昕恩。大昕亦不以此市德也。及震既显，适秦蕙田辑《五礼通考》，纪昀典校秘书，大兴二朱亦臻高位，慨然以振兴儒术自任。游其门者，有邵晋涵、武亿、章学诚、任大椿，章氏达于史例，武氏精于考核，邵氏杂治经史，任氏出戴震门，尤精三礼，然皆淡于荣利或仕宦不达，薄游以终。武官山东，与和坤所遣番役相抗，尤著直声。戴震弟子别有王念孙、孔广森、段玉裁。广森早达，无仕宦情。念孙尤精小学，然击奸锄恶异于脂韦，当和珅用事时，念孙官给事中，数上书劾其罪，与洪亮吉之徒诛奸谀于既死者异矣。其子引之继之，虽忝窃高位，亦无劣状。惟玉裁作令黔蜀，以贪黩名，此则经生之羞耳。时江永弟子金榜，以巨室之子廷试为第一人，屏遗俗荣，裹足城府。继起之士若凌、程、三胡，亦伺籍闲曹，聊谋禄隐。栖霞郝懿行亦然。而吴越之间有卢文弨、钱大昕、王鸣盛，咸通达经训，壮谢朊仕，殚精雠校，知止不辱。钱氏群从，下逮后昆，均以学自晦，钱坫尝应毕沅聘，与孙星衍、洪亮吉同在幕府，而不污于孙、洪淫荡招权之行。其外，吴人有沈彤、袁廷祷，亦屏华崇实，不以所学自矜，异于逞稽古之荣者矣。厥后毕沅、阮元均以儒生秉节钺，天下之士相与诵述文章，想望丰采。从政之余，兼事掇拾校勘之学，捃摭群籍，网罗放失，或考订异文，证核前□，流布群籍，踵事剞劂。吴越之民争应其求，冀分笔札之资以自润，既为他人撰述，故考核亦不甚精。及阮元督两广，建学海堂，聚治经之士讲习其间，儒生贪其廪饩，渐亦从事实学，此与公孙相汉振兴儒学无异。然阮元能建学，故所得多朴质士，犹愈于浮华者。毕氏之门有汪中、孙星衍、洪亮吉，幼事词藻，兼治校勘金石，以趋贵显之所好。及记诵渊雅，复用以肄经，由是经学与文词糅杂，而经生为世诟病自此始。内苞污行，外饰雅言，身为倡优而欲高谈伏、郑，使向者江、戴诸公见之，必执戈逐之无疑也。亮吉素狂放，肆情声色，后以群小荧惑责难于君，遂被放谪，天下冤之。然不知亮吉之污行盖有过于其君者。星衍卓荦不羁，嗜利若渴，一行作吏，民嫉其贪，中行尤薄，肆毒室人，兼工刀笔，尝以构讼攫千金。斯三子者，皆以绵邈之文传食公卿。子云有言：今之学者，非独为之华藻，又从而绣其鞶帨，其斯之谓乎。

常州自孙、洪以降，士工绮丽之文，尤精词曲，又虑择术不高，乃杂治西汉今文学，杂采谶纬以助新奇。始庄存与治《公羊》，行义犹饬，张惠言治虞氏《易》，亦粗足自守。庄氏之甥有刘逢禄、宋翔凤，均治今文，自谓理炎汉之堕业，复博士之绪论。然宋氏以下，其说凌杂无绪，学失统纪，遂成支离，惟俪词韵语则刻意求新，合文章经训为一途，以虚声相煽，故刘工慕势，宋亦奢淫。旁逮沈钦韩之流，均以菲食恶衣为耻。常州二董亦屈志于□臣。趋炎之技，沈湎之情，士节之衰，于斯而极。若江北学者，自汪中外多得江戴之传。焦循、黄承吉或发古经奥义，或穷文字之源，黄兼工诗，以格律声情相尚，甘泉江藩则确宗惠氏。此数子者，焦、黄均居乡寡行，江稍疏放，然慕世之心未衰。惟凌曙、刘台拱修身励行，上拟汉儒。别有包世荣、包慎言、姚配中、俞正燮迹托皖南，汪日桢、臧寿恭、徐养原、姚谌奋迹苕溪，薛传均、柳兴宗、汪士铎潜踪江表，朱骏声、陈奂、毛岳生、张履绍业东吴，左右采获，不名一师，志行简澹，闭门雒诵。或学成出游，践更府主，默守蛰晦，如家居时不惑流俗，乃见斯人。若夫丁晏劬身于桑梓，汪、喜荀。刘宝楠。施惠于下邑，可谓矫立名节卓尔不群者矣。惟学者猥众，精疏殊会，华实异途，笃行之儒恒潜伏不见用。即向之挟考证词章之学者，虽以媚俗为旨，然簪笔佣书，优倡同蓄，士生其间乃饰巧驰辩，以经济之学相旌。先是，宜兴储大文、吴江陆耀侈言匡时之术。后武进李兆洛作吏有声，精熟民生利弊，然刻意而行不肆，牵物而志不流。又张琦、周济工古文辞，好矫时慢物，兼喜论兵，自谓孙吴蔑以加，琦书尤诡，济曾助理盐法，以精干称。时泾县包世臣娴明律令，备闻民间疾苦，于盐、漕、河诸大政尤洞悉弊端，略近永嘉先哲，而屡以己说干公卿，复挟书翰词章以自炫，由是王公倒屣，守令迎门。邵阳魏源亦侈言经世，精密迥出世臣下，然权门显宦请谒繁兴，才通情侈，以高论骇俗。

夫考证词章之学，挟以依人，仅身伺倡优之列，一言经济则位列宾师，世之饰巧智以逐浮利者，孰不乐从魏、包之后乎？然辗转稗贩，心愈巧而术愈疏。惟冯桂芬为差善。而治今文之学者，若刘逢禄、陈立，又议礼断狱，比传经谊，上炫达僚，旁招众誉，然此特巧宦之捷途，其枉道依合，信乎贾、董之罪人矣。若夫朴僿蹇冗，文采不足以自表，则旁治天算、地舆，以自诩实用。自寿阳祁颖士娴习外藩佚事，大兴徐松精研西北地理，松官学士，颖士之子隽藻粗习小学，亦备位尚书，与汤金钊、林则徐以得士相竞，由是治域外地理者则有张穆、何秋涛，治数学者则有许桂林、罗士琳，治《说文》者则有王筠、许瀚。所治之学随达官趋向为转移，列籍弟子视为至荣，外示寂寞之名，中蹈揣摩之习，然拙钝不足以炫俗，故钓利之术亦迥逊包、魏。虽然，由惠、戴之术可以备师儒而不足以备王佐，由魏、包之术可以作王佐而不足以作圣贤，及盗名之术愈工，则圣贤王佐师儒之学并举齐观，同条共贯，多方拒敌，以自立于不败。道光中叶，清室之臣有倭仁、吴竹如，以程朱之学文其浅陋。别有山阳潘德舆、顺德罗惇衍、桂林朱琦、仁和邵懿辰，以古文理学驰声京师，其学略与方、姚近。曾国藩从倭仁游，与吴、潘、邵、朱友善，又虑祁门诸客学出己上，乃杂治汉学，嗣为清廷建伟勋，后起之士竞从其学，而桐城之文亦骤昌行于湘赣粤西诸域。时曾氏幕中有遵义黎庶昌，上承郑珍、莫友芝六书之学。无锡薛福成达于趣时，均兼治古文，以承曾氏之绪论。惟南汇张文虎、德清戴望则恪守汉学，与时乖牾而不辞。浙学自阮氏提倡后，定海黄式三亦学兼汉宋，其子以周继之，然实事求是，不侈空言。广东学者惟侯康为最深醇，其次有南海朱次琦、番禺陈澧。次琦笃信宋学而汉学特摭捃及之，澧学钩通汉宋，掇引类似之言曲相附和。黄氏蛰晦，不以所学目标，朱、陈稍近名。各以其学授乡里，然束身自好，不愧一乡之善士。惟学术既近于模棱，故从其学者大抵以执中为媚世。自清廷赐澧京卿衔，而其学益日显。常州今文学自龚、魏煽其流，而丹徒庄棫、仁和谭献、湘潭王闿运均笃信《公羊》，以词华饰经训。棫兼言经世，作纵横捭阖之谈；献工俪词，间逞姿媚；闿运少居肃顺幕，又随湘军诸将游，耄而黩货，然风声所树，学者号为大儒。适潘祖荫、翁同龢、李文田皆通显，乐今文说瑰奇，士之趋赴时宜者，负策抵掌，或曲词以张其义，而闿运弟子廖平遂用此以颠倒五经矣。又潘、翁之学涉猎书目，以博览相高；文田则兼治西北地理；由是逞博之士、说地之书递出而不穷。浙有俞樾、孙贻让深于训故之学，疏理群籍，恪宗戴王。樾作《古书疑义举例》，足祛千古之惑；

诒让作《经迻》《札移》，略与樾之《平议》相类，而审谛过之，其《周礼正义》盖仿佛金榜、胡培翚间。又东粤简朝亮承次琦之绪，以己意说经，进退众说。徽州汪宗沂遍治群经，不立家法，尤善治平之略，精研礼乐兵农，以备世用。义乌朱一新黜汉崇宋，尤斥今文。此数子者，朝亮蛰居雒诵，以降志为羞；宗沂依隐玩世，敢为骇俗之盲；一新尚气而竞名；樾名尤高，湘淮诸将隆礼有加；诒让不陨先业，间为乡闾兴利。今文之学昌于南方，而桐城古文复以张裕钊、吴汝纶之传，流播于北。此近世学术变迁之大略也。

要而论之，清儒之学与明儒殊。明儒之学以致用为宗，而武断之风盛。清儒之学以求是为宗，而卑者或沦于稗贩。其言词章、经世、理学者，则往往多污行，惟笃守汉学者，好学慕古，甘以不才自全。而其下或治校勘金石以事公卿，然慧者则辅以书翰词章，黠者则侈言经世，其进而益上，则躬居理学之名。盖汉学之词举世视为无用，舍闭关却扫外，其学仅足以授徒。若校勘金石，足以备公卿之役，而不足以博公卿之欢。词章书翰，足以博公卿之欢，而不足以耸公卿之听。经世之学，可以耸公卿之听，而不足以得帝王之尊。欲得帝王之尊，必先伪托宋学以自固。故治宋学者，上之可以备公辅，下之可以得崇衔。包、魏言经世，则足以陵轹达官，孙、洪事词章，则足以驰名招贿，臧、洪，臧康、洪颐煊。顾、纽顾千里、纽树玉。仅治校勘金石，亦足免桥项之忧。惟臧、惠、余、江之流，食贫守约，以恬泊自甘。然亦直道既废，身显则誉兴，身晦则谤集，士无进身之术，则芸夫牧竖得以议其后。故近世以来，士民所尊，莫若汤、陆，则以伪行宋学配享仲尼也。其次则为方、姚，又次则为龚、魏。盖方、姚之徒，纳理学古文为一轨，而龚、魏二子，则合词章经世为一途。自是以降，袁枚、赵翼亦享大名，则以通脱之词便于肆情纵欲，为盲夫俗子所乐从。若校勘金石之流，赏鉴之家尚或珍其述作，至于汉学之儒，则仅垂声称，遗书不显。世之好恶何其谬乎！若衡其学行，则其身弥伸，其品弥贱，其名愈广，其实愈虚。盖帖括之家稍习宋明语录，束书不观，均得自居于理学。经世之谈，仅恃才辩，词章之学，仅恃华藻，而校勘金石必施征实之功，若疏理群经，讲明条贯，则非好学深思不能理众说之纷，以归一是。故惟经学为难能。甘为所难，所志必殊于流俗，故汉学之儒均学穷典奥，全身远害，以晦其明。即焦、黄以暴行施于乡，段氏以贪声著于世，然志骄而不卑，行横而不鄙，以之为民蠹则有余，以之败世风则不足。而朱次琦、朱一新之徒，或以汉学为趣声气，抑亦思近世之趣声气者，果醇为汉学之儒乎，抑亦以金石校勘词章济之者乎？夫必以金石校勘词章相济，则知趣声气者固在彼不在此。朱次琦在清世得赏京卿，其先顾栋高、陈亦韩辈亦尝受清征辟，见重远在惠、戴上，彼糅杂汉宋以雠欺，而卒得其所好，汉学之儒有如是趣声气者乎？要之，纯汉学者率多高隐，金石校勘之流虽已趋奔竞，然立身行己犹不至荡检逾闲。及工于词章者，则外饰倨傲之行，中怀鄙佞之实，酒食会同，惟利是逐。况经世之学假高名以营利，义理之学借道德以沽名，卑者视为利禄之途，高者用为利权之饵，外逞匡时化俗之谈，然实不副名，反躬自思亦必哑然失笑。惟包世臣稍近有用。是则托兼爱名而博为我之实益，故考其所学亦彪外而不弸中。荀卿有言，小人之学以为禽犊。墨子有言，今之学者得一善言，务以悦人。新序引。近人顾炎武亦曰，今之疑众者，行伪而脆。其词章、经世、理学之流乎。若夫阮元、王引之以纯汉学而居高位，然皆由按职升迁，渐臻高位，于其学固无与也。盖处清廷之下，其学愈实，其遇愈乖，此明之人多行所由异于清之人多病也。比较以观，则士节之盛衰，学风之进退，均可深思而得其故矣。

# 近代汉学变迁论

古无汉学之名，汉学之名始于近代，或以笃信好古该汉学之范围。然治汉学者未必尽用汉儒之说，即用汉儒之说，亦未必用以治汉儒所治之书。是则所谓汉学者，不过用汉儒之训故以说经，及用汉儒注书之条以治群书耳。故所学即以汉学标名。然二百余年之中，其学术之变迁可分为四期，试述如左。

一为怀疑派。顺康之交，治经之士，若顾氏之于音韵，张氏之于《礼经》，臧氏之于故训，均有创始之功。说者以此为汉学之萌芽，不知汉学初兴，其征实之功，悉由怀疑而人。如阎百诗之于古文《尚书》，始也，疑其为伪作，继也，遂穷其作伪之源。胡渭、黄宗炎之于《易图》，始也，斥其为曲说，继也，遂探其致误之由。于民间相承之说，不复视为可从。其卓识为何如哉！且《书》《易》而外，所辨尤多。有陈启源《毛诗稽古编》，而后宋儒说诗之书失其根据。有毛奇龄《四书改错》，而后宋儒释《论》《孟》之书失其依傍。有万斯大《学礼质疑》，而后宋儒说礼之书不复宗为定论。盖宋学之行，已历数百年之久，非惟不敢斥抑，且不敢疑。至胡、毛诸儒之书出，而无稽之说扫除廓清。始也，疑其不可信，因疑而参互考验，因参互考验而所得之实证日益多，虽穿凿之谈、叫嚣之语时见于经说之中，然不为俗说所迷，归于自得，不得以采掇未纯而斥之也。是为汉学变迁第一期。

次为征实派。康雍之间为士者虽崇实学，然多逞空辩，与实事求是者不同。及江、戴之学兴于徽歙，所学长于比勘，博征其材，约守其例，悉以心得为凭。且观其治学之次第，莫不先立科条，使纲举目张，同条共贯，可谓无征不信者矣。即嘉定三钱于地舆、天算，各擅专长，博极群书，于一言一事必求其征。而段、王之学，溯源戴君，尤长训故，于史书、诸子转相证明，或触类而长，所到冰释。即凌、陈、三胡，或条列典章，或诠释物类，亦复根据分明，条理融贯，耻于轻信而笃于深求。征实之学，盖至是而达于极端矣。即惠氏之治《易》，江氏之治《尚书》，虽信古过深，曲为之原，谓传、注之言，坚确不易，然融会全经，各申义指，异乎补苴掇拾者之所为，律以江、戴之书，则彼此二派均以征实为指归。是为汉学变迁第二期。

次为丛缀派。自征实之学既昌，疏证群经，阐发无余。继其后者，虽取精用弘，然精华既竭，好学之士，欲树汉学之帜，不得不出于丛缀之一途，寻究古说，摭拾旧闻。此风既开，转相仿效，而拾骨襞积之学兴。一曰据守。笃信古训，跼蹐狭隘，不求于心，拘墟旧说，守古人之言而失古人之心。二曰校雠。鸠集众本，互相纠核，或不求其端，任情删易，以失本真。三曰摭拾。书有佚编，旁搜博采，碎璧断圭，补苴成卷，然功力至繁，取资甚便，或不知鉴别，以赝为真。四曰涉猎。择其新奇，随时择录，或博览广稽以侯心获，甚至考订一字辨证一言，不顾全文，信此屈彼。此四派者，非不绝浮游之空论，溯古学之真传，然所得至微，未能深造而有得。或学为人役，以供贵显有力者之求。是为汉学变迁第三期。

次为虚诬派。嘉道之际，丛缀之学多出于文士，继则大江以南工文之士以小慧自矜，乃杂治西汉今文学，旁采谶纬，以为名高。故常州之儒莫不理先汉之绝学，复博士之绪论。前有二庄，后有刘、宋，南方学者闻风兴起。及考其所学，大抵以空言相演，继以博辩，其说颇返于怀疑，然运之于虚而不能证之以实，或言之成理而不能持之有故，于学术合于今文者，莫不穿凿其词，曲说附会，于学术异于今文者，莫不巧加诋毁，以诬前儒，甚至颠倒群经，以申己见。其择术则至高，而成书则至易，外托致用之名，中蹈揣摩之习，经术支离以兹为甚。是为汉学变迁第四期。

要而论之，怀疑学派由思而学。征实学派则好学继以深思，及其末流，学有余而思不足。故丛缀学派已学而不思。若虚诬学派，则又思而不学。四派虽殊，然穷其得失，大抵前二派属于进，后二派则流于退。丛缀学派为征实派之变相，而虚诬之学则又矫丛缀而入于怀疑，然前此之怀疑与征实相辅，此则与征实相违，不可谓非古今人不相及矣。譬之治国，怀疑学派在于除旧布新，旧国既亡而新邦普建，故科条未备而锐气方新。若征实学派是犹守成之主，百废俱兴，综核名实，威令严明。而丛缀学派又如郅治既隆，舍大纲而营末节，其经营创设不过繁文褥礼之微。虚诬学派则犹国力既虚强自支厉，欲假富强之虚声以荧黎庶，然根本既倾，则危亡之祸兆。此道、咸以还汉学所由不振也。悲夫！

# 近儒学术统系论

昔周季诸子，源远流分，然咸守一师之言，以自成其学。汉儒说经，最崇家法，宋明讲学，必称先师。近儒治学亦多专门名家，惟授受谨严间逊汉宋。甘泉江藩作《汉学师承记》，又作《宋学渊源记》，以详近儒之学派，然近儒之学或析同为异，或合异为同，江氏均未及备言，则以未明近儒学术之统系也。试举平昔所闻者陈列如左。

明清之交，以浙学为最盛。黄宗羲授学蕺山，而象数之学兼宗漳圃，文献之学远溯金华先哲之传，复兼言礼制，以矫空疏。传其学者数十人，以四明二万为最著，而象数之学则传于查慎行。又沈昀、张履祥亦授学蕺山，沈昀与应㧑谦相切磋，均黜王崇朱，刻苦自厉。履祥亦然，而履祥之传较远。其别派则为向璿。吕留良从宗羲、履祥游，所学略与履祥近，排斥余姚，若放淫词。传其学者浙有严鸿逵，湘人有曾静，再传而至张熙，及文狱诞兴而其学遂泯。后台州齐周华犹守吕氏之学。别有沈国模、钱德洪、史孝咸，承海门石梁之绪，以觉悟为宗，略近禅学。宗羲虽力摧其说，然沈氏弟子有韩孔当、邵曾可、劳史，邵氏世传其学，至于廷采，其学不衰。

时东林之学有高愈、高世泰、顾培，上承泾阳梁豁之传，讲学锡山。宝应朱泽沄从东林子弟游，兼承乡贤刘静之之学，亦确宗紫阳。王茂竑继之，其学益趋于征实。又吴人朱用纯、张夏、彭珑，歙人施璜、吴慎，亦笃守高、顾之学，顺康以降其学亦衰。

若孙奇逢讲学百泉，持朱、陆之平，弟子尤众，以耿介、张沐为最著。汤斌之学亦出于奇逢，然所志则与奇逢异。李颙讲学关中，指心立教。然关中之士若王山史、李天生，皆敦崇实学。及顾炎武流寓华阴，以躬行礼教之说倡导其民，故授学于颙者，若王尔缉之流，均改宗紫阳。颙曾施教江南，然南人鲜宗其学，故其学亦失传。博野颜元以实学为倡，精研礼乐兵农。蠡县李塨初受学毛大可，继从元说，故所学较元尤博。大兴王源初喜论兵，与魏禧、刘继庄友善，好为纵横之谈，继亦受学于元，故持论尤高。及元游豫省而颜学被于南，塨寓秦中而颜学播于西。即江浙之士亦间宗其学，然一传以后其学骤衰，惟江宁程廷祚私淑颜、李，近人德清戴望亦表彰颜、李之书。舍是，传其学者鲜矣。自是以外，则太仓陆世仪幼闻几社诸贤之论，颇留心经世之术，继受学马负图，兼好程朱理学。陈言夏亦言经世，与世仪同，世仪讲学苏松间，当时鲜知其学，厥后吴江陆耀、宜兴储大文、武进李兆洛，盖皆闻世仪之风而兴起者，故精熟民生利疾而辞无迂远。

赣省之间，南宋以降学风渐衰。然道原之博闻，陆王之学术，欧曾王氏之古文，犹有存者，故易堂九子均好古文。三魏从王源、刘继庄游，兼喜论兵而文辞亦纵横。惟谢秋水学崇紫阳，与陆王异派。及雍乾之间，李紱起于临川，确宗陆学，兼侈博闻，喜为古文词，盖合赣学三派为一途。粤西谢济世党于李紱，亦崇陆黜朱，然咸植躬严正，不屈于威武。瑞金罗台山早言经世，亦工说经，及伊郁莫伸，乃移治陆王之学，兼信释典，合净土禅宗为一。吴人彭尺木、薛湘文、汪大绅从台山游，即所学亦相近，惟罗学近心斋、卓吾，彭、汪以下多宅心清静。由是吴中学派多合儒佛为一谈。至嘉道之际犹有江沅，实则赣学之支派也。

闽中之学自漳圃以象数施教，李光地袭其唾余，兼通律吕音韵，又说经近宋明，析理宗朱子，卒以致身贵显。光地之弟光坡作《礼记述注》，其子钟伦亦作《周礼训纂》，盖承四明万氏之学。杨名时受学光地，略师其旨以说经，而律吕音韵之奥惟传于王兰生。又闽人蔡世远喜言朱学，亦自谓出于光地。雷鋐受业于世远，兼从方苞问礼，然所学稍实，不欲曲学媚世，以直声著闻。自此以外，则湘有王夫之，论学确宗横渠，兼信紫阳，与余姚为敌，亦杂治经史百家。蜀有唐甄，论学确宗陆王，尤喜阳明，论政以便民为本，嫉政教礼制之失平，然均躬自植晦，不以所学授于乡，故当时鲜宗其学。别有刘原渌、姜国霖讲学山左，李闇章、范镐鼎讲学河汾，均以宗朱标其帜，弟子虽众，然不再传，其学亦晦。此皆明末国初诸儒理学之宗传也。

理学而外，则诗文之学在顺康雍乾之间亦各成派别，然雕虫小技，其宗派不足言。其有派别可言者，则宋学之外厥惟汉学。汉学以治经为主。考经学之兴，始于顾炎武、张尔岐，顾、张二公均以壮志未伸，假说经以自遣。毛大可解《易》说《礼》多述仲兄锡龄之言。阎若璩少从词人游，继治地学，与顾祖禹、黄仪、胡渭相切磋。胡渭治《易》多本黄宗羲。张弨与炎武友善，吴玉搢与弨同里，故均通小学。吴江陈启源与朱鹤龄偕隐，并治《毛诗》、三传，厥后大可《毛诗》之学传于范家相，鹤龄三传之学传于张尚瑗，若璩《尚书》之学传于冯景。又吴江王锡阐、潘柽章杂治史乘，尤工历数。柽章弟耒受数学于锡阐，兼从炎武受经，秀水朱彝尊亦从炎武问故，然所得均浅狭。别有宣城梅文鼎殚精数学，鄂人刘湘奎、闽人陈万策均受业其门。文鼎之孙㲄成世其家学，泰州陈厚耀亦得梅氏之传，而历数之学渐显。武进臧琳闭门穷经，研覃奥义，根究故训，是为汉学之始。东吴惠周惕作《诗说》《易传》，其子士奇继之作《易说》《春秋传》，栋承祖父之业，始确宗汉诂，所学以掇拾为主，扶植微学，笃信而不疑。厥后掇拾之学传于余萧客，《尚书》之学则江声得其传，故余、江之书言必称师。江藩受业于萧客，作《周易述补》，以续惠栋之书。藩居扬州，由是钟怀、李宗泗、徐复之流均闻风兴起。

先是徽歙之地有汪绂、江永，上承施璜、吴慎之绪，精研理学，兼尚躬行，然即物穷理，师考亭格物之说，又精于三礼，永学犹博，于声律、音韵、历数之学均深思独造，长于比勘。金榜从永受学，获窥礼堂论赞之绪，学特长于《礼》。戴震之学亦出于永，然发挥光大，曲证旁通，以小学为基，以典章为辅，而历数、音韵、水地之学，咸实事求是以求其源。于宋学之误民者亦排击防闲不少懈。徽歙之士或游其门，或私淑其学，各得其性之所近，以实学自鸣。由是治数学者前有汪莱，后有洪梧，治韵学者前有洪榜，后有江有诰，治三礼者则有凌廷堪及三胡。程瑶田亦深三礼，兼通数学，辨物正名，不愧博物之君子。此皆守戴氏之传者也。及戴氏施教燕京，而其学益远被，声音训诂之学传于金坛段玉裁，而高邮王念孙所得尤精，典章制度之学传于兴化任大椿，而李惇、刘台拱、汪中均与念孙同里。台拱治宋学，上探朱王之传，中兼治词章，杂治史籍，及从念孙游，始专意说经。顾凤苞与大椿同里，备闻其学，以授其子凤毛。焦循少从凤毛游。时凌廷堪亦居扬州，与循友善，继治数学，与汪莱切磋尤深。阮元之学亦得之焦循、凌廷堪，继从戴门弟子游，故所学均宗戴氏，以知新为主，不惑于陈言，然兼治校勘、金石。黄承吉亦友焦循，移焦氏说《易》之词以治小学，故以声为纲之说浸以大昌。时山左经生有孔继涵、孔巽轩，均问学戴震。巽轩于学尤精，兼工俪词。嗣栖霞郝懿行出阮元门，曲阜桂馥亦从元游，故均治小学，懿行治《尔雅》承阮氏之例，明于声转，故远迈邢疏。又大兴二朱、河间纪昀均笃信戴震之说，后膺高位，汲引汉学之士，故戴学愈兴。别有大兴翁方纲与阮元友善，笃嗜金石。河南之儒以武亿为最著，亿从朱门诸客游，兼识方纲，故说经之余亦兼肆金石，而金石之学遂昌。

时江浙之间学者亦争治考证，先是锡山顾栋高从李绂、方苞问故，与任启运、陈亦韩友善，其学均杂糅汉宋，言淆雅俗。而吴人何焯以博览著名，所学与浙西文士近。吴江沈彤承其学，渐以说经。嘉定钱大昕于惠、戴之学左右采获，不名一师，所学界精博之间。王鸣盛与钱同里，兼与钱为姻戚。所学略与钱近，惟博而不精。大昕兼治史乘，旁及小学、天算、地舆，其弟大昭传其史学。族子塘、坫，一精天算，一专地舆，坫兼治典章训诂，塘、坫之弟有钱侗、钱绎，兼得大昕小学之传，而钱氏之学萃于一门。继其后者，则有元和李锐，受数学于大昕。武进臧庸传其远祖臧琳之学，元和顾千里略得钱、段之传，均以工于校勘，为阮元所罗致。嗣有长洲陈奂，所学兼出于段、王，朱骏声与奂并时，亦执贽段氏之门，故均通训故。若夫纽树玉、袁廷梼之流，亦确宗钱、段，惟所学未精。

常州之学复别成宗派，自孙星衍、洪亮吉初喜词华，继治掇拾校勘之学，其说经笃信汉说，近于惠栋、王鸣盛，洪氏之子齮孙传其史学。武进张惠言久游徽歙，主金榜家，故兼言礼制，惟说《易》则同惠栋，确信谶纬，兼工文词。庄存与与张同里，喜言《公羊》，侈言微言大义，兄子绶甲传之，复昌言钟鼎古文，绶甲之甥有武进刘逢禄、长州宋翔凤，均治《公羊》，黜两汉古文之说。翔凤复从惠言游，得其文学，而常州学派以成。皖北之学莫盛于桐城，方苞幼治归氏古文，托宋学以自饰，继闻四明万氏之论，亦兼言三礼。惟姚范校核群籍，不惑于空谈，及姚鼐兴，亦挟其古文宋学，与汉学之儒竞名，继慕戴震之学，欲执贽于其门，为震所却，乃饰汉学以自固，然笃信宋学之心不衰。江宁管同、梅曾亮均传其古文。惟里人方东树，作阮元幕宾，略窥汉学门径，乃挟其相传之宋学以与汉学为仇，作《汉学商兑》。故桐城之学自成风气，疏于考古，工于呼应顿挫之文，笃信程朱有如帝天，至于今不衰。惟马宗琏、马瑞辰间宗汉学。

浙中之士，初承朱彝尊之风，以诗词博闻相尚，于宋代以前之书籍束而勿观。杭世骏兴，始稍治史学，赵一清、齐召南兴，始兼治地理。惟余姚、四明之间，则士宗黄、万之学，于典章文献探讨尤勤。鄞县全祖望熟于乡邦佚史，继游李黻之门，又从词科诸公游，故所闻尤博。余姚邵景涵初治宋明史乘，所学与祖望近，继游朱珪、钱大昕门，故兼治小学。会稽章学诚亦熟于文献，既乃杂治史例，上追刘子玄、郑樵之传，区别古籍，因流溯源，以穷其派别，虽游朱珪之门，然所学则与戴震立异。及阮元秉钺越省，越人趋其风尚，乃转治金石校勘，树汉学以为帜。临海金鹗尤善言《礼》，湖州之士亦杂治《说文》古韵，此汉学输入浙江之始。厥后仁和龚丽正婿于段玉裁之门，其子自珍少闻段氏六书之学，继从刘申受游，亦喜言《公羊》，而校雠古籍又出于章学诚，矜言钟鼎古文，又略与常州学派近，特所得均浅狭，惟以奇文耸众听。仁和曹籀、谭献均笃信龚学，惟德清戴望受《毛诗》于陈奂，受《公羊》于宋翔凤，又笃嗜颜、李之学，而搜辑明季佚事又与全、邵相同，虽以《公羊》说《论语》，然所学不流于披猖。近人俞樾、孙贻让，则又确守王、阮之学，于训诂尤精。定海黄氏父子学糅汉宋，尤工说《礼》，所言亦近阮氏，然迥与龚氏之学异矣。若江北淮南之士，则继焦、黄而起者有江都凌曙，曙问故张惠言，又游洪榜之门，故精于言《礼》，兼治《公羊》，惟以说《礼》为本。时阮元亦乡居，故汉学益昌。先大父受经凌氏，改治《左传》，宝应刘宝楠兼承族父端临之学，专治《论语》，别有薛传均治《说文》，梅植之治《穀梁》。时句容陈立，丹徒汪芷、柳兴宗，旌德姚佩中，泾县包世荣、包慎言均寓扬州。山阳丁晏、海州许桂林亦往来邗水之间，并受学凌氏，专治《公羊》。芷治《毛诗》，兴宗通《穀梁》，佩中治汉《易》，世荣治《礼》兼以《礼》释《诗》，慎言初治《诗》《礼》，继改治《公羊》，桂林亦治《穀梁》，尤长历数，晏遍说群经，略近惠栋，然均互相观摩，互相讨论，故与株守之学不同。甘泉罗士琳受历数之学于桂林，尤精数学。时魏源、包世臣亦纵游江淮间，士承其风，间言经世，然仍以治经为本。

若夫燕京之中，为学士所会萃。先是，大兴徐松治西北地理，寿阳祁颖士兼考外藩史乘，及道光中叶浸成风会，而颖士之子隽藻兼治《说文》，骤膺高位。由是，平定张穆、光泽何秋涛均治地学，以小学为辅，尤熟外藩佚事。魏源、龚自珍亦然。故考域外地理者，必溯源张、何。至王筠、许瀚、苗夔，则专攻六书，咸互相师友。

然斯时宋学亦渐兴。先是，赣省陈用光传姚鼐古文之学派，衍于闽中、粤西，故粤西朱琦、龙翰臣均以古文名，而仁和邵懿辰、山阳潘德舆均治古文理学，略与桐城学派相近。粤东自阮氏提倡，后曾钊、侯康、林伯桐均治汉学，守阮氏之传，至陈澧遂杂治宋学。朱次琦崛起，汉宋兼采，学蕲有用，曾国藩出，合古文理学为一，兼治汉学，由是学风骤易。黔中有郑珍、莫友芝倡六书之学，兼治校勘，至于黎庶昌遂兼治桐城古文。闽中，陈寿祺确宗阮氏之学，其子乔枞杂治今文《诗》，至于陈捷南，则亦兼言宋学。湘中，有邓显鹤喜言文献，至于王先谦之流，虽治训故，然亦喜古文。是皆随曾氏学派为转移者也。惟湘中前有魏源，后有王闿运，均言《公羊》，故今文学派亦昌，传于西蜀东粤。此近世学派统系之可考者也。

厥观往古通人名德，百年千里比肩接迹，曾不数数觏。今乃聚于二百年之中，师友讲习，渊源濡染，均可寻按，岂非风尚使然耶？晚近以来风尚顿异，浮云聚沤，千变百态，不可控搏，后生学子屏遗先哲，不独前儒学说湮没不彰，即近儒之书亦显伏不可见，谓非蔑古之渐哉！故论其流别，以考学术之起源，后来承学之士其亦兴起于斯。

# 舞法起于祀神考

《说文》巫字下云：巫，祝也，女能事无形，以舞降神者也。象人两袖舞形，与工同意。案，舞从无声，巫、无叠韵，古重声训，疑巫字从舞得形，即从舞得义，故巫字并象舞形。盖古代之舞，以乐舞为最先，《吕氏春秋》言葛天氏之乐，三人操牛尾，投足而歌八阕。又言阴康氏作为乐舞，以宣导其民。此其证也。而古代乐官大抵以巫官兼摄。《虞书》言舜命夔典乐，八音克谐，神人以和。又，夔言击鸣球，搏拊琴瑟以咏，祖考来格。又言，箫韶九成，凤凰来仪。则掌乐之官即降神之官，而箫韶又为乐舞之一。盖《周官》瞽矇、司巫二职，古代合为一官。乐舞之用，虽曰宣导其民，实则仍以降神为主也。《墨子·非乐》篇引汤之官刑曰，“其恒舞于宫”，是为巫风。恒舞即指乐舞言，足证乐舞之职，古代专属于巫。盖颛顼以降，绝地天通，而乐舞则为降神之用。成汤恐其蹈诅盟之风也，故垂为大戒，此因禁降神之故而并禁乐舞者也。又《山海经》言，大乐之野，夏后启于此舞“九代”，左手操翳，右手操环。又言，夏后开三嫔于天，得“九辨”与“九歌”，以下此大穆之野。开即夏启。操翳、操环，即系乐舞，“九辨”、“九歌”，殆亦歌舞相兼之乐。盖夏崇巫风，夏启之舞，即系以舞降神之事，故有嫔天之说。嫔当作宾，宾天者即以天神为宾，即降神之说。此亦舞乐降神之证也。《墨子》引《佚书·武观》篇言，启乃淫溢康乐。又云，渝食于野，万舞翼翼，章闻于天。《楚辞》云，启九辨与九歌兮。又曰，启棘宾商，九辨九歌。此皆指夏启以舞降神言也。

更即夏启之事以推之，伪《书》言，夏禹舞羽格苗。其事亦见于周秦诸子。又《韩诗外传》言，久喻教而有苗服。《墨子》言，禹亲把天之瑞令以征有苗。则所谓舞羽格苗者，即降神之乐舞也。盖苗俗最崇祀神，故禹托舞乐降神之说以儆苗民。苗民信舞乐之果足降神也，遂服从于禹，启承禹迹，更用乐舞以愚民，并以推行其教。故禹、启均有神人之称，而禹之声乐至为天下所宗，《史记》。实则即古代巫官之事耳。又《吕氏春秋》言，汤时天大旱，五年不收，汤乃以身祷于桑林。《庄子》言，合于桑林之舞。司马彪作注，以桑林为汤乐名。又《淮南》言，桑林生臂手。高注以为神名。盖桑林本古人之名，即殁之后，则祀为兴云作雨之神。《吕览》高注。故成汤祷之以祈雨，因降神必以舞，故所作之乐舞，即以桑林为名。《左传》襄十年言，宋享晋侯，请以桑林，舞师题以旌夏，晋侯惧，退入于房，去旌，卒享而还。盖宋为商后，故桑林之舞犹存。题即首额，旌即柯羽之旌，夏即《周礼》“九夏”之夏。桑林之舞以羽蒙首，故晋侯以为惧。特宋人用为享宾之舞，成汤则用为降神之舞耳。且桑林为祷雨之神，故桑林之舞即开周代舞雩之先。《周礼》：“司巫掌群巫之政令，若国大旱，则率巫而舞雩。”“女巫掌岁时祓除衅俗，旱暵则舞雩。”《论语》：“冠者五六人，童子六七人，浴乎沂，风乎舞雩。”《论衡》以此为舞雩之祭舞者七十二人。此雩祭重舞之证。《月令》言，大雩祭用盛乐。则雩祭所用之舞即系乐舞。《说文》雩字下云，夏祭乐于赤帝，以祈甘雨也。乐于赤帝者，即用乐舞以降赤帝之神也。雩从亏声，亏为古于字，古代从于之字，均有大义。如讦、芋、迂、盱诸字是也。从无之字，亦有大义。如怃、抚诸字是。于无音近，取义又同，则雩字兼从舞得义矣。因祭用舞，故取与舞字音义相同之字，名之曰雩，是又古人声训之精也。此旱祭用乐舞之证。

《佚周书·王会》篇云，楼烦以星施。星施者，珥旄。孔注云，施所以为旄羽珥。段玉裁据《说文》训施为旗。案，《周礼·地官·舞师》“教皇舞”，先郑云，蒙羽舞也，皇或为翌，或为义。后郑云，皇析五采羽为之，亦如忮。又《春官·乐师》“有皇舞”，皇故书作翌，先郑以为羽冒覆头上，衣饰翡翠之羽，四方以皇。后郑谓，杂五色羽，如凤凰色，持以舞，旱暵以皇。又《说文》翌字下云，乐舞以羽翿其首，以祀星辰也。许君之说最确。盖翌舞用以祀星辰，而四方旱暵之祀，不过由祀星辰推及之，因翌舞用以祀星辰，故称为星施，犹占风之具谓之风角也，故亦谓之星舞。《周礼》之皇舞，均系星舞之讹。幸故书作翌，证以《说文》翌字之义，而皇误为星，其迹显然。《王会》星施，亦即翌舞之具，盖即翿首之羽也。凡斜曳之物，均可被以施名，不必直解施为旗也。其曰珥旄者，珥即汉侍中珥貂之珥。言翳首之羽，以牦牛尾为饰，犹今人之加雉尾于冠上也。《王会》言星施者珥旄，言星施以旄为珥也。古代羽、旄为二物，故《周礼》于羽舞、皇舞之外，又有旄舞。特彼执旄而舞，与此横旄羽上蒙羽而舞者不同。此与桑林之舞略同。自星误为皇，而后郑遂以羽色如凰解之，幸《王会》有星施之文，足证《周礼》皇舞之误。此祭星用乐舞之证。

抑又考之，《毛诗大序》云，颂者，美盛德之形容，以其成功告于神明者也。由上语观之，则颂诗可借乐舞之用。由下语观之，则颂诗兼备祀神之用。盖上古之时，最崇祀祖之典，欲尊祖敬宗，不得不追溯往迹。故《周颂》三十一篇所载之诗，上自郊社、明堂，下至籍田、祈谷，旁及岳渎、星辰之祀，即《烈文》《有客》诸什，亦因诸侯助祭而作，《闵予小子》则有朝庙之诗也。悉与祭礼相关。《鲁颂》《商颂》莫不皆然。如《閟宫》及《商颂》五篇。是则颂也者，祭礼之乐章也。非惟用之于乐歌，亦且用之于乐舞。故《周颂》之诗，专主形容，《维清》者，象舞也。《诗序》云，维清奏象舞也。《墨子》云，武王因先王之乐自作乐，名曰象。《酌》《桓》《赉》《般》者，《小序》云，酌，告成大武也，馀详魏源《诗古微》。大武之舞也。《礼记·祭统》云，舞莫重于武宿夜，此周道也。武宿夜即大武。皇侃谓武王伐纣，至于商郊，士卒皆欢乐，歌以待旦，因名之曰武宿夜。象、舞二诗，均陈武王伐纣之功。《礼记·文王世子》郑注云，象，周武王伐纣之乐也，以管播其声，又为之舞。《诗·维清》笺云，象舞，象用兵时刺伐之舞。《武》篇笺云，大武，周公作乐所为舞也。（误武王为周公）。盖诗之有“颂”，所以形容古人之往迹而记之者也。“颂”列为舞，所以本歌诗所言之事而演之者也。是犹传奇备志往迹而复演之为剧也。故颂即形容之容，《诗谱》及《释名》。籀文作额，许君训容为貌，即训额字为颂仪。近人阮芸台谓诗有三颂，颂与样同。其说均确，惟颂训为容，由于颂备乐舞，古人舞乐以降神，故三颂均多祀神之作。此则阮氏所未析也。

又《周礼·钟师》“掌奏九夏”，夏、颂均为乐舞。郑注云，夏，颂之族类也。故字均从页，象人身首之形。夏字从夂，并象人足，而九夏之章虽间用之于宾礼，然用之祭礼较用之宾礼者为尤多。见《周礼》及杜子春注。则亦上古以舞降神之遗制也。不惟此也，《周礼·大司乐》有云，舞云门以祀天神，舞咸池以祀地祇，舞大磬以祀四望，舞大夏以祭山川，舞大濩以享先妣，舞大武以享先祖。又言，冬日至圜丘，奏乐六变，用云门之舞；夏日至方丘，奏乐六变，用咸池之舞；宗庙奏乐九变，用九磬之舞。则周代祭祀，咸用乐舞。其始也，仅以乐舞备祭祀之用耳，厥后乃用以享宾，厥后复用以教民。考周代之时，象、武《内则》：十三舞勺，成童舞象。勺即酌诗，酌从勺声，故借为勺。为武舞，器用干戚。夏籥《内则》：二十舞大夏。为文舞，器用羽籥。见《公羊传》及《礼记·文王世子》注。然象、武为周代祀神之章。《维清》诗云，文王之典肇禋。禋者，祀天也。《酌》序云，告成大武也。告成者，即告成功于神明也。大夏即夏代降神之舞，见前。则三代以前之乐舞，无一不原于祭神。钟师、大司乐诸职，盖均出于古代之巫官。巫官所掌，盖不独舞雩之事已也。又《佚周书·世俘解》云，武王克殷，谒祀，籥人奏崇禹生开三终，此亦乐舞之形容古事者也，与后世演剧相同。然奏者必以籥人，且奏于克殷谒祀之日，是犹后世之演剧酬神也。又《周礼》“方相氏掌蒙熊皮，黄金四目，玄衣朱裳，执戈扬盾，帅百隶而事傩”，亦古代巫舞之遗风。今观中邦各直省，其僻壤遐陬，未设梨园，于祀神报赛之时，则必设坛演剧，即以巫觋为优伶，此即古代方相氏所掌之事也。故知舞乐降神之典，至今犹存。而古人之乐舞，已开演剧之先，此固班班可考者也。

东周以降，而巫与伶分，然春秋之言祭礼也，必兼及舞佾。又苌弘为周史官，精于言乐，且侈言神术，射狸首以召诸侯。是则掌乐之官，必兼治巫官之学。考古人称瞽官为神瞽，又以瞽史为知天，皆以乐官与巫官联职。苌弘所学，略与彼同。而古代舞乐降神之典，证以此义而益明。此孔子所由闻乐舞于苌弘也。独惜秦汉以后，古乐失传，汉晋以降，乐舞亦亡，而人舞之法惟存于日本。《左传》有言，天子失官，学在四夷。今人舞之法虽不足该乐舞之全，是亦中土古代舞法之仅存者矣。近人仅知乐舞之法足备美术之观，而古代用舞法以降神，则无有知之者。故博稽古籍，以溯舞法之起源。若古代乐舞之名，已详于余杭章氏书中，兹不述。

# 原　戏

戏为小道，然发源则甚古。遐稽史籍，歌舞并言，如《商书》言。有恒舞于宫，酣歌于室。为歌舞并文之证。又如前歌后舞，歌舞升平，皆其证也。歌以传声，舞以象容。歌舞本于诗，故歌诗以节舞。黄氏以周《礼书通故》云，《诗序》：《维清》奏，古人作诗象舞，谓歌此诗以节其舞也。以歌传声，如"风"、"雅"是。复以舞象容。如"三颂"是。孔子删诗，列《周颂》《鲁颂》《商颂》于篇末，颂列于诗，犹戏曲列于诗词中也。颂即形容之容，《诗谱》云，颂之言容也。《释名》云，颂，容也。《汉书·儒林传序》云，徐生以颂为礼官大夫。注云，颂读为容。阮芸台云，颂正字，容借字。籀文作额，而《说文》训皃。《说文》，颂，容皃也，从页，公声。籀文作额，皃字下亦云，颂也。仪征阮氏谓诗有三颂，颂与样同。《诗大序》云，颂者，美盛德之形容，以其成功告于神明者也。盖上古之时，最崇祀祖之典，即祖先教也。欲尊祖敬宗，不得不追溯往迹。故《周颂》三十一篇所载之诗，上自郊社、明堂，下至藉田、祈谷，旁及岳渎、星辰之祀，即《烈文》《有客》诸篇亦因诸侯助祭而作，《闵予小子》则朝庙之诗也。悉与祭礼相同，即《鲁颂·闷宫》篇亦为追祀先公而作，《商颂·长发》诸诗，则皆祭祀之诗矣。是为颂也者，祭礼之乐章也，非惟用之乐歌，亦且用之乐舞。古代惟飨用舞，《大司乐》言，舞云门以祀天神，舞咸池以祭地祇，舞大磬以祀四望，舞大夏以祭山川，舞大濩以享先妣，舞大武以享先祖。又言，冬日至圜丘，奏乐六变，用云门之舞；夏日至方丘，奏乐六变，用咸池之舞；宗庙奏乐九变，用九磬之舞。在古为夏，在周为颂。商亦有之。夏、颂字并从页，有首之象。夏字从夊并象手足。夏乐有九，即《周礼》所谓王夏、肆夏、昭夏、纳夏、章夏、齐夏、族夏、颂夏、骜夏也。至周犹存，宗礼、宾礼皆用之。杜子春《周礼》注云，王出入奏王夏，尸出入奏肆夏，牲出入奏昭夏，四方宾客来奏纳夏，臣有功奏章夏，夫人祭奏齐夏，族人侍奏族夏，客醉而出奏颂夏，公出入奏骜夏。以金奏为之节。《周礼·钟师》云，以钟鼓为之节。盖以歌节舞，复以舞节音，《左传》云，夫舞，所以节八音以行八风。犹之今日戏曲以乐器与歌者、舞者相应也。阮氏曰，古人非后舞不称奏。后世变夏为颂，《周礼》郑注云，夏，颂之族类也，而颂之作用并主形容。《维清》者，象舞也。《墨子》云，武王因先王之乐而自作乐，名曰象。《酌》《桓》《赉》《般》《小序》云，酌，告成大武也。《内则》十三舞勺。勺为武舞，故随武子以勺、武并言，勺，酌古字通。为大武之舞也。又《祭统》云，舞莫重于武宿夜。熊氏谓武宿夜是大武乐章之名。皇氏谓武王伐纣，至于商郊，士卒皆欢乐，歌以待旦，因名焉。即武王伐纣之事。周代之时，以夏乐与大武并重，颁之诸侯，如诸侯舞大削是也。并以之教民。象武为武舞，器用干戚。夏籥为文舞，器用羽籥。《礼记·内则》云，十三舞勺，成童舞象。二十舞大夏。注云，先学勺，后学象，文武之次。大夏，乐之文武备者也。《文王世子》云，春夏教干戈，秋冬教羽籥，皆于东序。注，干戈万舞，象武也，羽籥文舞，象文也。《公羊传》云，万者何？干舞也，籥者何？籥舞也。是舞分文武之证。此皆因诗而呈为舞容者也。象、武陈武王伐纣之功，《礼记·文王世子》：下管象，舞大武。注云，象周武王伐纣之乐也，以管播其声，又为之舞。《明堂位》云，下管象。《祭统》云，下而管象。《诗·维清》笺云，象舞，象用兵时刺伐之舞，武王制焉。《武》篇笺云，大武，周公作乐所为舞也。犹之后人戏曲，侈陈古人战迹耳。《仲尼燕居》篇云，“下而管象，示事也。”示事者，有容可象之谓也。此即古代戏曲之始。观《乐记》之言大武也，谓“先鼓警戒，三步以见方，再始以著往，复乱以饰归，奋疾而不拔，极幽而不隐。,’至推之“君子以好善，小人以取过”。《乐记》又云，“执其干戚，习其俯仰屈伸，容貌得庄焉。行其缀兆，要其节奏，行列得正焉。进退得齐焉。”非即戏曲持器操械之始乎！《记》言：朱干玉戚冕而舞大武，皮弁素积而舞大夏。又《乐记》载孔子告宾牟贾云：“夫乐者，象成者也，总干而山立，武王之事也。发扬蹈厉，大公之志也。武乱皆坐，周召之治也。”又考之《尚书大传》，则古制乐歌，皆假设宾主。《尚书大传》云，惟五祀奏钟石论人声，招乐兴于大麓之野，谈然乃作大唐之歌，招为宾客，雍为主人，始奏肆夏，纳以考成，亦舜为宾客，而禹为主人。而武王克殷，亦杂演夏延故事，《佚书》：周武王克商告庙，万献明明三终，籥人奏崇禹生开三终，即演夏代故事也。非即戏曲妆扮人物之始乎？是则戏曲者，导源于古代乐舞者也。古代之诗，“雅”、“颂”可入乐舞。此颂字所由训为貌也。乐舞之制，始于古初，《吕氏春秋》云：葛天氏之乐，三人摇牛尾，投足以歌八阕。而《书经》箫韶九成，亦指舞言。是乐舞甚古。至春秋之际其制犹仔。《左传》襄公二十几年，季札请观国乐，见舞象箾南籥，见舞大武，见舞韶夏，见舞大夏，见舞韶箾。皆乐舞存于周末之证。由帝王祭礼，以推行于民庶，惟行缀佾列，数以位差，如天子八佾，诸侯六，大夫四，士二是也。形以时异。如《春秋繁露》云：法商而王舞溢员，法夏而王舞溢方，法质而王舞溢椭，法文而王舞溢衡。然以歌节舞，以舞节音，则固与后世戏曲相近者也。况考之《周礼·乐师》为旄礼，旄为牦牛尾，余姚章氏谓即葛天氏之制。舞师教皇舞，前篇云，皇舞者，以羽冒覆头上，衣饰翡翠之羽，四方以皇。而宋以桑林享晋侯，题以旌夏，惧而发疾。余姚章氏云，谓舞者即以旌夏戴头也。盖舞者殊形诡象，与方相氏熊皮金目类。致睹者生恐怖之心，犹之后世伶官面施朱墨也。在国则有舞容，在乡则有傩礼。傩虽古礼，然近于戏。后世乡曲偏隅，每当岁暮，亦必赛会酬神，其遗制也。盖乐舞之制，其利实蕃，大之可以振尚武之风，如武舞是。小之可以为养生之助。如升降疾徐，可以劳筋骨、宣血气是。而征引往迹，杂陈古事，则又抒怀旧之蓄念，发思古之幽情，为劝戒人民之一助，其用顾不大哉！故用之偏隅，则有昧任侏㒧之乐，《周礼》言祭祀则舞四夷之乐。传之后世，犹有鱼龙舍利之名。后汉以此戏示四夷。此皆古籍之彰彰可考者也。故推原其终始而论之如此。

**图书在版编目（CIP）数据**

清儒得失论 / 刘师培著 . -- 北京 : 北京联合出版公司 , 2015.4（2025.4 重印）
ISBN 978-7-5502-4932-5

Ⅰ . ①清… Ⅱ . ①刘… Ⅲ . ①国学—研究 Ⅳ . ① Z126

中国版本图书馆 CIP 数据核字 (2015) 第 068636 号

清儒得失论

作　　者：刘师培
选题策划：北京三联弘源文化传播有限公司
责任编辑：王　巍

---

北京联合出版公司出版
（北京市西城区德外大街 83 号楼 9 层　100088）
天津海德伟业印务有限公司印制　　新华书店经销
字数 230 千字　710 毫米 ×1000 毫米　1/16　16.5 印张
2015 年 4 月第 1 版　2025 年 4 月第 3 次印刷
ISBN 978-7-5502-4932-5
定价：82.00 元

---